# 人间烟火

## 百姓生活里的传统文化

武斌 著

内蒙古人民出版社

图书在版编目(CIP)数据

人间烟火：百姓生活里的传统文化/武斌著. -- 呼和浩特：内蒙古人民出版社，2025.5
（走进中华优秀传统文化）
ISBN 978-7-204-17684-7

Ⅰ.①人… Ⅱ.①武… Ⅲ.①中华文化-通俗读物 Ⅳ.①K203-49

中国国家版本馆 CIP 数据核字（2023）第 140407 号

走进中华优秀传统文化
## 人间烟火——百姓生活里的传统文化

| | |
|---|---|
| 作　　者 | 武　斌 |
| 策划编辑 | 周承英　张桂梅 |
| 责任编辑 | 郝　乐 |
| 封面设计 | 琥珀视觉 |
| 出版发行 | 内蒙古人民出版社 |
| 地　　址 | 呼和浩特市新城区中山东路 8 号波士名人国际 B 座 5 楼 |
| 印　　刷 | 内蒙古爱信达教育印务有限责任公司 |
| 开　　本 | 710mm×1000mm　1/16 |
| 印　　张 | 17.75 |
| 字　　数 | 260 千 |
| 版　　次 | 2025 年 5 月第 1 版 |
| 印　　次 | 2025 年 5 月第 1 次印刷 |
| 书　　号 | ISBN 978-7-204-17684-7 |
| 定　　价 | 118.00 元 |

图书营销部联系电话：(0471)3946278
如发现印装质量问题，请与我社联系。联系电话：(0471)3946120

# CONTENTS 目 录

前言

## 第一篇　我们的日常

### 第一章　丰盛的餐桌　2

　　一　吃了几千年的米和面　2

　　二　胡饼：古人的西餐　5

　　三　鱼与肉：古人就这样吃　8

　　四　鲜嫩的蔬菜与水果　12

　　五　食之有味　15

　　六　飘香的美酒　17

　　七　古人的菜单　21

　　八　妈妈的味道　25

### 第二章　上衣下裳　27

　　一　布衣与丝绸　27

　　二　上衣下裳与胡服骑射　30

　　三　飘逸的汉服　32

四　旗袍演绎万种风情　34

第三章　日常之用　36
　　　一　陶器　36
　　　二　漆器　39
　　　三　瓷器　41
　　　四　景泰蓝　46
　　　五　家具　47

第四章　我们的居所　51
　　　一　斗拱重檐　51
　　　二　特色民居　53
　　　三　山水园林　56
　　　四　看堪舆，选居所　58

第二篇　礼俗与节日

第五章　何以为家　64
　　　一　家是中国人的"本位"　64
　　　二　家和万事兴　67
　　　三　孝行天下　70
　　　四　人之根：家族、祠堂与族谱　73
　　　五　家训：家族文化传承之书　75

第六章　人生旅途上的驿站　78

　　一　礼治天下　78

　　二　十二生肖：个人的图腾　80

　　三　摇篮边的礼仪　82

　　四　成年之礼　83

　　五　婚礼：大喜的日子　85

　　六　在人生的终点上　88

第七章　我们的节日　93

　　一　佳节良辰　93

　　二　欢天喜地过大年　95

　　三　清明时节雨纷纷　99

　　四　明朝端午浴芳兰　101

　　五　月到中秋偏皎洁　103

第三篇　俯仰天地

第八章　星宿与岁时　106

　　一　二十八星宿　106

　　二　老皇历　111

　　三　天干地支　113

　　四　阴阳五行　116

　　五　二十四节气　119

3

第九章　医与药　124
　　一　中医是中国人的生命哲学　124
　　二　古今奇书《黄帝内经》　127
　　三　千般疢难，不越三条　130
　　四　脉学与诊断术　132
　　五　针灸与经络　134
　　六　以草药治病为本　138
　　七　配伍与方剂　140
　　八　药食同源　144
　　九　不治已病治未病　146
　　十　大医精诚　148

第十章　火药、烟花与火器　152
　　一　火药是一种"药"　152
　　二　爆竹声声除旧岁　154
　　三　从"飞火"攻城到"火龙出水"　159

第十一章　从算筹到算盘　163
　　一　十进位与算筹　163
　　二　《九章算术》　164
　　三　祖冲之与圆周率　166
　　四　珠算与算盘　168

## 第四篇　艺术的世界

### 第十二章　东方神韵　172

一　中国画风　172

二　笔走蛇龙　179

三　大佛的永恒微笑　183

四　世人惊艳的石窟　185

### 第十三章　音乐与戏剧　189

一　周公"以乐治国"　189

二　雅乐、清乐与燕乐　192

三　悠扬的琴声　195

四　"百戏之祖"昆曲　198

五　戏坛独秀的京剧　201

### 第十四章　大放异彩的古典文学　205

一　《诗经》：中国诗歌的开端　205

二　光辉灿烂的唐诗　208

三　婉约与豪放的宋词　212

四　唐宋八大家　216

五　活泼灵动的散曲　219

六　四大文学名著　222

## 第十五章　清新淡雅茶文化　227

　　一　茶：举国之饮　227

　　二　陆羽的《茶经》　231

　　三　茶之礼　234

　　四　禅与茶　236

## 第十六章　民间艺术：民族风情的符号　239

　　一　剪纸：剪刀生成的世界　239

　　二　刺绣：指下春风　240

　　三　皮影戏：光与影的艺术　242

　　四　年画：浓浓的年味　243

## 第十七章　传说与民间信仰　247

　　一　神话是远古传来的歌唱　247

　　二　创造文明的"文化英雄"　249

　　三　大洪水与"九州"　254

　　四　"龙"的诞生　255

　　五　中国人的民间信仰　258

　　六　佛教与中国人日常生活　259

　　七　道教的神仙世界　266

# 前　言

## 一

生活在 21 世纪的我们，充分地享受着现代工业文明和科技文明的先进成果。我们的日常生活，可以说已经相当现代化了，远的不说，就是和 100 多年前的清末相比，在衣食住行、教育文化、交通通信方面，完全不可同日而语。我们甚至很难想象那时的人们的生活状态、他们的精神世界以及他们看待世界的思考方式。可以说，社会现代化已经极大地改变了中国人的生活场景，改变了中国人的生活方式和文化面貌。这是中国社会的巨大进步，也是中国人的巨大进步和成长。中华民族以崭新的面貌屹立在世界民族之林。

但是，这并不是说中国人、中国人的生活完全脱离了中华传统文化的轨迹，完全与过去的生活方式和文化传统没有联系了。不是说，我们今天生活的世界是与我们前辈完全不同的世界。不是这样的。我们今天的生活不是没有来路的，不是和过去没有联系的。"过去"不仅仅是我们已逝去的历史，而且是我们"现在"的精神之源。我们是从"过去"走来的，没有"过去"就没有我们的"现在"，同样，也就没有我们的"将来"。

所以，我们现代生活始终存在中华传统文明的影响。这种影响是十分显著的，涉及物质生活、文化生活和精神生活的方方面面。我们的生活中仍然存留着大量的历史因素——不仅仅是因为作为长期经验积淀的传统为我们的生活提供了指导，也不仅仅是因为传统的规范和价值为我们明确了秩序和意义，更为重要的是，世代相传的传统已成为我们最深的"先入之见"，成为我们的"文化眼镜"，成为我们的精神家园。

现代人的生活不可能与过去的传统文化割裂开。举例来说，我们在日常生活中许多方面仍然继承了前辈们发明创造的文化成果。我们吃的、住的、穿的、用的，大部分是成百上千年前发明的；我们的民间礼俗、日常习惯，大多继承了几千年来形成的传统形式；更重要的是，在思想、信仰、思考方式和看待世界的观念方面，都受到传统文化的强烈影响。

这样看来，我们的生活世界，一方面已经相当现代化了，另一方面传统的东西、民族的东西仍然无所不在。这两方面才构成今天人们完整的生活世界。这两方面和谐地统一在我们的生活系统中，统一在我们的日常生活中。

实现现代化是我们必然的选择。人类社会总是要发展，要进步，而现代科学技术是推动历史进步的强大动力。我们的传统有着强大的生命力，有着传承和创新的发展动力。在现代化的条件下，通过自我更新的力量发展和弘扬传统文化，正是传统文化的生命力所在。我们讲现代化，讲的就是中华传统文化的现代化、中华文明的现代化。中华传统文明是我们的文化之根，现代的中华文化在这个文化之根上生长出来。

## 二

现代中华文化是在中华传统文化的基础上发展形成的，无论它与传统文化多么不同，仍然属于中国的传统，仍然是中华文化，仍然带有中华传统文化的气派和风貌。现代中华文化是传统的现代化，是传统在现时代的更新、开拓和发展。传统不是在"过去"就已经凝结成型的一种实体，不是我们继承得来的一种现成之物，而是从"过去"流向"现在"并将流向"未来"的一个过程、一个文化生命之流。它是动态的、发展的、可变的；它是向"现在"

和"未来"开放着的。我们现在建构现代中华文化的任务,就是要实现"传统"的现代走向,在"过去"与"现在"之间建立起有意义的承续。

这也是中华文化得以代代相传、生生不息的秘密。我们——现代的中国人,就是传统的生命所在。今天的我们,生活在现代世界中的我们,仍然属于传统,属于中华传统文明。我们身上永远背负着历史留给我们的文化遗产。这种遗产是丰厚的、宝贵的,也是特别值得自豪的。不论现在的中国人自以为与过去的文化传统相去多远,传统总是深深地烙在我们身上。正是在典型的传统中国人身上,我们才会清晰地看到原本就根植在我们心灵底层的那些东西。

实际上,我们生活在大量来自过去的事物之中。我们的所作所为、所思所想,除去个体特性差异之外,有许多是对我们出生前人们就一直在做、一直在想的事情的近似重复。中华文化有着强大的记忆系统,这种文化记忆是文化传统得以代代相传、生生不息的重要条件。传统始终影响着我们,限制着我们,我们永远不能置身于传统之外,我们永远属于传统。

更进一步说,我们的生活本身,我们的生命本身,就是中华文化传统的延续,就是中华文化传统的一部分。我们的日常仍然保留着相当多的传统文化的元素。这些文化元素就是我们文化认同的标志,就是我们的文化身份符号,就是我们的归属和我们一以贯之并且引以为自豪的文化血脉。

这就是传统的力量,就是中华传统文化在我们现在生活中的影响力。

传统文化就在我们的生活中。我们生活的世界就是中华传统文化的世界。走进这个世界(实际上我们就生活在这个世界之中,就是这个世界的一部分),在生命的跃动中发现这个世界,就是发现我们自己,认识我们自己。

# 第一篇 我们的日常

# 第一章　丰盛的餐桌

## 一　吃了几千年的米和面

　　人和所有的生物一样，有两个基本的本能，一是生存，二是繁衍。生存是个体的责任，繁衍是种群的责任。民以食为天，吃饭是第一位的。原始人类的采集、狩猎就是为了解决吃的问题，再到农业种植和驯养家畜，也是为了解决吃的问题。我们把采集、狩猎和农业种植都叫作生产方式，那就是说，生产的根本目的就是解决人类的吃饭问题。

　　人和其他动物不同的地方在于人有文化。所以，人类的"吃"就是一种文化、一种文明。由于所处的地理环境不同，不同的族群只能因地制宜，适合种植什么就种植什么，有啥吃啥，因而在不同族群之间就形成了食物和吃法上的差异，这也就是生产方式和生活方式的差异。这就是民族文化。饮食将美味与家庭生活联系在一起，通过色香味的浸润将家庭的滋味内化于每个中国人的心头。平淡无奇的锅碗瓢盆里盛满了中国式的人生，更折射出中国式伦理。

　　中国人是以农业生产为主的，主要的食物是粮食。中国人把用粮食做成的食品叫作主食，把其他的鱼肉和蔬菜都叫作副食。其实，在现代生活中，主食并不意味着以吃粮食为主了，或者主食已经不"主"了。

　　但是，粮食长期以来一直占据着我们餐桌的主导位置。中国有"五谷丰登"之说。在商周的文献中，粮食作物往往以"谷"泛称，先有"百谷"之称，

第一篇 我们的日常

清袁江《春畴麦浪》

## 人间烟火——百姓生活里的传统文化

最后概括为"五谷"。所谓"五谷",指稻、麦、黍、稷、菽 5 种粮食作物。这些作物起源都很早,在 6000 多年前就已经成为人们的主食了。稻子就是大米,这是大家知道的。现在南方人和北方人都爱吃白米饭,也就是稻米。稻子原产地在南方江南一带,在良渚文化遗址中还出土了那个时候稻米的碳化遗存。黍和稷主要发源地在北方,包括三大区域:西辽河流域、太行山东麓和黄河中游。黍是黄米,因为产量低,所以是辅助的作物。稷是粟,就是小米。现在北方人还喜欢吃小米。菽是黄豆,原产地也在北方,现在仍然是主要的油料作物。

麦子的原产地则不在中国,而是在西亚地区,大约 4500 年前传入黄河中下游地区。在周代,小麦就被列入"五谷"之中,成为我国北方栽培的粮食作物之一,在今山东、河南、山西和陕西都有种植,不过在作物中的比重并不大。战国时期,小麦产量有限,只是北方贵族的精美食粮。直到西汉中期,董仲舒建议武帝令大司农"使关中民益种宿麦,令毋后时"。其后,汉成帝(前 32—前 8 年在位)时的黄门侍郎氾胜之"督三辅种麦,而关中遂穰",小麦,尤其是冬小麦(宿麦)的种植在关中地区逐渐普及。相应的,人们的食物结构发生变化,出现了"相谒而食麦"的风俗。

小麦传入中国,但没有传入相应的食用方法,经历了粒食到粉食的本土化过程。早期食麦的基本方式是粒食或半粒食,即所谓"麦饭"。东汉时期,转磨的逐渐普及增加了小麦作为食物的摄取多样性,形成了不同于西亚啤酒面包传统的面条馒头传统。西亚或西方的饮食特点是研磨面粉加以烘烤,而东亚或东方主要是煮和蒸。

中国人的主粮还有两种特别重要,一个是玉米,一个是红薯。这两种作物出现得比较晚,大约在 16 世纪明万历年间。这两种作物,还有土豆、西红柿、辣椒等,都是哥伦布发现新大陆以后,欧洲人从南美洲带出来的,不久之后就传到了中国。这些作物一开始是新奇之物,后来则逐渐普及,被广泛种植,玉米和红薯成为中国人的主粮。玉米和红薯的特点，一是产量高，二是对土地气候环境要求不高，所以特别适合广泛推广。

当然，中国人的主食还有其他作物，但主要是大米、小米、麦粉、玉米和红薯这几种。这几种主食在不同的地区有不同的做法，形成了各具特色的地方食品，丰富了中国人的餐桌。

这几种主食，远的有五六千年的历史，近的如玉米、红薯也有几百年。

## 二　胡饼：古人的西餐

讲到面食，我们习惯的吃法：一是蒸，蒸馒头、蒸豆包、蒸花卷、蒸包子等；一是煮，煮面条、煮饺子、煮馄饨、煮面片、煮疙瘩汤等；还有一种是做成饼，如烙饼。

汉代人把面食一律叫作"饼"，比如我们现在还叫的烙饼、烧饼，馒头或包子叫作"蒸饼"，面条或水饺叫作"汤饼"。《水浒传》中武大郎卖的"炊饼"应该是蒸的馒头。宋人吴处厚在《青箱杂记》中说"今内廷上下皆呼蒸饼为炊饼"。那时候称作"馒头"的则是现在我们说的包子。在日本，现在猪肉包子还被称为"豚馒头"。

还有一种饼叫"胡饼"。早在汉代，就有许多西域的食物传入中国，汉朝人把从西域传入的食品称为"胡食"。随着大批胡人进入唐朝社会，胡食也在唐朝流行起来，成为当时社会生活的一个显著特点。《旧唐书》中记载"太常乐尚胡曲，贵人御馔，尽供胡食"。

唐代的胡食品种很多，其中流传最广的两种面食是饆饠和胡饼。

胡饼是面点的一种，早在汉代就已进入中国。《太平御览》转引《续汉书》称："灵帝好胡饼，京师皆食胡饼。"《三辅决录》记载："赵岐避难至北海，于市中贩胡饼。"《晋书》也记载，王羲之独坦腹东床，啮胡饼，神色自若。

人间烟火——百姓生活里的传统文化

唐彩绘擀饼女俑

可知至迟晋代,胡饼已经成为人们的日常食品了。刘熙在《释名·释饮食》中说:"胡饼作之大漫沍也。亦言以胡麻着上也。"十六国时,"石季龙讳胡,改胡饼曰麻饼"。(《前赵录》)胡饼的一个特点是在饼上着芝麻。

在唐代,胡饼尤其盛行于社会各个阶层。《齐民要术》在"髓饼法"中提到"胡饼炉",可能胡饼多为烤制,所以有特制的饼炉,有人甚至径称胡饼为"炉饼"。当然也有蒸制的胡饼。据记载,刘晏五鼓入朝,天寒,途中见卖"蒸胡"处热气腾腾,"使人买之,以袍袖包裙帽底啖之。且谓同列曰:美不可言"。唐人食用的胡饼主要有素饼、油饼、肉饼、芝麻饼等不同的种类。《唐语林》解释胡饼:"时豪家食次,起羊肉一个,层布于巨胡饼,隔中以椒豉,

6

润以酥,入炉迫之,候肉半熟食之。"

日本圆仁和尚在唐会昌元年(841年)正月六日立春时,曾在长安佛寺中食用胡饼,称"时行胡饼,俗家皆然"。当时僧俗人等都喜欢食用胡饼。在长安等地的街头,卖胡饼的店摊十分普遍。《资治通鉴》记载,安史之乱时,唐玄宗逃至咸阳集贤宫,正值中午,杨国忠到街市上买来胡饼给皇帝充饥。

当时,除了长安、洛阳东西两京外,至少今山东、江西、四川等地都是胡饼流行的地区。唐代以长安辅兴坊胡饼店制作的芝麻胡饼最有名,唐元和十四年(819),白居易在忠州刺史任上时,曾将忠州所出胡饼寄予万州刺史杨归厚,写诗《寄胡饼与杨万州》:

胡麻饼样学京都,面脆油香新出炉。

寄与饥馋杨大使,尝看得似辅兴无。

唐代有一则故事称,饶州龙兴寺奴阿六,宝应年间(762—763年)去世,冥府以命不该绝放还。回阳间途中遇到原来相熟的胡人,此胡人生时以鬻胡饼为业,死后在阴间仍卖饼。胡人求阿六为家中捎胡书一封,请家中为造功德。在唐人传奇故事中,鬻胡饼者往往是胡人。有一则鬻饼胡的故事说,鬻饼胡在本地时是富豪,至长安从事珠宝生意,因等候一起来的同乡,遂以售饼为业。另一则故事中说,东平尉李麾在由东都前往东平赴任途中,在一故城客店中,也有胡人以卖胡饼为业。

"饆饠"一词源自波斯语,一般认为它是指一种以面粉做皮包有馅心经蒸或烤制而成的食品。唐人李匡乂认为"饆饠"这两个字当初应作"毕罗",称:"蕃中毕氏、罗氏好食此味,今字从食,非也。"

饆饠的做法并不限于一种,段成式列举的"衣冠家名食"中,有韩约做的樱桃饆饠,据称这种饆饠甚至能使樱桃颜色保持不变。唐代长安有许多经营饆饠的食店,有蟹黄饆饠、猪肝饆饠、羊肾饆饠等。还有一种叫作天花饆饠的食品。唐代军队中宴饮时,饆饠一人一枚。

## 三 鱼与肉:古人就这样吃

原始人就吃鱼肉,所以有"渔猎"一说,也就是捕鱼与狩猎,他们以鱼或者动物为食物。我国的渔业资源非常丰富,河里有,海里也有。所谓靠山吃山,靠海吃海,海滨的居民下海捕鱼,河边的居民就在河里捕鱼。西安半坡遗址出土的陶器中,有一些图画就是吃鱼的画面,生动地表现了当时人们饮食生活的情景。半坡遗址还出土了鲤鱼骨和许多骨制鱼钩、鱼叉及渔网坠。在辽东半岛的6000年前古村落遗址,出土了鲸鱼和鲨鱼骨骼,还有一个两公斤的石网坠,说明当时人们已经能到海洋去捕捞。沼泽和海边、河边的两栖动物有蚌、蚬、蛤、蛎、螺、贝和龟、鳖等,都是原始人类的食物。在七八千年前的遗址中还发现了螃蟹的遗骸。在殷墟出土的鱼骨有鲻鱼、黄颡鱼、鲤鱼、鲭鱼、草鱼和赤眼鳟6种,后5种至今是中原地区普通食用的鱼类,鲻鱼则是长江口出产的鱼类。

除了在江河湖海捕鱼外,到周代时已经有了挖池塘养鱼,春秋时的吴越地方出现了真正的淡水养殖业。陶朱公就主要靠养鱼起家。

肉食是人类主要的蛋白质来源。狩猎时代当然就是上山打野味。但进入农业社会以后,人们的肉食主要是养殖的动物,这就形成了畜牧业。畜牧业是和农业一同发展起来的。饲养家畜在新石器时代晚期已逐步成为获取肉食资源的主要方式。

春秋战国时代的文献就有了"六畜"的概念。《周礼·地官·牧人》说:"牧人,掌牧六牲而阜蕃其物,以共祭祀之牲牷。"此处"牧六牲"包含牛、马、羊、猪、犬、鸡,牧人是选定祭牲的礼官。4000多年前的齐家文化,畜

*山西洪洞广胜寺元代壁画卖鱼图*

牧业已经相当发达。从出土的动物骨骼得知，家畜以猪为主，还有羊、狗、牛、马等。在考古图谱中，东亚大地首次出现了"六畜"齐全的局面。

猪、狗、鸡起源于东亚本土，其骨骼常见于新石器时代文化遗址。猪、狗、鸡和人一样是杂食动物，特别容易和人类建立亲密关系。有了这些畜禽，人类才逐渐放弃狩猎采集，进入生产经济时代。

驯养的牛和羊在西亚出现，早于东亚数千年，马的最早驯化地是中亚。牛、马、羊是草原游牧业的基础，这些动物与猪、狗、鸡不同，均可产奶，奶和

## 人间烟火 ——百姓生活里的传统文化

敦煌莫高窟第85窟窟顶晚唐东坡肉铺图

奶制品为游牧生活提供了更加稳定的饮食保障。

最早被驯化的绵羊和山羊出现在伊朗,在距今约5000年前。中国最早的家养羊出现在甘肃和青海一带,然后逐步由黄河上游地区向东传播。家羊的出现代表人类开始以草食性动物来开发新的生计资源,表明畜牧业发展到一个新阶段。

黄牛是西亚新石器时代的主要家畜。约在4000年前,黄牛最早到达中国西北地区,然后向东扩散。家养黄牛的出现标志着当时家畜饲养业的进步。到了商代,家养的动物是非常重要的物资来源。早期养牛主要供祭祀和肉食之用,后来到了春秋时代,才用于耕作。

除了马之外，其他家畜主要供食用，是中国人的主要肉食来源。成语有"庖丁解牛"，孔子说"君子远庖厨"，还有商纣王的肉林酒池，都反映出那个时代以家畜做食材。古人以牛羊猪为三牲，祭祀时三牲齐全叫太牢，只用羊猪不用牛叫少牢。当时牛最珍贵，比较普遍的肉食是羊肉。古人也吃狗肉，汉代樊哙就是以屠狗为业的。人们吃的家禽有鸡、鸭、鹅，鹅叫舒雁，鸭叫舒凫。

商周的时候就已经有了许多肉食的做法。《礼记》记载周朝的"八珍"，前两种是米食，另外六种是烧炖乳猪或羊羔、牛柳扒山珍、香酒牛肉、烘肉脯、三鲜（牛羊猪肉）烙饭、烤网油狗肝。"八珍"是周朝王室和贵族的常用菜肴。古时干肉叫脯或脩，肉酱叫醢。还有肉羹，就是肉汤。

古代还有胡羹、胡羊肉。胡羹是汉魏南北朝时期的名菜，传说源于北方草原地区或西域，羹中所用的原料都产自西域胡地，故称胡羹。《齐民要术》一书记载做胡羹法：用羊胁六斤，又肉四斤，水四升，煮，出胁切之，葱头一斤，胡荽一两，安石榴汁数合，口调其味。胡羊肉是将羊肉用煮、蒸之法烹制。

魏晋墓壁画宰鸡图

## 四　鲜嫩的蔬菜与水果

六七千年前,我国先民就开始栽培蔬菜。商周时代的食用蔬菜,陆生的有瓜、葫芦、韭菜、苦菜、荠菜、豌豆苗,水生蔬菜有蒲,就是蒲草的嫩芯。济南的"奶汤蒲菜"至今还是山东名菜。还有莲藕、水芹、水藻、莼菜、荸荠、菱角、茭白等。大蒜也是中国原生作物,还有小白菜。采集的蔬菜主要是野生菌类,如草菇、土菌和木耳。我国学者孙机在《中国古代物质文化》中说,《诗经》里提到了132种植物,其中有20余种用作蔬菜。周代已经有了王家菜园,到了春秋时期,园圃业已经很发达了。

大概在新石器时代中后期,桃、杏、梅、榛子、山楂、栗子已经能人工培植。

清禹之鼎《南宅灌蔬图》(局部)

第一篇 我们的日常

商周时代的水果有海棠、沙果、李子、橘、柚、木瓜、柿子、樱桃等。

到了汉代，由于丝绸之路的畅通，出现了一次引进外来植物的高潮。"西域各种嘉种源源引入，丰富了中国的物种资源，促进了中原种植业、园艺业的发展以及食物结构的调整，对于中国传统农业的发展无疑发挥了重大作用。"[1] 从西域移植的有安石榴、苜蓿、葡萄、玉门枣、胡桃，还有胡麻、胡豆、胡荽、胡蒜等。胡麻就是芝麻，胡荽就是香菜。安石榴就是我们现在说的石榴，因为原产地是伊朗，当时人们把伊朗叫作安息，所以就叫安石榴。还有出自瀚海北、能耐严寒的瀚海梨，霜下可食的霜桃等。历史学家范文澜说："从西方传到中国来的，就物产方面说，家畜有汗血马，植物有苜蓿、葡萄、胡桃、蚕豆、石榴等十多种，这些物产的输入，给中国增加了新财富。"[2] 黄瓜也是这一时期引进的物种，当时叫胡瓜。十六国时后赵皇帝石勒忌讳"胡"字，汉臣襄国郡守樊坦将其改为黄瓜。樊坦说："紫案佳肴，银杯绿茶，金樽甘露，玉盘黄瓜。"唐代时，黄瓜已经成为常见的蔬菜。

从西域引进的植物中，最引人注目的是葡萄。唐代诗人李颀《古从军行》写道："年年战骨埋荒外，空见蒲桃入汉家。"李颀的这首诗表达的意思是不赞成汉武帝的驱逐匈奴，只道年年西征，为的是有异域奇珍供帝王享用。在他说的汉武帝的战果之中，就只列出"蒲桃"即葡萄一项，可见在当时人们心目中，引入的西域物产中葡萄具有极高的地位。

中国葡萄种植业的正式开始，通常认为在汉武帝时期。《太平御览》据《汉书》记载说，汉武帝时期，贰师将军李广利征服大宛，携葡萄种归汉。"离宫别观旁尽种蒲萄"。葡萄被引进以后，受到人们的喜爱。北朝时，葡萄在长安、洛阳和邺这三个政治中心种植比较多。到唐朝时，葡萄在内地开始广泛种植。

---

[1] 张波、樊志民：《中国农业通史》（战国秦汉卷），中国农业出版社2007年版，第381页。

[2] 范文澜：《中国通史简编》修订本第2编，人民出版社1964年版，第87页。

13

唐太宗在长安百亩禁苑中辟有两个葡萄园。著名园丁郭橐驼为种葡萄发明了"稻米液溉其根法",记载在他的《种树书》里,一时风行汉地。葡萄的品种,《广志》只从颜色上分为黄、白、黑3种,到唐代,马乳葡萄频繁见于记载。另外还有被称为"龙珠"的圆葡萄。杜甫的诗句"一县蒲萄熟",反映了葡萄种植已经十分普遍。

以"胡"字命名的蔬菜水果大都是在汉唐时期从西域输入的。再比如我们生活中最常见的菠菜,是唐太宗时期从尼泊尔输入的;西瓜的原产地在非洲,是辽宋时期从阿拉伯输入的。正是由于不断地从异域引入新的蔬菜物种,我们今天的蔬菜品种才这样丰富。

6世纪时,《齐民要术》中的蔬菜已经发展到31种,其中冬瓜、越瓜、胡瓜、茄子、瓠、芋、葵、芜菁、菘(白菜)、芦菔(萝葡)、蒜、胡荽、薤、葱、韭、蜀芥、芸苔、芥子、芹19种,至今还在栽培。胡瓜、大蒜、胡荽、

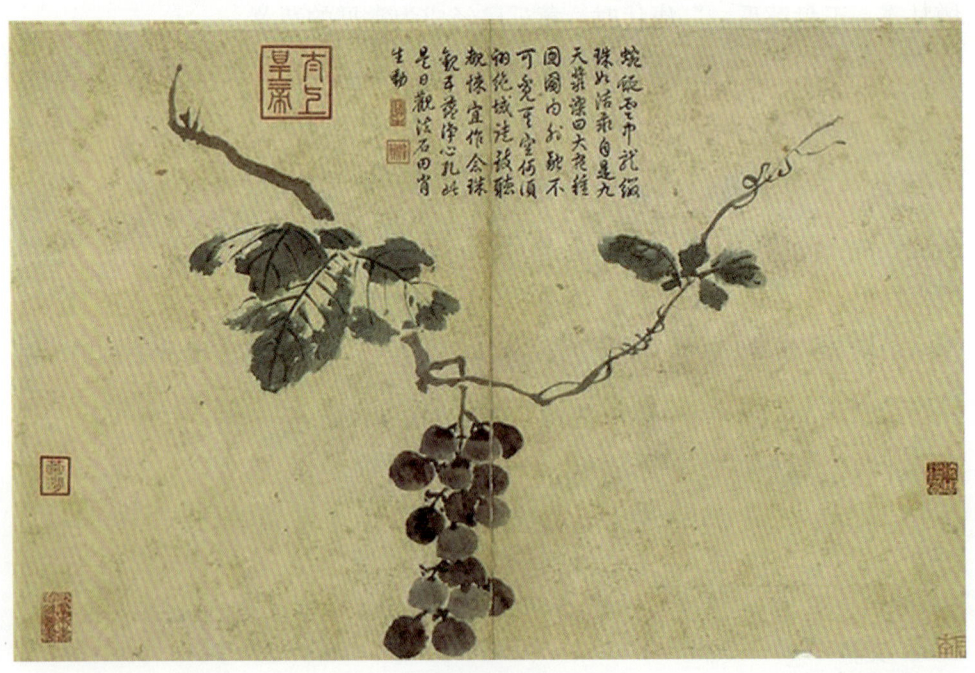

明沈周《葡萄图》

芸苔都是西汉以后引入的。成书于唐末的《四时纂要》按月讨论了瓜、茄、葵、蔓菁、萝卜等35种蔬菜的栽培方法。李时珍《本草纲目》菜部所收的105种，当时真正作为蔬菜用的有39种，加上谷部中有3种专种来供吃荚的豆类、草部的2种水生蔬菜、果部的藕和慈姑，实际上共有46种。清中叶吴其濬《植物名实图考》中，蔬部所记栽培蔬菜共有50种，加上其他部中的种类，共有56种。估计人们食用而没有记录的应当还有一些。

有现代学者统计说，今天我们日常吃的蔬菜大约有160种。比较常见的百余种蔬菜中，汉地原产和从域外引入的大约各占一半。其中原产于中国的最主要的有白菜、萝卜、芥菜等，引进的品种则主要有黄瓜、茄子和辣椒等。

这些引入的植物在名称上有一些反映。两汉到两晋时期，从陆路引入的种类多数用"胡"字标明，例如胡瓜、胡葱、胡荽、胡麻、胡桃、胡椒、胡豆等。南北朝以后，从"海外"引入的多半用"海"字标明，例如海棠、海枣、海芋、海桐花、海松、海红豆等。南宋、元、明时期，用"番"字表示从"番舶"带来的，例如番荔枝、番石榴、番木鳖、番椒（辣椒）、番薯（红薯）等。到了清代，就用"洋"字标明，例如洋葱、洋芋（马铃薯）、洋白菜、洋槐、洋姜（菊芋）等。[1]

## 五　食之有味

中国人烹调之道，讲究"五味"的配合与均衡。五味即甘（甜）、酸、苦、辣、咸，一道好菜需要五味配合均衡才有味道。食之有味，不仅是舌尖味觉的需要，也是饮食文化的美学要求。

在人类生活史上，盐的使用是继用火之后的又一次重大突破。盐和胃酸

---

[1] 柯继承：《植物中的"胡海番洋"》，载石定机编《石声汉教授纪念集》，1988年自印本，第63页。

结合，能加速分解肉类食物，促进吸收，对人类体质的进化是一个积极因素。盐又是调味品的主角，居五味之首，没有盐，什么山珍海味都要失色。

早在5000多年前，也就是传说中的黄帝时代，今山东半岛海滨的夙姓氏族就发明了煮海水制盐之法。春秋时，齐国借滨海之利发展盐业，因而大富。

商周时，除了晒制海盐，还懂得开采岩盐。《吕氏春秋》列为中国美食资源之一的"大夏盐"就是青海的岩盐。

商周时的甜品，《礼记》说："枣、栗、饴、蜜以甘之。"这是当时获得甜味的四个来源。但枣和栗只是甜品的配料，蜜和饴才是专用糖源。战国时使用蜂蜜已经很普遍，战国后期已经开始养蜜蜂。饴糖就是麦芽糖，在西周初年已有记载。《齐民要术》中记载"白饧""黑饧""琥珀饧"等品种的制作方法，说明熬饴的技术在这时已经成熟。"相较于西方，饴糖在中国人的饮食中占有更重要的地位。"[1]

中国古代原本没有蔗糖。制造蔗糖的技术是印度人发明的。三国时期，交趾地区出产的蔗糖输入内地。《三国志》中记载：吴主孙亮曾使黄门（宦者）取交州所献甘蔗饧食用。所谓甘蔗饧就是蔗糖。甘蔗饧的形态是一种特意为之的黏稠状，其软柔的特性更能适应人们食用。这种蔗糖当时是贡品，民间并不多见。唐太宗时，从印度引进了蔗糖制造技术，蔗糖生产有了较大的发展，而且在此基础上有所提高，制出了比印度蔗糖质量还好的产品。根据季羡林先生的论述，扬州人对糖进行了改进和精加工，实现了制糖技术的飞跃。他强调，最早的白糖不可能洁白如雪，而呈淡黄色。后来，优质的中国糖传到印度，被印度人惊叹为"中国雪"。除扬州外，唐宋时期四川遂宁也是蔗糖的著名产地。

商周时已经发展起来制酱业，就是以黄豆（或蚕豆）为主料，加上适量

---

[1] 柯嘉豪：《佛教对中国物质文化的影响》，赵悠等译，中西书局2015年版，第245页。

麦麸、淀粉、盐、糖等配料，利用毛霉菌等发酵而成。那时候已经有酱油、豆酱、豆豉，以后的腐乳也是利用毛霉菌发酵制成的。

胡椒是汉代时从西域传入中国的主要香料之一。到唐时，胡椒已经成为人们烹饪的主要调料，在上层社会餐桌上的精美菜肴，有些是利用昂贵的进口配料制作的。特别流行的是各种添加了香料的香味食品，例如在一种叫作"千金碎香饼子"的食物中，就添加了香料。

魏晋墓砖画《进食图》

## 六　飘香的美酒

在中国人的日常生活中，酒占有特别重要的地位。所谓"无酒不成席""煮酒论英雄""斗酒诗百篇""酒壮英雄胆"，英雄们"大碗喝酒，大块吃肉"，还有"喝闷酒""借酒浇愁愁更愁"。酒在中国人的生活中无处不在。

中国人的酒喝了几千年。酒的发明和农业的起源一样早。在龙山文化和大汶口文化后期出土了许多酒器。商纣王有"肉林酒池"，你知道他喝的是什么酒吗？商周时期的酒已经有很多种类。"澄酒"（清酒），是久酿滤去酒糟的米酒；"醴酒"，又称"醪"，是短期酿成的连糟糯米酒；"香酒"，是将郁金香草或香茅草加在米酒里浸泡的酒。战国后期又有桂花酒。那时候，已经培养出能定向酿酒的大曲，其中筛选出能酿制甜酒的根霉菌制成的小曲，即甜酒曲，直到今天仍为民间袭用。

周代已总结出酿酒的六个要领，就是要求每酿一次酒，用米粮的数量要合适；制造的酒曲要不失时限，不过时，不受污染变质；浸米和蒸米要保持清洁，不粘油腻，不粘异物；泉水要清冽，没有异味；陶甑要没有罅漏；蒸的米饭要恰到好处。

在酒业发展的同时，人们运用醋酸菌制醋。酿酒时被醋酸菌侵入，酒就变成了醋。商周时称醋为"醯"，周代王室中有"醯人"的官职，是专管制醋的官，还有一个40多人的制醋作坊。

西汉张骞从西域回来后，给朝廷带回了西域酿造葡萄酒的信息。大约同时，葡萄酒已经传入内地。《三国志》中记载，东汉时，孟佗"又以蒲桃酒一斛遗让，即拜凉州刺史"。张让是汉灵帝时权重一时的大宦官，孟佗仕途不通，就倾其家财结交张让的家奴和身边的人，并直接送给张让一斛葡萄酒。以酒贿官，得凉州刺史之职，可见当时葡萄酒之珍贵。

到了魏晋及稍后的南北朝时期，葡萄酒的消费有了一定的发展。朝廷还用以"赐馈"。魏文帝曹丕喜欢喝酒，尤其喜欢喝葡萄酒。他不仅喜欢葡萄酒，还把自己对葡萄和葡萄酒的喜爱和见解写进诏书，告诉群臣。有了魏文帝的提倡和身体力行，魏时以及后来的晋朝和南北朝时期，葡萄酒成为王公大臣、社会名流筵席上常饮的美酒，葡萄酒文化开始兴起。

中国人酿造葡萄酒是从唐朝开始的。640年，唐军破高昌，唐太宗从高昌国获得马乳葡萄种和制葡萄酒法，在皇宫御苑里种葡萄，还亲自参与葡萄酒的酿制。酿成的葡萄酒不仅色泽很好，味道也很好，并兼有清酒与红酒的风味。

  第一篇　我们的日常

明陈洪绶《蕉林酌酒图》

中国古代的造酒技术一直是酿造，后来制葡萄酒技术传入中国，葡萄酒也是酿造酒。酿造酒的酒精含量一般在18%左右。蒸馏酒制造技术可能是元代时通过阿拉伯人传入中国的。

蒸馏酒的原料一般是富含天然糖分或容易转化为糖的淀粉等物质。如蜂蜜、甘蔗、甜菜、水果和玉米、高粱、稻米、麦类、马铃薯等。糖和淀粉经酵母发酵后产生酒精，利用酒精的沸点（78.5℃）和水的沸点（100℃）不同，将原发酵液加热至两者沸点之间，就可从中蒸出和收集到酒精成分和香味物质。

用特制的蒸馏器将酒液、酒醪或酒醅加热，由于它们所含的各种物质的挥发性不同，在加热蒸馏时，其蒸气中和酒液中，各种物质的相对含量就有所不同。酒精（乙醇）较易挥发，加热后产生的蒸气中含有的酒精浓度增加，而酒液或酒醪中酒精浓度就下降。收集酒气并经过冷却，得到的酒液虽然无色，气味却辛辣、浓烈。其酒的度数比原酒液的度数要高得多，可高达60%以上。我国的蒸馏酒主要是用谷物原料酿造后经蒸馏得到的。

中国人的酒与中国民间习俗、中国传统文化密切相关。中国人举行婚礼要喝喜酒，婚礼上新郎新娘要向父母和来宾敬酒，双方还要喝"交杯酒"。一年中的重大节日都有饮酒习俗。如除夕夜要喝"年酒"，祝福新的一年合家安康。五月初五端午节喝雄黄酒。中药雄黄有祛湿解毒的作用，将雄黄兑在白酒或黄酒里，有祛病消灾的用意。中秋节饮酒赏月，喝的是桂花酒。九月九重阳节，登高饮酒，喝的是菊花酒。

酒还体现了一定的礼仪。《左传》说"酒以成礼"。酒与中国人的日常生活也有密切关系。《诗经·七月》的诗句"八月剥枣，十月获稻，为此春酒，以介眉寿"，就是用刚刚收获的稻谷酿造好酒，给长辈们祝寿。《诗经·鹿鸣》说"我有旨酒，以燕乐嘉宾之心"，就是用美酒和音乐款待宾客。

## 七　古人的菜单

中国的烹饪技术，在世界的食物加工文化之中堪称复杂、细致。前文提到的周代"八珍"，可以看作周代王室贵族的一个常用菜单。在历史上，中国人发明了炒（爆、熘）、烧（焖、煨、烩、卤）、煎（溻、贴）、炸（烹）、煮（氽、炖、煲）、蒸、烤（腌、熏、风干）、凉拌、淋等烹饪方式，又学习了扒、涮等方式，用来制作各种菜肴。

战国时，屈原作楚辞《招魂》，其中也有一份菜单，译成白话文是：

家里的餐厅舒适堂皇，饭菜多种多样：
大米、小米、二麦、黄粱，随便你选用；
酸、甜、苦、辣、浓香、鲜淡，尽会如意侍奉。
牛腿筋闪着黄油，软滑又芳香；
吴厨师的拿手酸辣羹，真叫人口水直流；
红烧甲鱼，挂炉羊羔，蘸上清甜的蔗糖；
炸烹天鹅，红焖野鸭，铁扒肥雁和大鹤，
配着解腻的酸浆；
卤汁油鸡，清炖大龟，你再饱也想多吃几口。
油炸蛋撒，蜜汁糍粑，豆馅煎饼，又黏又酥香。
蜜渍果浆，满盏闪翠，真够你陶醉。
冰镇糯米酒，透着橙黄，味醇又清凉。
为了解酒，还有玉浆般的酸梅羹。
归来吧，老家不会让你失望。

屈原的这份菜单写于战国后期。随着社会生产力的发展和人民生活水平的提高，汉代的饮食在前代的基础上进一步丰富化和多元化，不仅宫廷饮食

## 人间烟火 ——百姓生活里的传统文化

继续改善,而且平民饮食也日益丰富。此时食物种类已比较丰富,食物结构发生了变化,主副食的搭配比较合理,出现了比较复杂的烹调技术和方法。

西汉时期的《盐铁论》中也有一份关于西汉前期出现于食肆中的十多款时尚之食的记载,包括:烤羊羔、烤乳猪、韭黄炒蛋、切片酱狗肉、红烧马鞭、豆汁煎鱼、白灼猪肝、腊羊肉、酱鸡、酥油、酸马奶、野猪火腿、酱肚、焖炖羊肉、甜豆腐脑、白灼鲍鱼片、甘脆泡瓜、糯小米叉烧烘饭。

《盐铁论》中还举出汉代民间摆酒的例菜七款:焖炖甲鱼、熘鲤鱼片、红烧小鹿肉、煎鱼子酱、炸烹鹌鹑拌橙丝、枸酱、肉酱和酸酱拌河豚与黑鱼。

枚乘在《七发》中也有一个菜单:肥嫩甘滑的小牛腩肉配嫩黄的笋尖和蒲心、开煲肥狗肉蘸爽脆的石耳、云梦泽的香粳米拌松散的菰米饭、焖烂的熊掌蘸五香的鲜酱、烤兽脊肉、新鲜的鲤鱼片熘黄熟的紫苏、炒菜薹、兰香酒、丰腴的卤山鸡、香软的炖豹胎。枚乘认为这是"天下之至美也"。

以上所说的周代的"八珍"和这几份菜单,反映了中华民族早期的基本食谱。汉代以后,东南的海味和西北的烤羊肉串、酱牛羊肉进一步丰富了中国人的食谱。还有来自西北的"羌煮",也就是涮羊肉,东胡的"貊灸",也就是烤全羊,在晋代时走上中国人的餐桌,至今仍是全国人民喜爱的美食。原产于北方的大豆在南方加工成豆腐和豆制品,中原的"炮豚"发展成为岭南的烤乳猪,引出新菜种东南的脆皮烤鹅和山东的脆皮烤鸭,现在的北京烤鸭就源于鲁菜。

到了唐宋时期,中国的饮食文化有了更大的发展。烧尾宴是唐代著名的宴会之一。据记载,唐中宗景龙年间,韦巨源官拜尚书令,在自己的家中设烧尾宴,请唐中宗。《清异录》中记载了韦巨源设烧尾宴时留下的一份不完全的清单,其中有58款馔馐留存于世,成为唐代负有盛名的食单之一。

这58种美味有主食、羹汤、山珍海味,也有家畜飞禽。其中除"御黄王母饭""长生粥"外,共有20余种糕饼点心,用料考究,制作精细。例如:

光是饼的名目,就有"单笼金乳酥""贵粉红""见风消""双拌方破饼""玉露团""八方寒食饼"等七八种之多;馄饨一项,有24种形式和馅料;粽子是内含香料、外淋蜜水,并用红色饰物包裹的;夹馅烤饼的样子做成曼陀罗蒴果;用糯米做成的"水晶龙凤糕",里面嵌着枣子,要蒸到糕面开花,枣泥外露;另一种"金银夹花平截"是把蟹黄、蟹肉剔出来,夹在蒸卷里面,然后切成大小一样的小段。

筵席上有一种"看菜",即工艺菜,主要用来装饰和观赏,这是古来就有的。食单中有一道"素蒸音声部"的看菜,用素菜和蒸面做成一群蓬莱仙子般的歌女舞女,共有70件。

食单中的菜肴有32种。从取材看,有北方的熊、鹿,南方的狸、虾、蟹、青蛙、鳖,还有鱼、鸡、鸭、鹅、鹌鹑、猪、牛、羊、兔等,山珍海味,水陆杂陈。

在烹调技术方面,更新奇别致,难以想象。比如炙是一种烤制技术。食单中的"金铃炙",要求在食料中加酥油,烤成金铃的形状;"红羊枝杖",要求用四只羊蹄支撑羊的躯体,可能是烤全羊;"光明虾炙",则把活虾放在火上烤炙,而不减其光泽透明度。"水炼犊",

唐墓壁画《宴饮图》

就是清炖整只小牛,要求"炙尽火力",即火候到家,把肉炖烂。"葱醋鸡",把鸡蒸熟后调以葱、醋,是一种别有风味的吃法。

羹汤最能体现调味技术。食单中的羹汤都是匠心独运的特色菜。如:"冷蟾儿羹",即蛤蜊羹,要冷却后凉食;"白龙",是用鳜鱼肉做成的汤羹;"清凉碎",是用狸肉做成的汤羹,冷却后切碎凉食,类似肉冻;"汤浴绣丸",则用肉末和鸡蛋做成肉丸子,如绣球状,很像"狮子头",然后加汤煨成。

食单中还有一些加工食品,如:"通花软牛肠",是用羊骨髓加上其他辅料灌入牛肠,做成香肠一类的食品;"同心生结脯",是将生肉加工成薄片(这是对厨师刀工的考验),打一个同心结,风干后,成为肉脯;"丁子香淋脍",是用丁香油淋过的腌制鱼脍或肉脍。

58种美味还不是烧尾宴的全部菜单,只是其中的奇异者。由于年代久远,记载简略,很多名目不能详考。

宋代吴自牧在《梦粱录》中记载了南宋都城杭州各大饭店的菜单,共有菜式335款,反映了汉代以后中国烹调技艺一个新的高峰。这335款菜式只是市面上常见的,如果想全部品尝一遍,一天吃五六款菜,也得吃两个月。这里还没有包括鲍、参、翅、肚、熊掌、象鼻等高档菜肴。周密的《武林旧事》中记录了南宋的名酒54种。

吴自牧还把当时杭州街巷挑担叫卖的70多种糕点饼糍记录下来。这些糕点的制作方法包括烘烤、油炸、炊蒸、水煮、油煎等。用料十分广泛,包括面粉、糯米粉、黏米粉、淮山粉、芝麻、栗子、莲子、豆沙、鱼、虾、蟹、猪、羊、鹅、鸭、竹笋、茭笋、果子、香花、蔗糖、奶糖、蜜糖、鸡蛋、猪油、奶油等。

到了清代乾隆年间,袁枚著《随园菜单》,分为须知单、戒单、海鲜单、江鲜单、特牲单、杂牲单、羽族单、水族有鳞单、水族无鳞单、杂素单、小菜单、点心单、饭粥单和菜酒单14个。在须知单中提出了20个操作要求,在戒单中提出了14个注意事项，接着用大量篇幅详细地记述了当时流行的326种南北菜肴饭点，也介绍了当时的美酒名茶。

读了《随园菜单》，你会觉得古人吃的已经很讲究了，中国的菜肴几百年来并没有根本性的变化。

## 八　妈妈的味道

中国地域广大，山川地貌不同，环境多样，食材也多种多样。所以，在不同的地区、不同的人群中，形成了不同的饮食习惯、饮食风俗，特别是不同的口味。

有一个故事说，一个南方的小女孩因为家乡贫穷，被送到内蒙古寄养。40多年后，她带着丈夫和孩子回老家寻亲。当地有一种蔬菜，她吃得特别可口，可她的丈夫和孩子根本没动。她的母亲感叹地说："这真是我的女儿啊！"

这种童年的味觉记忆是根植在内心深处的，实际上是一个人文化识别的一个标志。比如现在到国外去旅游，旅行社的说明上会写明"全程中餐"。为什么呢？因为你走到任何地方，吃一两次当地的食品还可以，就当尝个鲜，吃的次数多了就会觉得特别不舒服，还得吃中餐，虽然旅行社领去的中餐厅可能很差劲。

这就是通常说的"妈妈的味道"。"妈妈的味道"就是家乡的味道，就是文化的味道。我们对故乡的怀念，许多是怀念童年时享受的妈妈的味道。

在国内旅行也一样。中国南北差异和东西差异都大，各处有各处的"妈妈的味道"。春秋齐桓公时期，南北菜肴风味就表现出差异了。当时各地都出现了一些名菜，形成了南北不同的饮食文化。到唐宋时，中国各地的饮食已经有了明显的区别，南食、北食各自形成体系。《梦溪笔谈》卷二十四中记录："大抵南人嗜咸，北人嗜甘。鱼蟹加糖蜜，盖便于北俗也。"北方人

## 人间烟火 ——百姓生活里的传统文化

敦煌莫高窟第360窟中唐《宴乐图》

喜欢吃甜的，南方人喜欢吃咸的。

南宋时候，北方人大量南迁。逐渐地，北方的饮食文化影响了南方，后来竟然形成了南甜北咸的格局。明代末期，中国饮食分为京式、苏式和广式。京式偏咸，苏式、广式偏甜。到了清代，据徐珂所辑《清稗类钞》中记载：肴馔之各有特色者，如京师、山东、四川、广东、福建、江宁、苏州、扬州、镇江、淮安。后来概括为鲁、川、粤、苏"四大菜系"，成为当时最有影响的地方菜。大约在清末，闽、浙、湘、徽等地方菜也逐渐出名，于是形成了中国的"八大菜系"，即鲁菜、川菜、粤菜、苏菜、闽菜、浙菜、湘菜、徽菜。

中国饮食文化的菜系是在一定区域内，由于气候、地理、历史、物产及饮食风俗的不同，经过漫长历史演变而形成的一整套自成体系的烹饪技艺和风味，并被全国各地所承认的地方菜肴。

各地还出现了许多有地方特色的小吃。许多地方的小吃很有名。其中号称中国"四大小吃"的是：南京夫子庙秦淮小吃、上海城隍庙小吃、苏州玄妙观小吃、湖南长沙火宫殿小吃。

## 第二章　上衣下裳

### 一　布衣与丝绸

人类自从脱离动物界就开始穿衣服了。每个民族的服装主要取决于两个因素，第一个是当地出产的原材料，第二个是民族的审美情趣。第一个因素决定了用什么面料，第二个因素决定了服装的款式和花色。

在各民族文化发展的历史进程中，根据不同的自然环境和物质条件，逐渐发展出四大类用于纺织的纤维：（1）动物皮毛，尤其是羊毛；（2）植物韧皮纤维，最常见的是亚麻；（3）丝绸；（4）植物种子绒毛，如棉花。

从使用的纺织原料角度看，古代世界可分为四大纺织文化圈：（1）东亚地区，以黄河流域为代表，其特点是主要使用丝纤维，也使用葛、麻；（2）南亚地区，以印度为代表，其特点是使用棉纤维，包括草棉和木棉两类；（3）地中海地区，主要的纺织纤维为亚麻和羊毛；（4）南美地区，使用羊毛和棉花作为纺织纤维，但其种类和欧亚大陆有所区别而自成体系。

中国古代最普遍的还是以麻和葛的纤维作为纺织原材料。麻主要指大麻和苎麻，是一年生草本。大麻兼有衣食之功，为衣者为雄麻，茎部韧皮纤维长而坚韧，可供纺织；为食者为雌麻。中国古代称雄麻为"枲"，称雌麻为"苴"。《礼记》说，女子执麻枲学女事，以供衣服。苎麻原产南方，即便是棉花成为大众衣着原料之后，它仍是南方人夏装面料的主要来源。葛属多年生草质藤本植物，葛茎皮纤维做纺织原料，葛衣、葛巾均为平民服饰。《韩非子·五

## 人间烟火——百姓生活里的传统文化

蠹》记载，尧"冬日麂裘，夏日葛衣"。中国古代丝绸很贵重，真正能够享用丝绸的只是占人口极少数的贵族，普通百姓所穿主要是麻、葛布，所以称老百姓为"布衣"。不过史书中的所谓"布衣"并不是指普通老百姓，常常是指没有做官的读书人。

中国古代很长一段时间没有棉花。棉花的原产地是印度。战国时成书的《尚书·禹贡》中有"岛夷卉服，厥篚织贝"之载，"卉服"指棉布所制之衣，是沿海地区向

湖南长沙马王堆汉墓出土的绣绢

中原的贡品。从南方传入的印度棉原是多年生木本，传入我国之后，随着向北的迁徙与不断的选育，最后变为不高而一年生的"中棉"。

棉花传入我国之后，长期生长在边疆地区，未能广泛传入中原。唐宋的文学作品中，"白叠布""木棉裘"还是珍贵之物。唐代，京城棉花是观赏植物；宋代，福建沿海已种植棉花；元代，棉花种植在中原得到迅速推广。1295年前后，黄道婆自海南崖州带回了纺织工具和棉纺织技术，并大胆改革、推陈出新，传授乡里，带动了整个江南地区的棉纺织业发展。棉花种植迅速发展并超过桑麻，成为我国纺织工业的主要原料。

麻、葛和棉花是古代中国的主要纺织原料，最有代表性的则是丝绸。可以认为，丝绸是中国对世界物质文化最大的一项贡献。

汉纺织图画像石刻

中国人养蚕、缫丝和织绸,可能在几千年前的新石器时代就已经开始了。传说黄帝的后妃嫘祖教人们养蚕缫丝织绸,以制衣裳。据考古发掘的结果,一般认为中国丝织物开始出现于中国东南地区的良渚文化时期(约前3300—前2300年)。这时的中国先民已经成功地驯化了野生桑蚕,使其成为可以饲养的家蚕,并利用蚕所吐的丝作为原料织造丝绸衣物。到商代,已充分利用蚕丝的优点,并且改进了织机,发明了提花装置,能够用蚕丝织成精美的丝绸。《诗经》中有不少桑事织衣的诗篇。

汉代,养蚕技术和缫丝、织造、印染等技术都有了很大提高。丝绸生产是人民生活的重要组成部分,凡宜蚕之地,每家每户均树桑养蚕,并以绢作为赋税。在长沙马王堆西汉古墓出土的素纱禅衣,长3尺7寸,重量不到1两,其工艺之精巧轰动了整个世界。湖北江陵楚墓中出土的大量丝织品更被誉为"世界丝绸宝库"。汉代丝织业生产规模很大,花色品种繁多,产品数量也很大,出产了丰富多彩的丝织品,如锦、纱、罗、绫、缎、绸、绒、缂丝等。据记载,汉武帝元封元年(前110年),朝廷自民间征集的绸帛就达500万匹,可见当时纺织业的兴盛状况。大批量生产的各色丝绸不仅满足了王朝贵族们的需求,而且成为社会各阶层都能消费的衣料。

精美绝伦的各色丝绸为人们提供了舒适的衣料和优美的装饰物,丰富了人们的日常生活。丝绸是中国最早大宗出口的一种货物，直到明清时代，一直是向海外输出量最大的并且最受欢迎的中华物产之一。

## 二　上衣下裳与胡服骑射

新石器时期，出现了贯头衣和披单服等披风式服装。贯头衣大致用整幅织物拼合，不加裁剪而缝成，胴体无袖，贯头而着，衣长及膝，是一种概括性或笼统化的整体服装。在纺织品出现之后，贯头衣已发展为一种定型服式成为人类服装的祖型。

《左传正义·定公》说："中国有礼仪之大，故称夏；有服章之美，谓之华。"中国的服饰文化起自商周时期，初步确立了区分等级的上衣下裳形制、冠服制度以及服章汉服制度。商代衣着通常为上衣下裳制，上穿交领窄袖式短衣，衣上织、绣种种花纹，领缘、袖口用花边装饰，以宽带束腰，腹前垂一兽头纹样的韦鞸，下着裙裳。周代服饰装饰虽繁简不同，但上衣下裳已分明，奠定了中国服装的基本形制，"衣裳"遂成为服装的通称。"黄帝、尧、舜垂衣裳而天下治，盖取诸乾坤"，是说上衣下裳的形制取天意而定，是神圣的。

春秋战国时期，衣服的款式丰富，冠服制被纳入了"礼治"的范围，成了礼仪的表现形式，中国的衣冠服制更加详备。代表这一时代特征的服装为深衣。《礼记·深衣》孔氏正义解释说："所以称深衣者，以余服则，上衣下裳不相连，此深衣衣裳相连，被体深邃，故谓之深衣。"深衣在其制度形式上是上下通服，在时间上流行最久。

与深衣同时出现的还有胡服。周赧王十年、赵武灵王二十一年（前305年），赵武灵王为了对付北方的匈奴和西边的秦国，决心整军经武，学习胡人穿短装、习骑射之长，克服中原人宽袍大袖、重甲循兵只善车战之短。

赵国地处北边，经常与林胡、楼烦、东胡等北方游牧民族接触。赵武灵王看到胡人在军事服饰方面有一些特别的长处：穿窄袖短袄，生活起居和狩猎作战都比较方便；作战时用骑兵、弓箭，与中原的兵车、长矛相比，具有更大的灵活机动性。他说，北方游牧民族的骑兵来如飞鸟，去如绝弦，是快速反应部队，带着这样的部队驰骋疆场哪有不取胜的道理。

"胡服骑射"对于中国服饰变化的影响十分重要。美国学者麦高文(W.M.Mcgovern)指出："较之马饰之发明更重要的，是马背乘骑的习惯所加于人类衣饰的影响。其中最值得注意的，就是裤的发明，只有穿裤，才能使两腿自由运用于马背。""在中国，近代中国人虽以裤着闻，因为连妇女都习于穿裤，可是我们发现古代的中国衣服，却只有宽袍。直到公元前3世纪初，中国人才开始知道穿裤。……我们从直接的史料上获知，中国的采用裤，是直接受中亚文化的影响。"[1]

骑马民族为满足骑乘动作灵敏之需，其服饰装束与华夏农业民族的宽衣博带大相径庭，为窄袖紧衣、系带、穿靴。

赵武灵王的"胡服骑射"，就是为适应骑马射箭的灵巧动作，将原来双襟交输于背，宽袖、长襦的中原服装，改为双襟交输于胸前右侧，紧袖高领的上衣。我国学者孙机指出胡服即衣裤式服装，尤以着长裤为特点。这种仿自北方游牧民族的军服，窄袖短袍，皮靴革带，既耐寒又方便活动，便于骑马射箭。王国维在《胡服考》中说，胡服就是唐代的褶服。从唐墓出土的壁画、陶俑、三彩俑等文物来看，褶服为圆领、右衽，双襟掩于胸的右侧，腰束革带，衣长及膝。

赵武灵王号令全国着胡服，习骑射，并带头穿着胡服去会见群臣。胡服在赵国军队中装备齐全后，赵武灵王就开始训练将士，让他们学着胡人的样子，骑马射箭，转战疆场，并结合围猎活动进行实战演习。《史记·匈奴列传》说：

---

[1] 麦高文：《中亚古国史》，章巽译，中华书局2004年版，第51—52页。

"而赵武灵王亦变俗胡服,习骑射,北破林胡、楼烦。筑长城,自代并阴山下,至高阙为塞。"

魏晋南北朝时期,中国服饰又经历了一次"胡化"的改革。宋代顾文荐《负暄杂录》写道:"汉魏晋时皆冠服,未尝有袍、笏、帽、带。……至元魏时,始有袍、帽,盖胡服也。唐世亦自北而南,所以袭其服制。"北齐时,胡服成为社会上的普遍装束,不仅用于家居闲处,而且还用于礼见朝会,谒见皇帝。《旧唐书》说:"北朝则杂以戎夷之制?爰至北齐,有长帽短靴,合袴袄子,朱紫玄黄,各任所好。虽谒见君上,出入省寺,若非元正大会,一切通用。"唐朝时,长安"胡着汉帽,汉着胡帽"非常普遍,从贵族到士庶皆以穿胡服为时尚。

## 三 飘逸的汉服

中国向以"衣冠王国"著称于世,其服饰习俗丰富多彩。在远古时代,服饰主要为了御寒、防暑、护体和遮羞。进入文明时代后,服饰常被用来区分等级、职业、民族、年龄和性别,并出现了服饰的审美价值日益上升的趋向。汉代时,人们对服饰美的追求已达到相当高的境界。不同阶层、不同民族、不同场合、不同环境的服饰风格各异,从而使服饰的等级性、民族性、时代性等有机结合,融为一体。

汉人服饰面料重锦绣。绣纹多有山云鸟兽或藤蔓植物花样,织锦有各种复杂的几何菱纹以及织有"登高明望四海""延年益寿"等文字的通幅花纹。此外,还有绘花和印花织物、朱砂着色织物、超级细薄织物。汉代法律规定,农民只许穿本色麻布衣,西汉后期允许着青、绿色。

汉代男女服装多上衣和下裳分裁合缝连为一体,上下不通缝、不通幅,外衣里面都有中衣及内衣,其领缘袖缘一并显露在外,成为定型化套装;下

着紧口大裤，保持"褒衣大袑"风格；足下为歧头履；腰间束带。魏晋时，"褒衣博带"成为世俗之尚。汉代女子劳动时喜欢上着短襦，下着长裙，敝屣上面装饰腰带长垂；汉代男子劳动时上着短襦，下着犊鼻裤，并在衣外围罩布裙。这种装束士农工商皆可穿着。

唐周昉《簪花仕女图》（局部） 辽宁博物馆藏

唐代《蛮书》说："初袭汉服，后稍参诸戎风俗，迄今但朝霞缠头，其余无异。"隋唐时期男子冠服特点主要是上层人物穿长袍，官员戴幞头，百姓着短衫。最时兴的女子衣着是襦裙，即短上衣加长裙，裙腰以绸带高系，几乎及腋下。这种始于汉代的套装，在魏晋时期裙腰日高，上衣日短，衣袖日窄；后来又走向另一极端，衣袖加阔到二三尺。隋统一后，上襦又时兴小袖，贵族妇女内穿大袖衣，外面再披一件小袖衣，名披袄子。讲究的用金缕蹙绣，听任小袖下垂以为美，竟成一时风尚。唐代长期穿用小袖短襦和曳地长裙，但盛唐以后，贵族妇女衣着又转向阔大拖沓，衣袖竟大过4尺，长裙拖地4至5寸，不得不用法令加以限制。

最近一些年，有人提倡汉服传统，着汉服成为一些青年的流行时尚。汉服不是一种简单的服饰，它所承载的是具有五千年文明的礼仪之邦，象征着中国的灿烂文明和精神气质。

汉服是指汉族传统服饰。汉服起源于商周，到唐时期已经十分成熟。汉服所用的材料是布和帛，其结构从上至下分为领、襟、衽、衿、裾、袖、袂、带、韨等十个部分。前后具有对称性，也就是说在制作过程中会取两幅同等长的布，分别对折作为前襟后裾，缝合后背中缝。如果前襟无衽即为直领对襟衣。若再取一幅布裁为两幅衽，缝在左右两襟上，则称之为斜领右衽衣。其制作流程极为繁复。

汉服是一整套的服饰系统，包括衣裳、首服、发式、面饰、鞋履、配饰等。

传统的汉族服饰一般采取动物、植物、几何状的纹饰。动植物的刻画往往呈现出逼真、细腻、栩栩如生的特点，而几何图形则呈现出非常规整、对称的特点。当然，服饰的颜色有严格的区分。古人所理解的世界为青赤黄黑白五种颜色，称之为五正色，是极尊贵的；至于其他颜色则是调和色，是这五种基本颜色调和而成的，被称为间色。

## 四　旗袍演绎万种风情

清朝取代明朝，以强力推行剃发易服，按满族习俗统一男子服饰，废除了具有浓厚汉民族色彩的冠冕衣裳。明代男子一律蓄发挽髻，着宽松衣，穿长筒袜、浅面鞋，清时则剃发留辫，辫垂脑后，穿瘦削的马蹄袖箭衣、紧袜、深筒靴。汉族妇女穿着在康熙、雍正时期还保留明代款式，时兴小袖衣和长裙，乾隆以后，衣服渐肥渐短，袖口日宽或达1尺多，再加云肩，花样翻新无底止。满族妇女着旗装，梳旗髻（俗称两把头），穿花盆底旗鞋。旗装大多采用平直的线条，衣身宽松，下摆不开衩，胸腰围度与衣裙的尺寸比例较接近，在袖口领口有大量装饰。

受清代满族妇女服饰的影响，到民国初年，中国妇女的特有服装旗袍发展起来。旗袍的流行在20世纪20年代。民国时期的报刊上曾有文章解释旗袍：什么是旗袍，可说是民国纪元后适合新时代中华女子变演出来的一种新产物，也可以说是中国女子仿制以前清旗女衣着式样的一件曾经改制的外衣。张爱玲则把旗袍解释为女权主义，在《更衣记》里写道："五族共和之后，全国妇女突然一致采用旗袍，倒不是为了效忠于清朝，提倡复辟运动，而是因为女子蓄意要模仿男子。她们初受西方文化的熏陶，醉心于男女平权之说，可是四周的情形与理想相差太远了，羞愤之下，她们排斥女性化的一切，恨不得将女人的根性斩尽杀绝。因此初兴的旗袍是严冷方正的，具有清教徒的风格。"

旗袍一般要求全部或部分具有以下特征：右衽大襟的开襟或半开襟形式，立领盘纽、摆侧开衩，单片衣料、衣身连袖的平面裁剪等。从20世纪20年代至40年代末，中国旗袍风行了20多年，款式几经变化，如领子的高低、袖子的短长、开衩的高低，彻底摆脱了老式样，改变了中国妇女长期来束胸裹臂的旧貌，让女性体态和曲线美充分显示出来，正适合当时的风尚。青布旗袍最为当时的女学生欢迎，全国效仿，几乎成为20世纪20年代后期中国新女性的典型装扮。

20世纪30年代末出现了改良旗袍。旗袍的裁法和结构更加西化，胸省和腰省的使用使旗袍更加合身，同时出现了肩缝和装袖，使肩部和腋下也合体了。有人还使用较软的垫肩，谓之"美人肩"。这时旗袍已经成熟定型，以后的旗袍再也跳不出30年代旗袍所确定的基本形态，只能在长短、肥瘦及装饰上做些变化。自30年代起，旗袍几乎成了中国妇女的标准服装，民间妇女、学生、工人、达官显贵的太太，无不穿着，甚至成了交际场合和外交活动的礼服。

20世纪90年代以来，旗袍得到了复兴。无论在国际时装舞台，还是在日常工作和生活中，旗袍以多变的姿态展现着女性美，演绎着别样的东方风情。

## 第三章　日常之用

### 一　陶器

在长期的生产生活实践中，人类发明了许多生产工具和生活用具，这是人类文明的重要标志之一。这些工具和用具为人类生产生活提供了极大的便利，有许多至今还在使用，有些虽然现在被替代了，但其制作原理、使用功能可能在新的用具和工具中保存下来；还有一些用具超出其使用功能，发展成为人们喜爱和珍藏的艺术品。

早在新石器时代，随着农业和畜牧业的发展，由制造生产工具发展起来的手工业在种类和规模上都出现了新局面，引起了历史上的第一次技术革命，制陶、养蚕制丝、制玉和冶铜技术等得以发明。其中许多发明广泛应用于人们的日常生活领域，而我们至今仍然享受着那个时代的技术成果。

其中，最广泛使用的是陶器。陶器是用黏土或陶土经捏制成形后烧制而成的器具。陶器的发明是人类最早利用化学变化改变天然性质的开端。制陶对于人类日用器物的改善与丰富具有极其重大的意义，使人类找到了制造日用器物最便当、最广泛的一种途径。

在世界各地的新石器时代遗址中，普遍发现了大量陶器。陶器的发明和使用是人类自掌握取火技术和饲养家畜、栽培植物之后或同时取得的又一划时代的进步，是新石器时代的重大发明之一。陶器是人类定居生活稳定性的一种反映，在人类智力发展和文化进步的过程中具有重要的意义，一直被作

良渚文化的典型陶器　良渚博物院藏

为新石器时代的主要标志。

早在旧石器时代晚期,大约在距今18000—14000年前,今我国华南和华北地区就出现了陶器。早期陶器表现出某些原始阶段的技术特征,比如火候低、壁厚、器型和技术简单等。到了新石器时代,制陶技术已达到很高水平,仰韶文化和屈家岭文化的彩陶,大汶口文化和龙山文化的黑陶,其造型、纹饰和色彩之精美,可视为当时陶器的代表。

彩陶是中国先民在新石器时期创造的闪烁着人类智慧的重要器物。它大量出现在黄河流域,最著名的是河南渑池县仰韶村文化遗址出土的彩陶,线条流畅,图案绚丽。它是仰韶文化的主要特征,所以仰韶文化又享有"彩陶文化"之盛誉。

仰韶文化时期的制陶工艺相当成熟，器物规整精美，多为细泥红陶和夹砂红陶。其装饰以彩绘为主，于器物上绘精美彩色花纹，一般多装饰在器物的口沿和上腹部，也有全身布满花纹的器物，还有用人面纹做装饰的。半坡类型的彩陶纹饰以各式各样的鱼纹最富特征，底沟类型的彩陶纹饰主要由圆点、勾叶、弧线三角和曲线等组成连续带状花纹。另外还有磨光、拍印等装饰手法。

仰韶文化的陶器种类较多，有杯、钵、碗、盆、罐、瓮、盂、瓶、甑、釜、灶、鼎、器盖和器座等，最为突出的是双耳尖底瓶，线条流畅、匀称，极具艺术美感。彩陶是中国史前文化成就的标志，也是世界历史文化的珍品。

在与仰韶文化大体同期的红山文化中，出土的陶器有泥制红陶、夹砂灰陶、泥制灰陶和泥制黑陶四类。彩陶以黑彩为主，有红彩和施白衣，纹饰有斜平行线纹、折线回字纹，有内彩。此外还有朱绘。器物为直筒罐类、钵盆和镂空豆类、壶类以及器座、盂、樽、双耳大口罐型器。晚期出现大平底盆、大敞口折腹浅盘细柄豆，并出现彩绘陶。

龙山文化时代的陶器有灰、红、黑陶，其中最著名的是黑陶。黑陶在龙山文化陶器中制作最为精美，是陶胎较薄、胎骨紧密、漆黑光亮的黑色陶器。黑陶工艺主要利用轮制的方法，在烧制时采用了封窑烟熏的渗碳方法，器表呈现出深黑色光泽，朴素无华，纹饰仅有少数弦纹、划纹或镂孔。其中有一种薄胎黑陶，漆黑乌亮，薄如蛋壳，称蛋壳陶，代表着这一类型陶器的杰出成就。黑陶的造型千姿百态，以复杂造型为主，端庄优美，质感细腻润泽，光泽沉着典雅，常见器型有碗、盆、罐、瓮、豆、单耳杯和鼎等。

良渚出土的陶器以泥质灰胎磨光黑皮陶最具特色，采用轮制，器型规则，圈足器居多，用镂孔、竹节纹、弦纹装饰，也有彩绘。

制陶业始终是新石器时代一种重要的手工业。在技术上，它先后经历贴塑、泥条盘筑及慢轮加工等阶段后。今陕西华县泉护村一期文化的晚期遗存中已出现公元 4000 年前的快轮制品。快轮制陶技术经过逐步发展，至龙山时期在黄河及长江流域普遍推广开来。快轮制陶技术的产生是史前工业技术革命步入重要阶段的标志。

在人类文明的早期，各式陶器主要用于日常生活。瓷器发明后，陶器逐步为瓷器取代，但在许多方面还有使用，比如用作建材。我们今天日常生活中所用的花盆、缸、坛子等，还是陶器制品。

## 二　漆器

漆器是中国古代在化学工艺及工艺美术方面的一项重要发明。生漆是从漆树割取的天然液汁，主要由漆酚、漆酶、树胶质及水分构成。用它做涂料，有耐潮、耐高温、耐腐蚀等特殊功能，又可以配制出不同色漆，光彩照人。漆器是用漆涂在各种器物的表面所制成的日常器具及工艺品、美术品。

中国是世界上最早发现并使用天然漆的国家，从新石器时代起就认识了漆的性能并用以制器。现知最早的漆器是 1978 年在河姆渡遗址发现的木胎朱漆器。商周时代，先人已用色漆和雕刻来装饰器物，殷商时代已有"石器雕琢，觞酌刻镂"的漆艺。至战国时，漆器品种和髹饰技法都有很大发展，漆器生产规模已经很大，成为国家重要的经济收入，并设专人管理。庄子年轻时做过管理漆业的小官。漆器生产工序复杂，耗工耗时。漆器品种繁多，不仅用于装饰家具、器皿、文具和艺术品，而且还应用于乐器、丧葬用具等。这一时期的漆器一般髹朱饰黑，或髹黑饰朱，以优美的图案在器物表面构成一个绮丽的彩色世界。在湖北曾侯乙墓出土的漆器有 220 多件，品类全，器型大，风格古朴。这些精美的漆器体现了楚文化的神韵。

汉代是漆器的鼎盛时期，漆器手工业的规模和范围更加扩大，髹漆工艺有了进一步的发展。《史记·货殖列传》记载,商人在"大邑通都"可以经销"木器髹者千枚""漆千斗",足见当时漆器业的发达。汉代漆器以黑红为主色,又增加了盒、盘、匣案、耳环、碟碗、筐、箱、尺、唾壶、面罩、棋盘、凳子、几等品种,同时还开创了新的工艺技法,如多彩、针刻、铜扣、贴金片、玳瑁片、镶嵌、堆漆等多种装饰手法。长沙马王堆汉墓出土的大批精美漆器,证明了当时漆器制作的工艺水平。

西晋以后到南北朝,由于佛教的盛行,出现利用夹纻工艺所造的大型佛像,夹纻胎漆器因而发展。唐朝漆器大放异彩,呈现出华丽的风格,金银平脱、螺钿、雕漆等技法在当时极为盛行。剔红漆器在唐代也已出现。唐代漆器工

元明之交的剔红秋葵绶带纹圆漆盘

艺超越前代，镂刻錾凿精妙绝伦，与漆工艺相结合，漆器制造发展成为一种专门工艺并达到很高的水平，器物品种繁多，制作精良，装饰华美，异彩纷呈。

至明清时代，漆器工艺又有了重大发展和革新，髹饰工艺可谓至此而大备，多种技法和不同纹、地的结合，迎来了千文万华之盛。在这个时期，漆器的品种至少已在400种以上，其中最为突出的是雕漆、镶嵌漆、彩漆、洋漆、填漆、戗金漆等。

现代漆器工艺仍然持续流传，大放异彩。现代漆器工艺主要分布于北京、江苏、扬州、上海、四川、重庆、福建、山西平遥、贵州大方、甘肃天水、江西宜春、陕西凤翔等地。漆器产地众多，风格多样，其中北京雕漆、福州脱胎漆、扬州点螺漆、平遥推光漆被誉为"四大名漆"。

## 三 瓷器

瓷器是中国人的伟大发明之一，在世界上享有极高的声誉。中国古代制瓷技术和艺术上的成就以及向世界各地的传播和影响，推动了世界陶瓷和文化的发展，因而中国被世人誉为"瓷器之国"。典雅适用的瓷器已成为世界各地使用最广泛、最受欢迎的生活用具，中国陶瓷已经成为人类文化艺术宝库中一宗巨大的财富。西方学者爱德华·卢西·史密斯（Edward Lucie Smith）在《世界工艺史》中说："瓷器制作是中国对整个人类技术进步的一个最重要的贡献。"[1]

各民族在其文化产生的初期都具有各自特色的陶器，但瓷器是首先在中国出现的特产，是中华民族的一个重要的创造。瓷器是由高岭土、长石和石英等作为原料，经过混合、成形和烧制等步骤而制成的成品。瓷器的烧成需

---

[1] 沈福伟：《西方文化与中国（1793—2000）》，上海教育出版社2003年版，第5页。

要较高的温度，需要有设计周密、保温条件好的窑炉，还要有燃烧强度很高的燃料，还要善于拣选瓷土原料和掌握釉的配制技术。这些原理是由中国人首先发现和掌握的。瓷器的发明凝聚着中华民族的智慧和探索精神。

瓷器的发展有一个由简到繁的过程。原始瓷器是从陶器发展而来的，最早的瓷器见于郑州二里岗商代遗址。到东汉时代，出现了完全意义上的瓷器，正式拉开了中国瓷器生产的大幕。据专家考证，青瓷最早产于浙江的绍兴、上虞一带；据现有资料证实，最早出土的一批白瓷来自北齐武平六年（575年）范粹墓。早期瓷器以青瓷为主，隋唐时代发展成青瓷、白瓷以单色釉为主的两大瓷系。

唐代瓷器的改进标志着瓷器已从陶器中分化出来，成为独立的手工业。当时瓷窑几乎遍布全国各地，北起河北、陕西，南至广东、福建、江西，到处都有瓷窑。五代时，瓷器制作工艺有很大提高，南瓷系统以越窑"秘色瓷器"（青蓝色）著名，吴越国贡品秘色瓷成为当时的佳品。周世宗在北方郑州还特设了柴窑，传说世宗要求柴窑生产瓷器"薄如纸、明如镜、声如磬"。

宋代瓷器以各色单彩釉为特长，釉面能做冰裂纹，并能烧制窑变色及两面彩、釉里青、釉里红等。宋代的瓷器可以说在形态、色彩、纹理乃至光亮的表现上都达到了科学技术与工艺美术的高峰。宋代的"五大名窑"，即定窑、汝窑、官窑、哥窑、钧窑，是其中杰出的代表。景德镇因宋景德年间（1004—1007年）为宫廷生产瓷器而得名，所制瓷器质尚薄，色白如玉，善做玲珑花。北宋乃至明代，景德镇瓷器成为瓷业的中心，各种釉色和彩绘瓷器不断有所创新。

元代瓷器盛行印花瓷及五彩戗金。明代流行白底青花瓷。青瓷有影青，瓷质极薄，暗雕龙花，表里可以映见，花纹微现青色。又有霁红瓷，以瓷色如雨后霁色而得名。窑变色从一种发展为窑变红、窑变绿、窑变紫三种彩。清代生产彩瓷，图样新颖，瓷色华贵，以珐琅瓷、粉彩杰出，又有天青釉，仿拟五代柴窑瓷色，还有霁红瓷和霁青瓷等。

中国的瓷器独步天下，作为一种文化形态，其所涉及的范围是相当广泛的。瓷器无论就其自身存在的形式，还是用于生活中与各方面发生的联系，都和整个文化发展分不开。不仅如此，瓷器还与中华文化的其他文化要素或文化形式有着密切的联系，如研究中国美术史、中国音乐史和中国舞蹈史，都离不开对中国陶瓷史的研究。

瓷器与中国美术的联系最为密切。我国古陶瓷的装饰艺术从新石器时代的彩陶开始，就以惊人的成就出现。彩陶的装饰纹样浑厚质朴，形象生动，充分表现了先民的审美趣味和创造意念。瓷器发明以后，瓷器的装饰艺术色彩纷呈，美不胜收。瓷器发明初期的南方青瓷就采用了立体堆塑的手法，在瓷器表面堆塑楼台、人物、舞乐、百戏、

元青花鸳鸯戏水纹玉壶春瓶

飞鸟、走兽等图案，层次分明，玲珑突出。西晋晚期兴起了一种褐斑加彩的装饰方法，使单色的青釉增加了色调的变化，丰富了青瓷的装饰效果。唐代是瓷器装饰艺术高度发展时期。这时的青瓷更加精美大方，盛行堆贴花装饰，整齐端巧而又富有变化，优美瑰丽。唐代瓷器中淋漓豪放的花釉、精巧别致的绞胎和绞釉瓷器及丰富多彩的釉下彩绘瓷器，都表现出大胆的创造精神。从绘画的角度看，唐代长沙窑的釉下彩绘风格是以写意手法表现的。虽然画面上结合了刻画，但主要还是用色料描绘而成，用笔潇洒，不加修饰，一挥而就，意趣盎然，耐人寻味。瓷器上写意装饰纹样的出现从唐代以降长期持续不断，表现手法极为丰富，并且对中国写意画的形成和发展有直接的重要

## 人间烟火——百姓生活里的传统文化

影响。[1]

宋元两代对瓷器的装饰艺术更精益求精。宋代的几大名窑在装饰艺术上各有千秋，所绘画面造型生动，艺术高超，尽态极妍。在装饰方法上，大量运用印花、划花、刻花的纹饰，或采用浮雕或堆贴花，或利用釉色的变化，取得出乎意料的窑变的艺术效果。元代的青瓷器清新典雅的画面则具有与水墨画相同的艺术效果。明代的青花、釉里红、五彩、斗彩等彩瓷，代表了明代瓷器装饰艺术的水平，其色泽浓厚庄重，莹亮润泽，华美绝伦。清代瓷器的装饰艺术主要继承了明代的彩瓷，并有所发展和创新。特别是康熙年间的彩瓷明显受到绘画艺术的直接影响，无论表现手法还是表现内容，都与当时流行于民间的木版年画有一定联系。另外，工笔画对雍正年间的瓷器粉彩装饰也有明显影响，在其构图、设色和用笔方面，都可以看出工笔花鸟画的技法起主要作用。

唐代以来，有些瓷器用书法做装饰，到宋元两代则发展成为一种普遍流行的纹饰题材。这些书法挥毫即兴，潇洒娴熟，着重装饰效果，讲究与器物

清乾隆粉彩九桃瓶

---

[1] 杨静荣、杨永善：《中国的陶瓷》，人民出版社1990年版，第166、167页。

造型的结合，形成一种适于生产工艺的书体。

在日常生活领域，瓷器的发展与中国茶文化有着特别密切的联系。饮茶之风盛行，而瓷器成为最相适的茶具，因为瓷器光洁易清洗，不易炸裂，无异味，而且给人高雅之感。中国饮茶之道对茶具有多样的要求，尤其注重茶具的艺术性。茶文化的表现不限于解渴、提神等表面功能，更重要的是品评茶的风味，展示茶具的优美，饮用与欣赏、茶香与茶具融为一体，相得益彰。由于茶与瓷的这种亲密关系，许多瓷窑所在地也是茶的重要产地，如景德镇、宜兴等地都盛产茶。茶的种植和饮茶习俗的演变直接影响了瓷器的发展，而瓷器茶具又以自身的艺术风格赋予茶各种文采。

总之，瓷器在历史上与中华文化有着千丝万缕的联系。作为一种物质文化成果，它是古代中国人贡献给人类的一项伟大发明，体现着中华民族的创造智慧和科技水平；同时，它又是一种综合的艺术，成为许多文化形式的物质载体，体现着中华文化的精神蕴涵和艺术意境，体现着中国人对美的感受和创意。

瓷器是一种综合表现中华文化的特殊物质形态。因此，当瓷器大量外销，传播到世界各地的时候，不仅给各国人民提供了一种方便适宜的生活用具，而且向他们展示了中华文化的风采和光辉。美国学者罗伯特·芬雷（Robert Finlay）说："瓷器是全世界最受喜爱、歆羡，也是最被广泛模仿的产品。从公元7世纪瓷器发明问世以来，它始终居于文化交流的核心。在欧亚大陆，瓷器是一大物质媒介，跨越遥远的距离，促成艺术象征、主题、图案的同化与传布。"[1]

---

[1] 罗伯特·芬雷：《青花瓷的故事》，郑明萱译，台湾猫头鹰出版公司2011年版，第21页。

## 四　景泰蓝

景泰蓝的正式名称叫铜胎掐丝珐琅，俗名珐蓝，又称嵌珐琅，是一种在铜质的胎型上用柔软的扁铜丝掐成各种花纹焊上，然后把珐琅质的色釉填充在花纹内烧制而成的器物。这种器物在明朝景泰年间盛行，制作技艺比较成熟，使用的珐琅釉多以蓝色为主，因而得名景泰蓝。

铜胎掐丝珐琅制作技术应该是大约13世纪末，由阿拉伯国家传入中国。传入之初，被称作大食窑器、鬼国窑器和佛郎嵌。明宣德年间（1426—1435年），景泰蓝制作工艺的风格特点已经形成，接近成熟时期。宫廷内的御用监（皇家厂坊）设有制作景泰蓝的作坊。这个时期的制胎水平已达到了相当高度。胎型有方有圆，制作胎型的物质材料有金、铜两种。产品的品种有瓶、盘、碗、盒、炉、鼎，还有花盆、面盆、炭盆、灯、蜡台、樽、壶等器物。纹样多为蕉叶、饕餮、狮戏球、西番莲和大明莲，有龙戏珠、夔龙夔凤等寓意吉祥的题材，有云鹤、火焰等表现道教、佛教内容的题材。釉色多为天蓝（淡蓝）、宝石蓝（青金石色）、浅绿（草绿）、深绿（菜玉绿）、红色（鸡血石色）、白色（砗磲色）和黄色。

清代皇宫养心殿设立御用工厂，称为造办处，分设各"作"制造各种御用器物，"珐琅作"是其中之一。乾隆时期，景泰蓝与雕漆、金漆镶嵌等行业得到了空前发展，景泰蓝制品在皇宫内处处可见，包括小到床上使用的帐钩，大到屏风，甚至高与楼齐的佛塔以及日用品（桌椅、床榻、酒具、砚、匣、笔架）、建筑装饰、宗教用品等。

沈阳故宫博物院藏有一件乾隆年间制珐琅番莲纹冰箱，就是一件精美的掐丝珐琅家具。这件冰箱为长方体，双开活盖，一盖上有两个铜钱纹，用于将箱盖提起，同时兼有透气之功能。盖四壁边包铜，一侧边沿镌刻"大清乾隆年制"六字楷书款。两侧安有双鱼吞环提手。箱内壁采用镶银里的做法。

盖及四壁均施天蓝色珐琅釉，掐丝填釉各色缠枝番莲纹，箱底饰掐丝珐琅冰梅纹。冰箱下承红木底座，底座四角的拱肩处镶嵌珐琅兽面纹，鼓腿膨牙，足端雕出向外翻卷的狮爪纹，足下踩托泥。此冰箱珐琅釉色丰富明快，做工较精细，为夏季盛冰降温之用，亦可将需冷却的食品置于箱内，起冰镇效果。

北京是中国景泰蓝的发祥地，也是最重要的产地。清末，除了官营珐琅作坊外，民间也纷纷开设商号和店堂。北京景泰蓝以典雅雄浑的造型、繁复的纹样、清丽庄重的色彩著称，给人以圆润坚实、细腻工整、金碧辉煌、繁花似锦的艺术感受，成为驰名世界的传统手工艺品。

景泰蓝工艺的艺术特点可用形、纹、色、光四字来概括。一件精美的景泰蓝器皿要有良好的造型，这取决于制胎；要有优美的装饰花纹，这决定于掐丝；要有华丽的色彩，这决定于蓝料的配制；要有辉煌的光泽，要完成于打磨和镀金。所以，它集美术、工艺、雕刻、镶嵌、玻璃熔炼、冶金等专业技术于一体，具有鲜明的民族风格和深刻的文化内涵，是最具北京特色的传统手工艺品之一。

20世纪60年代以后，景泰蓝行业认真继承和吸收了传统景泰蓝造型稳重丰富、图案饱满、色彩鲜明、丝工精细的长处，恢复了炉、鼎、壶、立体兽、蜡台以及过去认为最美而又最难做的六瓣瓶、梅瓶、海棠瓶等传统产品的生产。这一新的尝试既保持了原物的古雅之风，又丰富了景泰蓝的品种。景泰蓝工艺朝着装饰和实用相结合的方向发展，创作出了各式烟具、文具、灯具、茶具、筷架、名片匣、首饰盒、调味具、电子座钟、壁挂、桌凳、屏风、奖杯等产品，造型新颖美观，有浓厚的民族风格。

## 五　家具

夏商时期家具是中国古代家具的初始时期，其造型纹饰原始古拙，质朴

## 人间烟火 ——百姓生活里的传统文化

南唐顾闳中《韩熙载夜宴图》（局部） 故宫博物院藏

浑厚。这一时期家具有青铜家具（如青铜俎）、石质家具（如石俎）和漆木镶嵌家具（如漆木抬盘）。春秋战国时期，家具以楚式漆木家具为典型代表，成为中国漆木家具体系的主要源头。楚式家具品类繁多，有各式的楚国俎、精美绝伦的楚式漆案漆几、具有特色的楚式小座屏、迄今为止最古老的床。汉代，漆木家具有了更广泛的应用，还有各种玉制家具、竹制家具和陶质家具等，并形成了供席地起居完整组合形式的家具系列。

我国古代家具主要有席、床、屏风、镜台、桌、椅、柜等。席子是最古老、最原始的家具，最早由树叶编织而成，后来大都由芦苇、竹篾编成。古人常席地而坐，足见席子的应用是很广泛的。

床是席子以后出现的家具。一开始，床极矮，古人读书、写字、饮食、睡觉几乎都在床上进行。《孔雀东南飞》说："阿母得闻之，槌床便大怒。"诗中的"床"指的是坐具。和这种矮床配合用的家具有几、案、屏风等。还有一种矮榻常与床并用，故有床榻之称。

魏晋南北朝以后，床成为专供睡觉的家具，床的高度与今天的床差不多。这个时期胡床等高型家具从北方游牧民族地区传入，并与中原家具融合，使得部分地区出现了渐高家具，如椅、凳等，卧类家具亦渐渐变高。唐宋以来，高型家具广泛普及，有床、桌、椅、凳、高几、长案、柜、衣架、巾架、屏风、盆架、镜台等，种类繁多，品种齐全。

各个朝代的家具都讲究工艺手法，力求图案丰富、雕刻精美，表现出浓厚的中国传统气派，成了中国传统文化的一个组成部分。

中国古代家具经历了数千年的发展，至明代大盛，其中硬木家具最为世人推崇和欣赏。明式家具用材讲究、古朴雅致，选用坚致细腻、强度高、色泽纹理美的硬质木材，以蜡饰表现天然纹理和色泽，浸润了明代文人追求古朴雅致的审美意趣。清代家具以造型上浑厚稳重、装饰上富丽繁缛、工艺上技术精湛达到了彼时的高峰。

明清以后，由于审美习惯和文化传统等方面的差异，各地的家具制造逐渐形成自己的特色，最后形成了中国古代家具流派，主要是苏式（亦称苏作）、广式（亦称广作）和京式（亦称京作）"三大名作"。此外还有其他几个流派，如晋式、宁式、鲁式、闽式等。

苏式家具名扬天下，明代张瀚《松窗梦语·百工纪》说："江南之侈，尤莫过于三吴。……吴制器而美，以为非美弗珍也。……四方贵吴，而吴益工于器。"苏式家具主要用料是黄花梨、紫檀木、铁力木、鸡翅木、瘿木等优质硬木，家具造型格调大方，素洁文雅。制作时采用一木连作，上下贯通，结构整体，线条流畅，比例尺寸合度，局部图案和整体造型都呈圆浑柔润状态，给人一种自然的美感。

广式家具是清代家具的主要代表。广式家具追求豪华、优美的效果，用料粗硕，造型厚重，大多用一木制成，用料清一色，不油漆里，使木质完全裸露，让人一看便有实实在在、清清楚楚之感。一些雕刻家具尤为细腻，雕刻手法有浅浮雕、浮雕、高雕、通雕、圆雕、立体雕等。广式家具更注重镶嵌艺术，镶嵌的材料通常有大理石（云石）、玉石、宝石、珐琅、陶瓷、螺钿、金属、黄杨木、象牙、琥珀、玻璃、油画等。清初李渔在游历广东后说："予游粤东，见市廛所列之器，半属花梨、紫檀，制法之佳，可谓穷工极巧。"

京式家具以清宫宫廷作坊如造办处、御用监在京制造的家具，以紫檀、黄花梨和红木等几种硬木家具为主。京派家具风格大体介于苏式与广式之间，用料较广式要小，与苏式较相仿，但较明代家具宽大，局部尺寸也加大，家具雕刻装饰的范围更增加，呈雄浑、稳重、繁缛与华丽的风格。京式家具具有线条挺拔、曲宜相映、简练、质朴、明快、自然的风格特征，造型严谨安定、典雅秀丽，在材料选择、工艺制造、使用功能、装饰手法诸方面都达到了有机的结合。

# 第四章　我们的居所

## 一　斗拱重檐

原始人住在树上或洞穴里。当开始有了农业文明，人类进入定居生活时代，就开始住在房子里。房子就是建筑，中国人把建筑做成了艺术。

中国古代建筑具有悠久的历史和光辉的成就。修建在崇山峻岭之上、蜿蜒万里的长城，是人类建筑史上的奇迹；建于隋代的今河北赵县的安济桥（赵州桥），在科学技术同艺术的完美结合上，当时已走在世界桥梁科学的前列；高达67.31米的山西应县佛宫寺木塔，是世界现存最高的木结构建筑；明、清两个朝代的皇家宫殿故宫，则是世界上现存规模最大、保存最为完整的建筑群。我国的古典园林以其独特的艺术风格成为中国文化遗产中的一颗明珠。

这一系列技术高超、艺术精湛、风格独特的建筑，是我国古代灿烂文化的重要组成部分，在世界建筑史上自成系统、独树一帜。中国建筑的主要倾向是寻求与自然的和谐，基本精神是和平与知足。欧洲的哥特式大教堂代表着精神的崇高，而中国的庙宇宫殿则预示着精神的安详与宁静。

中国古代建筑主要是木构架结构，即采用木立柱、木横梁构成房屋的框架。中国木结构体系历来采用构架制的结构原理：以四根立柱，上加横梁、竖枋而构成间。一般建筑由奇数间构成，如三、五、七、九间，开间越多，等级越高。紫禁城太和殿为十一开间，是现存最高等级的木构古建筑。通常木构建筑立面上划分三个部分：台基、屋身、屋顶。屋顶与房檐的重量通过梁架传递到立柱上，墙壁只起隔断的作用，而不是承担房屋重量的结构，所以墙倒屋不塌。其中官式建筑屋顶硕大、出挑深远，是建筑造型中最重要的部分。

斗拱是中国木构架建筑中的关键部件，由斗形木块和弓形的横木组成，纵横交错，逐层向外挑出，形成上大下小的托座。其作用是在柱子上伸出悬臂梁，承托出檐部分的重量。

在平面布局方面，中国的建筑是庭院式组群布局。每一处住宅、宫殿、官衙、寺庙等，都是由若干单座建筑和一些围廊、围墙之类环绕成一个庭院而组成的。一般来说，多数庭院前后串联起来，通过前院到达后院，形成一院又一院层层深入的空间组织。宋朝欧阳修《蝶恋花》中"庭院深深深几许"一句，形象地说明了中国建筑在布局上的重要特征。这种庭院式的组群与布局一般采用均衡对称的方式，沿着纵轴线（也称前后轴线）与横轴线进行设计。比较重要的建筑都安置在纵轴线上，次要房屋安置在左右两侧的横轴线上。

中国古代建筑的屋顶形式在汉代形成五种基本式样，即四面坡的庑殿顶，四面、六面、八面坡或圆形的攒尖顶，两面坡但两山墙与屋面齐的硬山顶，两面坡而屋面挑出到山墙之外的悬山顶以及上半是悬山下半是四面坡的歇山顶。以后又出现了勾连搭、单坡顶、十字坡顶、盂顶、拱券顶、穹隆顶等许多形式。屋顶以重檐庑殿顶为最高等级。古代建筑充分采用木结构的特点，创造了屋顶举折和屋面起翘、出翘，形成如鸟翼伸展的檐角和屋顶各部分柔和优美的曲线。屋脊的脊端都加上适当的雕饰，檐口的瓦也加以装饰性处理。宋代以后，大量采用琉璃瓦为屋顶加上颜色和光泽。

北宋崇宁二年（1103年），为了加强对宫殿、寺庙、官署、府第等官式建筑的管理，朝廷颁布并刊行了《营造法式》。这是一部有关建筑设计和施工的规范书，一部完善的建筑技术专著。书中总结了历代建筑技术的经验，制定了"以材为祖"的建筑模数制，对建筑的功限、料例做了严密的限定，以作为编制预算和施工组织的准绳。

中国古代建筑善于使用色彩进行装饰,很早就采用在木材上涂漆和桐油的办法,以保护木质,加固木构件榫卯结合的关联,同时增加美观,达到实用、坚固与美观相结合;还用丹红装饰柱子、梁架或在斗拱梁、枋等处绘制彩画。彩画是中国古代建筑的一大特点,有和玺彩画、旋子彩画和苏式彩画三大类。彩画图案生动活泼,所谓"雕梁画栋",无比艳丽。墙壁亦往往作图画。战国时期画事颇盛,汉时宫室多画人物故事,后世所画则多为山水。

中国古代宫殿、寺庙等高级建筑群还有一些衬托性建筑。从春秋时代就开始建于宫殿正门前的阙,到了汉代,宫殿、陵墓、祠庙也都使用。其他常见的富有艺术性的衬托性建筑还有宫殿正门前的华表、牌坊、照壁、石狮等。

## 二　特色民居

过去宫殿是帝王的居所,现在帝王没有了,宫殿供人们参观游览。庙宇是供奉神佛的处所,是人们祈福的地方。

普通人住的房子叫民居。民居可以根据当地的自然条件、自己的经济条

北京故宫太和殿

件和建筑材料特点,因地因材来建造。民居是我国传统建筑中的一个重要类型,是我国民间建筑体系的重要组成内容。

秦汉时期的建筑艺术已经达到成熟的阶段。这一时期的住宅,一般说来可分为庭院式、楼阁式与干栏式三种形式。其中庭院式住宅最普遍,种类也最多,有方形、长方形之分,也有一字形、曲尺形、三合式、四合式、日字形之分,但其基本结构大多是一堂二内,即三间住宅中一间为堂二间为室,当然面积大小不一。秦汉时期的建筑形式影响了后来两千多年人们的居住形式,"秦砖汉瓦"成为中国古典建筑的形象性说法。

中国地域广大,各地区的自然环境和人文情况不同,各地民居也显现出多样化的面貌。新石器时代,黄河中游的氏族部落利用黄土层为墙壁,用木构架、草泥建造半穴居住所,进而发展为地面上的建筑,形成聚落。长江流域潮湿多雨,常有水患兽害,因而民居发展为干栏式建筑。

中国的民居种类很多,有代表性的如北京的四合院、广东的镬耳屋、陕西与河南的窑洞、福建的土楼等。

中国汉族地区传统民居的主流是规整式住宅,以采取中轴对称方式布局的北京四合院为典型代表。四合院的"四"字表示东南西北四面,"合"字是围在一起的意思,也就是说,四合院是由四面的房屋或围墙圈成的。四合院是个统称,由于建筑面积的大小以及方位的不同,从空间组合来讲有大四合院、小四合院、三合院之分。四合院的大门一般开在东南角或西北角,只要关上大门,四合院内便形成一个封闭式的小环境。院中的北房是正房,正房建在砖石砌成的台基上,比其他房屋的规模大。正房最受尊崇,是举行家庭礼仪、接见尊贵宾客的地方。各幢房屋朝向院内,以游廊相连接。四合院庭院方阔,尺度合宜,是十分理想的室外生活空间。华北、东北地区的民居大多是这种宽敞的庭院。

中国北方黄河中上游地区窑洞式住宅较多,在陕西、甘肃、河南、山西等黄土地区，当地居民在天然土壁内开凿横洞，并常将数洞相连，在洞内加砌砖石，建造窑洞。窑洞防火，防噪声，冬暖夏凉，节省土地，经济省工，将自然图景和生活图景有机结合，是因地制宜的极佳建筑形式。

中国南方的住宅较紧凑、多楼房，其典型住宅是以小面积长方形天井为中心的堂屋。这种住宅外观方正如印且朴素简洁，在南方各省分布很广。闽南、粤北和桂北的客家人常居住大型集群式住宅，其平面有圆有方，由中心部位的单层建筑厅堂和周围的四五层楼房组成，防御性很强。

在中国的传统住宅中，福建永定的客家土楼独具特色，有方形、圆形、八角形和椭圆形等多种形状，规模大、造型美，既科学实用又有特色，构成了一个奇妙的民居世界。福建土楼是用当地的生土、砂石、木片建成单屋，继而连成大屋，进而垒起厚重封闭的抵御性的城堡式建筑住宅。土楼具有坚固性、安全性、封闭性和强烈的宗族特性。楼内凿有水井，备有粮仓，如遇战乱、匪盗，大门一关，自成一体。土楼还有冬暖夏凉、防震抗风的特点，是客家人代代相袭、繁衍生息的住宅。

广东民居代表是镬耳屋，多用青砖、石柱、石板砌成，外墙壁均有花鸟图案。因其山墙状似镬耳，故有此名。镬耳屋防火和通风性能良好。火灾时，高耸的山墙可阻止火势的蔓延和侵入；微风吹动时，山墙可挡风入巷道，进而通过门、窗流入屋内。镬耳屋的内部格局是典型的三间两廊。三间指的是排成一列的三间房屋，中间一间为厅堂，两侧为居室。三间房屋前为天井，天井两侧的房屋即为廊，两廊一般用作厨房或门房。这种廊檐相间的布局，便于空气流通、消暑散热，也靠着廊庑连接了建筑的骨骼，起到隔绝风雨、遮挡阳光的作用。

潮汕古民居源于中原古风，吸收了北派风格，结合地方的环境、天象，创造性地设计建造了四合院改进型的下山虎式、四点金式、驷马拖车式等组合村落。下山虎式是一种独家小院，由大厅、两大房、两小房、天井、门楼仔等组成，一般有一口井，是一套居住条件基本完备的小院落。四点金式规格比下山虎高，除中轴线大厅、天井、门楼外，大厅两侧有大房，大房前有过水（一般为灶间），天井两边有对称两小厅，门楼两侧有两厢房，有两个或四个侧门通两花巷。驷马拖车式规模大，基本组合为中间部分两进或三进式祠堂建筑，两边两花巷，有相互对称的四座四点金分列两旁，有后巷、后包厝和花巷相通。

湘黔滇地区古建筑组群比较密集，城镇中大型组群（大住宅、会馆、店铺、寺庙、祠堂等）较多，而且带有楼房；小型建筑（一般住宅、店铺）自由灵活。屋顶坡度陡峻，翼角高翘，装修精致富丽，雕刻彩绘很多，以清秀灵逸风格见长。

## 三　山水园林

中国园林是中国传统文化的重要组成部分，是中国文化精神最直接、形象和生动的展示。中国的园林艺术在中国传统哲学思想和文化艺术的影响下，形成了特有的风貌，在世界园林史上独树一帜，是世界两大造园体系中东方造园体系的代表。

中国古典园林是风景式园林，是人们在一定空间内经过精心设计，运用各种造园手法，将山、水、植物、建筑等加以构配而组合成源于自然又高于自然的有机整体，将人工美和自然美巧妙地相结合，从而做到虽由人做，宛若天成。这种"师法自然"的造园艺术体现了人的自然化和自然的人化。

中国园林的主旨是表现大自然的天然山水景色，表现和追求自然美。它长于情景交融的意境表现，运用写意的手法，创设出自然、宁静、淡泊、幽深的境界，表现一种人与自然和谐统一的宇宙观。人们可以在这样一个人为创造的自然环境中或游或居，怡然自得，享受林泉之乐。

中国古典园林的特点是自然风景以山水地貌为基础，植被做装点。中国

苏州四大名园之一——拙政园

古典园林并不是简单地模仿这些构景的要素，而是有意识地加以改造、调整、加工、提炼，从而表现一个精练、概括、浓缩的自然。它既有"静观"又有"动观"，从总体到局部都包含着浓郁的诗情画意。这种空间组合形式多使用某些建筑如亭、榭等来配景，使风景与建筑巧妙地融糅到一起。

我国古典园林因其建筑风格和特点，一般分为三大类型：

北方型：以北京为主，多为皇家园林。其规模宏大，建筑体态端庄，色彩华丽，风格上趋于雍容华贵，着重体现古代帝王威风与富贵的特色，如颐和园、北海公园、承德避暑山庄等。其中承德避暑山庄是世界上现存最大的古典皇家园林。

江南型：以苏州园林为代表，多为私人园林，常是住宅的延伸部分。其基地范围较小，因而必须在有限空间内创造出较多的景色，于是"小中见大""一以当十""借景对景"等造园手法得到了十分灵活的应用。其风格潇洒活泼、玲珑素雅、曲折幽深、明媚秀丽，富有江南水乡的特点，讲究山林野趣和朴实的自然美。如苏州小园网师园殿春簃北侧的小院落，十分狭窄地嵌在书斋建筑和界墙之间，在此栽植了青竹、芭蕉、蜡梅和南天竹，还点缀了几株松

## 人间烟火 ——百姓生活里的传统文化

苏州网师园

皮石笋,这些植物和石峰姿态既佳又不占地。

岭南型:主要指广东珠江三角洲一带的古园。现存著名园林有顺德清晖园、东莞可园、番禺余荫山房及佛山梁园,人称"岭南四大名园"。岭南园林既有北方园林的稳重、堂皇和逸丽,也融会了江南园林的素雅和潇洒,还吸收了国外造园的手法,因而形成了轻巧、通透、明快的风格。岭南气候炎热,日照充沛,降雨丰富,植物种类繁多。岭南花园的水池一般较为实用,临池向南每每建有长楼,出宽廊;其余各面又绕有游廊,跨水建廊桥。其余部分的建筑相对比较集中,常常是庭园套庭园,以留出足够的地方种植花树。岭南园林建筑色彩较浓丽,建筑雕刻图案丰富多样。

## 四 看堪舆,选居所

古代中国人搞建筑,无论是宫殿园林,还是村落民居、墓地陵寝,首先要看风水。风水学是古代建筑思想的重要内容。

风水学，即相地之术，是临场校察地理的方法，也叫地相，中国古代称为堪舆术。在中国古代的文义里，"堪"是天道、高处，"舆"是地道、低处，"堪舆"是指研究天道、地道之间，特别是地形高下之间的学问，是以地理形势和人类生活相配合的方术。许倬云先生称之为"地理方位学"[1]。

中国在地球上的位置和所处的地形，决定了人们以何种居住方式与自然配合才可以获得安全和舒适。以中国在东亚大陆的地理位置而论，北面、西面高，东面、南面低。秋冬以后的西北寒风，尤其冬季的西北冷气团可以给中国的北方带来寒冷；春夏从东南吹来的季风则带来润湿的空气。中国的南方气候温润，北方也得到足够的雨量，植物才能生长。中国的地形从西北向东南倾斜，山坡南面和东面有高地挡着冷空气，居住条件比较舒适。春夏雨多，河水上涨，离河太近的地方可能会遭逢水灾。在这样的条件影响下，中国人建筑房舍，甚至建构村落和市集，都会选择在山的东方和南方，地势较高的河边或湖边。[2]

风水学研究的是人类赖以生存发展的微观物质（空气、磁场、水和土）和宏观环境（天、地、黄道面倾斜角度）。其宗旨是审慎周密地考察、了解自然环境，顺应自然，有节制地利用和改造自然，创造良好的居住与生存环境，赢得天时地利与人和，达到天人合一的至善境界。其核心思想是人与大自然的和谐。早期的风水主要关乎宫殿、住宅、村落、墓地的选址、朝向、建设等方法及原则，原意是选择合适的地方的一门学问。

风水学家的理论是将大地山川看作有机的生命体。山脉被看作一条蜿蜒曲折的龙，河流本来就是流动的，山川配合，犹如阴阳的互补和互济，可以构成很好的平衡。风水学讲究龙脉的蜿蜒连续，虽有中缺，却隐然相连并未

---

[1] 许倬云：《中国文化的精神》，九州出版社2018年版，第105页。
[2] 许倬云：《中国文化的精神》，九州出版社2018年版，第106页。

中断，这种龙脉是活的，具有一定的活力和"能量"。河流也是如此，必须流量稳定，既不会暴涨也不会枯竭才好。还要讲究南方为阳，北方为阴，北方居高位，南方居平地。

风水学的历史相当久远。相传风水的创始人是九天玄女，比较完善的风水学问起源于战国时代。因有风水著作《青囊经》《青乌经》流传广泛，故也有称风水为"青囊"和"青乌"。

在古代，看风水是一个很重要的内容。殷周时期已有卜宅之文。如周朝公刘率众由邰迁豳，他亲自勘察宅茔，"既景乃冈，相其阴阳，观其流泉"。(《诗经·公刘》)到了战国时期，开始形成了比较完善的风水观念。司马迁《史记·樗里子甘茂列传》记载：战国秦惠王异母弟樗里子，生前自选地于渭南章台之东，预言："后百岁，是当有天子宫夹我墓。"至汉代时果然如此，长乐宫在其东，未央宫在其西。这反映了当初活人的住宅和死人墓穴的选择规律。

汉代，风水学开始与民间方术联系起来，将阴阳、五行、太极、八卦等互相配合，形成了中国独有的对宇宙总体框架认识的理论体系。这个框架是风水学的理论基石，对风水的应用与发展具有特别重要的意义。魏晋南北朝时，风水理论已经逐渐完善，如郭璞的《葬书》一直被推崇为风水理论的"经典"。"风水"一词最早见于《葬书》："气，乘风则散，界水则止；古人聚之使不散，行之使有止，故谓之风水。"

唐宋时期，风水学大为普及。《葬书》十分流行，罗盘得到广泛应用。到明清时代，风水发展到了极点，风水活动遍及民间及至皇室。蒋大鸿所著《地理辨证》为近代风水理论的经典。

中国风水"形法"主要为择址选形之用，"理法"则偏重于确定室内外的方位格局，"日法"用于选择吉日良辰以事兴造，"符镇法"为补救各法选择不利的措施。中国风水学按照应用对象又分为：阳宅风水，即阳宅相法，专司生人居住的城郭住宅的择址布形；阴宅风水，即阴宅葬法，专司死者的陵墓坟冢的择址布置。中国风水对于住宅所处环境不同，有所谓井邑之宅、旷野之宅、山谷之宅等区分，在风水学应用上又各有所侧重。对于旷野之宅和山谷之宅，因其与周围自然地理环境关系密切，多注重形法；而井邑之宅，则因其外部环境的限制，常以形法、理法并举。

中国风水的形势派注重觅龙、察砂、观水、点穴、取向等辨方正位；理气派注重阴阳、五行、干支、八卦、九宫等相生相克理论，并建立了一套严密的现场操作工具枣罗盘，确定选址，规划方位。但无论形势派还是理气派，尽管在历史上形成了众多实际操作方法，都必须遵循如下三大原则：天地人合一原则，阴阳平衡原则，五行相生相克原则。

古人说："宅以形势为身体，以泉水为血脉，以土地为皮肉，以草木为毛发，以舍屋为衣服，以门户为冠带。若是如斯，是事俨雅，乃为上吉。"这是把住宅人性化，说明格局搭配得当，对住宅与人都是很重要的。

风水贯穿中国传统建筑活动的各个过程。风水学既注重建筑的"形"，也重视建筑的"神"，追求形神兼备。它们之间相辅相成，构成了中国东西南北中各具特色的建筑风格。"神"的实质是追求建筑与自然的融合，为了达到"天地人"的统一。

风水学历史悠久，博大精深，对人类的生存空间提供了重要的作用，使其既能有效结合自然环境，又能很好融入环境，达到天人合一的效果。

# 第二篇 礼俗与节日

# 第五章　何以为家

## 一　家是中国人的"本位"

家是社会生活的基本单位，是人生的出发点和归宿。

中国是世界上农耕发展得最早的国家之一，农业社会经历的时间特别长，农民在总人口中的比重特别高。直到近代以前，几千年里，中国经济始终以农业为主体，农村一直是中国人经济活动的重心。因此，中华传统文化主要是一种以乡村文化（农业文化）为特征的文化。春秋战国以后，形成了土地私有、个体劳作的自然经济。这种经济形态虽然历史上曾多有起伏变化，但基本格局一直沿袭到明清时期，构成了中国古代生产方式的广阔基础。自给自足的小农业与家庭手工业结合的经济结构，决定了家庭在社会生活中具有特别重要的功能。家庭不仅是一个生活的共同体，而且是一个生产的共同体，一家一户就是一个生产单位。家庭经济不但是整个社会经济的支撑点，还是家庭成员凝聚的物质基础。中国人的主要活动场所就是家庭，或者说，家庭构成了中国人基本的生活世界，家庭生活是中国人的第一重社会生活，中国人就是在家庭的生活活动中寻求和确立了人生的意义。

近代学者卢作孚在《中国的建设问题与人的训练》中指出："家庭生活是中国人第一重的社会生活；亲戚邻里朋友等关系是中国人第二重的社会生活。这两重社会生活，集中了中国人的要求，范围了中国人的活动。规定了其社会的道德条件和政治上的法律制度。……人每责备中国人只知有家庭，不知有社会；实则中国人除了家庭，没有社会。就农业言，一个农业经营是一个家庭。就商业言，外面是商店，里面就是家庭。就工业言，一个家庭里安了几部织机，便是工厂。就教育言，旧时教散馆是在自己家庭里，教专馆是在人家家庭里。就政治言，一个衙门往往就是一个家庭；一个官吏来了，就是一个家长来了。……人从降生到老死的时候，脱离不了家庭生活，尤其脱离不了家庭的相互依赖。你可以没有职业，然而不可以没有家庭。你的衣食住都供给于家庭当中。你病了，家庭便是医院，家人便是看护。你是家庭培育大的，你老了，只有家庭养你，你死了，只有家庭替你办丧事。家庭亦许依赖你成功，家庭欲亦帮助你成功。你须用尽力量去维持经营你的家庭。你须为它增加财富，你须为它提高地位。不但你的家庭这样仰望你，社会众人亦是以你的家庭兴败为奖惩。最好是你能兴家；其次是你能管家；最叹息的是不幸而败家。家庭是这样整个包围了你，你万万不能脱。……家庭生活的依赖关系这样强有力，有了它常常可以破坏其他社会关系，至少是中间一层障壁。"

"家"对于中国人是一种"本位"，是安身立命和精神寄托的基础或"根"。这里所说的"家"，不仅指一般意义上的家庭，而且包括家族或宗族。它们以血缘关系为纽带，以其成员的经济利益和文化心态的一致形成中国传统社会中特别重要的组织网络或共同体，成为社会机体生生不息的细胞。中国人的生命活动主要是在"家"的范围内展开的。个人以"家"为依托，在家庭成员中获得无条件的支持，同时也在"家"中获得了生命活动的价值和意义。"家族就像一个个无形的人为堡垒，也是每个人最安全的避风港。"[1]

所以，在中国人的生活观念中，对家族的倚重是理所当然的。个人不能离开家庭或家族，人生的幸福首先应当在家里找到，而"无家可归"则一直被认为人生的最大不幸。对家的依赖决定了个人对家的义务，以家族为本位

---

[1] 韦政通：《儒家与现代中国》，上海人民出版社1990年版，第72页。

## 人间烟火 ——百姓生活里的传统文化

即以义务为本位。

实际上,中国人对于家庭总有一种近乎神圣的义务感,个人似乎不是为自己而存在,而仿佛是为家庭、为家族而存在。这种义务感就是人生的精神支柱。个人没有自己的特殊利益,有的只是家族的整体利益。一个人努力奋斗,并不是为一己的事,而是为了全家老少,乃至为先人与后代。个人的成功不仅仅是个人的事,而是全家的成功。或光大门庭,显扬父母;或继志述事,无坠家声;或积德积财,以遗子孙。因此,"中国人在成名和致富的时候,首先想到的是向周围的人炫耀,并和有关的人、父母、孩子、配偶、远亲、朋友、邻里或更广泛的同乡来分享他的成功。他的光荣也就是他们的光荣,反过来,他也由于这种炫耀而更加满足"。[1]

当人失意或身处逆境而厌倦人生时,总是从对家庭的义务感里面重新取得活力而又奋勉下去。例如在家贫业薄寡母孤儿的境遇里,人们往往更自觉于他们对祖宗责任的重大。不能够很好地履行对家庭的义务,不能对家族的兴盛有所贡献的人,则被斥为"败家子""不肖子孙""有辱门风",他自己也会因失去家族的信任和支持而"无颜见家乡父老",觉得对不起"列祖列宗"。

这样,整个人生的意义和价值都是在"家"的范围内规定了的,人生的要旨就在于对"家"的义务。所谓"义务",就是自觉意识到的道德责任。应当说,中国人对于家族的道德责任是相当自觉的。在中华传统文化中,家族制度受到强调,所谓"家为邦本,本固邦宁",仰"国"的存在,也寄托于"家"的基础之上。家族观念是中国人最基本的生活观念和立身处世的出发点,无时无刻不在中国人的生命活动中发挥作用。

林语堂先生说,"家"是中国人文主义的象征。家族制度是中国传统社

---

[1] 许烺光:《美国人与中国人——两种生活方式比较》,华夏出版社1989年版,第159页。

会的根基，家族本位、家族中心主义是中国人最根本的生活观念。中国人以家为本位、为中心展开其生命活动。他还说中国的家庭制度给我们的孩子们上的第一课就是人与人之间的社会责任，相互调整的必要，自制、谦恭，明确的义务感，对父母感恩图报和对师长谦逊尊敬。这种制度几乎取代了宗教的地位，给人一种社会生存与家族延续的感觉，从而满足人们永生不灭的愿望。通过对祖先的崇拜，这种制度使得人们永生的愿望看起来是那么切实，那么生动。

直到今天，家依旧是维系所有中国人的地方。中国人一生受家庭教育、家庭文化的影响巨大，每个人的成长都离不开家的影子。家是中国人的精神信仰，是中国人内心最深处的根。

## 二　家和万事兴

在中国传统社会中，家庭在功能、结构、规模等方面都有一些显著的特征，其中最重要或最根本的是父系家长制度。中国传统家庭模式是在父系氏族公社时期孕育演化形成的，强调的是父系传承和父家长的绝对权威。父家长是"一家之主"，对外是整个家庭的代表，对内是生产经营活动的组织领导者和一切家庭事务的管理者。这种父权是无所不包和至高无上的，其统治的形式是独裁和专制主义，任何家庭成员都必须无条件地服从。个人没有独立的意愿和意志，没有自己选择生活活动方式的自由，对家长的顺从与服从是作为家庭成员的最基本的义务。

在中国人的生活观念中，家长是要为子女"做主"的，即对子女有主宰、支配、控制的权利。家长不仅有权决定子女的教育、婚姻、职业，而且决定子女的思想观念和行为方式。子女要以父家长的意志意愿为自己的意志意愿，即所谓"父在观其志，父没观其行，三年无改于父之道，可谓孝矣"。（《论

# 人间烟火 ——百姓生活里的传统文化

语》）

所以，中国人特别重视"长幼有序"，人不是生而平等的，而是始终处在家族严密的等级身份关系中。中国人的亲属称谓最复杂，每一种称谓就是一种身份关系。这种身份是人生来就已经确定了的，人必须时刻自觉于自己的身份和身份关系，恪守自己在等级结构中的位置，在人际交往中首先要明确双方的身份关系，否则便是"目无尊长""没大没小""忤逆不孝"。

家庭伦理是中国人的基本伦理观念。古代有所谓"五伦"，也就是《中庸》里说的"五达道"：君臣、父子、夫妇、昆弟、朋友。其中三项，父子、夫妇、昆弟都属于家庭。父母子女之间的关系又是家庭的基础，如果父子之间不能够做到父慈子孝，夫妇、昆弟的关系也不容易相处得好。把家庭这三种关系

河南白沙宋墓壁画《夫妇宴饮图》

推到外面，才有朋友之间的交往；再进一步推到社会上，才有君臣之间的关系。

家庭的成员要扮演好各个角色，父子有亲，夫妇有别，长幼有序，"父慈子孝，兄友弟恭，夫和妻柔，姑慈妇听。"家庭和谐，始于孝悌。家文化就是在家庭内部人与人之间所形成的仁爱文化：纵向是父慈子孝，横向是兄友弟恭，核心是夫敬妻柔。如果自己没有履行应有的伦理规范，则其他家庭成员也不会遵守。父亲做不到慈爱，儿子也就做不到孝顺；兄长做不到友爱，弟弟也就不见得对哥哥恭敬；丈夫做不到义，妻子也就不会顺从，所谓"父不慈则子不孝，兄不友则弟不恭，夫不义则妇不顺"。

《论语》说：子女如果发现父母的过错，要温和地劝导，他们若不听从，仍当恭敬，不可冒犯。父母发现子女有错，要分场合批评。《呻吟语》中提出了"七不责"：对众不责，愧悔不责，暮夜不责，正饮食不责，正欢庆不责，正悲忧不责，疾病不责。无论是子女劝导父母还是父母批评子女，都要照顾好对方的情绪，使之心平气和。

家和万事兴。在多数中国人的眼中，居家过日子就是生活的全部内容，人生的价值和意义也都体现在过日子、过光景之中。孔子问他的学生们有什么志向，其中一位叫曾点的回答说：暮春三月时，春天的衣服早就穿上了，我陪同家里五六个大人、六七个小孩子，到沂水边洗洗澡，在舞雩台上吹吹风，然后一路唱着歌回家。孔子听完他的话，喟然曰："吾与点也。"

孟子对"小康社会"的憧憬就是一幅温馨的家庭生活图：一家8口人，5亩大的房屋院落，围绕院落栽满桑树，100亩田地，50岁能穿上帛，70岁能吃上肉，全家温饱有余，劳作有时。林语堂也说人生幸福，无非四件事：一是睡在自家床上，二是吃父母做的饭菜，三是听爱人讲情话，四是跟孩子做游戏。

这是普通中国人的生活理想。这个理想是实实在在的，都是在家实现的，也是为了家实现的。

# 人间烟火 ——百姓生活里的传统文化

## 三　孝行天下

中国人的家庭伦理，最讲究"孝"。"孝"是"百行之冠，众善之始"，是家族中心主义的灵魂和基本命题。"不孝"是中国人最大的罪名，"孝子"是最高的道德典范。现代儒家学者韦政通指出："如果把中国文化放入世界各系文化中作一比较，最能代表中国文化特色的，不是践仁，而是教孝。故孝不仅为仁之本，且是中国文化的根荄所在。"[1]

《论语·学而》说，一个人只有既孝敬自己的父母，又尊爱自己的兄长，才能把这种爱推及别人，才能对外人也如对自己的父母兄弟一样，温和、宽容、敬爱。孝敬父母，尊爱兄长，就是仁的根本。孝悌是履行仁的根本，或者说仁的根本是孝悌。对长辈要有孝顺之心，对小辈要有慈爱之心，然后由对家人的仁爱逐渐推广到对亲戚朋友的仁爱，再推广到对天下人、对万物的仁爱。

孝出于人的天性。庄子说："子之爱亲，命也，不可解于心。"亲子亲爱的情感是孝的基础，孝是子女对父母的爱的反馈。子女孝爱父母，这是命中注定的，是其内心不能解除的情愫。孝顺出于人性，是一个人立身处世最基本的品德。

不管是什么样的关系，家庭是每个人成长的必经之路，是一切人生关系的基础。一个人一定从家庭出发，再到社会、国家，到为天下人去努力奋斗，在历史上留下功业和名声。如果一个人说要报效国家，想在历史上留得好名声，但在家里面都不能够对父母孝顺的话，这些都是空谈。

《诗经》上说，父母亲生我养我，太辛劳了。没有父亲，有谁可以依赖呢？没有母亲，有谁可以依靠呢？出了门就感到哀伤，回家也看不到父母亲。父母生了我、怀抱我、照顾我、养育我，对我们的恩情真是无话可说。父母老了，如果我们不能孝顺他们、尊敬他们，又如何心安呢？况且，当我们壮年时，

---

[1] 韦政通：《儒家与现代中国》，上海人民出版社1990年版，第44页。

唐阎立本《孝经图卷》（局部）　辽宁博物馆藏

应该想到自己年老时也会有被小孩照顾的一天，那时候子女如果对我们态度不敬，我们的心里又会做何感想呢？

孔子说："父母之年，不可不知也。一则以喜，一则以惧。"根据司马迁的说法，孔子3岁时父亲过世，17岁母亲过世，他根本没有机会感受父母年老时做子女的心情，却能说出如此契合子女之心的话。人的生命总是有限的，看到父母年纪越来越大，做子女的会越来越担心，这是人之常情。

孔子的学生子路出身贫寒，是个孝子，"二十四孝"故事中第一个就是子路幼年"百里负米"的故事。子路做大官以后，锦衣玉食时仍然不忘逝去的双亲，孔子称赞他"生事尽力，死事尽思"。子路对孔子说：我从前侍奉父母时，采野菜，还要到百里之外去背米。双亲去世后，我南来楚国做官，跟随的车马有百辆，家里有粮食万石，累茵而坐，列鼎而食，但现在我想吃

## 人间烟火 ——百姓生活里的传统文化

野菜、为父母背米,却再也不可能了。挂在绳上的干鱼凭什么不被蛀蚀,双亲的寿命匆匆而过。花草树木想要生长,却没有雨露;贤孝的人想奉养,双亲却已经不在。所以说:家里穷也要服侍父母,做官不能考虑俸禄的多少。

只尽赡养义务不能算君子之孝,君子之孝主要是对父母的尊敬。子游向孔子请教什么是孝,孔子说:"现在所谓的孝,是指能够奉养父母。就连狗与马也都能服侍人。如果少了尊敬,要怎样分辨这两者呢?"如果子女奉养父母就像犬马服侍人一样,只是完成任务,而没有尊敬之心,那跟犬马又有什么差别呢?子夏请教什么是孝,孔子说:"子女保持和悦的脸色是最难的。有事要办时,年轻人代劳;有酒菜食物时,让年长的人吃喝,这样就可以算是孝顺了吗?"孝顺出于子女爱父母之心,这种爱心自然表现为和悦的神情

南宋《女孝经图卷》(局部)

与脸色。孝包含养但不等于养，只有同时对父母抱有敬重之情，才是真正的孝。光能满足父母的生活需求是不够的，还要从心底里尊敬父母、理解父母；要看父母快不快乐，再想自己如何才能让父母快乐。

这里有一个曾参的故事。曾参的父亲年纪大了，曾参伺候父亲，每顿饭都有酒有菜。用完餐之后，他问父亲：剩下的饭菜要给谁？父亲说：这次给隔壁的张家吧。曾参尊重父亲的想法，让父亲有安排剩饭菜的自由，让他感觉到自己虽然年纪大了，但还是有能力帮助更困难的人，这说明曾参很孝顺。等到曾参老了以后，他儿子奉养他就不一样了。每顿饭也是有酒有菜，但是吃完之后，不再问他该把剩下的饭菜怎么处理。他问还有剩的吗，儿子说没有了。为什么？嫌麻烦。孝与不孝的差别就在这里。曾参侍奉父亲时，让父亲照顾穷人的愿望得以实现；曾参的儿子奉养他时，却忽略了这一点。

父母也会犯错。父母犯错时，子女应该怎么办？《论语·里仁》说"事父母几谏，见志不从，又敬不违"。父母犯了大的过失，子女若不去指正，不去劝阻，则表示关系疏远，那是子女不孝；父母有了微小的过失，子女若执意批评，斤斤计较，也是不孝。

《孝经》是中国古代儒家以孝为核心的伦理学著作。该书以孝为中心，肯定"孝"是上天所定的规范，"夫孝，天之经也，地之义也，民之行也"，指出孝是诸德之本，"人之行，莫大于孝"，国君可以用孝治理国家，臣民能够用孝立身理家。《孝经》将孝亲与忠君联系起来，认为"忠"是"孝"的发展和扩大，"孝悌之至"就能够"通于神明，光于四海，无所不通"。

## 四 人之根：家族、祠堂与族谱

中国人的"家"不仅指家庭，还指家族，就是具有血缘关系的人组成一个社会群体，包括同一血统的几辈人或几十代人。在古代农村，都是大家族聚居，一个村落生活着一个家族或者几个家族，形成一个规模比较大的族群。这是一种社会联系的纽带。家族有族长，有族规，可以看作古代社会的一种民间自治组织。

家族的核心意识是"认祖归宗"，即尊崇和敬奉共同的祖先。祠堂是祭祀祖先或先贤的场所。"祠堂"这个名称最早出现于汉代，当时祠堂均建于墓所，称墓祠。南宋朱熹《家礼》立祠堂之制，从此称家庙为祠堂。

祠堂除了用来供奉和祭祀祖先，还具有多种用处。祠堂可以作为家族的社交场所，族亲们有时为了商议族内的重要事务，在祠堂会聚。祠堂也是族长行使族权的地方，凡族人违反族规，则在这里被教育和处理，直至驱逐出宗祠。有的宗祠附设学校，族人子弟就在这里上学。各房子孙平时有办婚、丧、寿、喜等事时，便利用宽广的祠堂作为活动场所。

祠堂建筑一般比民宅规模大、质量好，有权势和财势的大家族，其祠堂往往更讲究，高大的厅堂、精致的雕饰、上等的用材，成为这个家族光宗耀祖的一种象征。

族谱，是一种以表谱形式记载一个家族的世系繁衍及重要人物事迹的特殊文献。族谱名称繁多，大致有宗谱、家谱、世谱、家乘、祖谱、谱牒、会通谱、统宗谱、支谱、房谱等。皇帝的家谱称玉牒，如新朝玉牒、皇宋玉牒。如今，家谱同各姓氏的郡望、堂号一样，可作为数典认祖，研究历史、地理、社会、民俗等的参考资料。

家族是人们的根，族谱就是寻根的指南。

族谱是记载某个姓氏家族子孙世系传承之书，以记载父系家族世系、人物为中心，具有区分家族成员血缘关系亲疏远近的作用。族谱以文字形式，按辈分排列血缘宗族的人际关系，是中华先民血缘相亲、守望相助的实录。族谱记录着该家族的源流和繁衍生息，包括家族的来源、迁徙的轨迹，还包罗了该家族生息、繁衍、婚姻、文化、族规、家约等历史内容。编纂族谱主要是为了说世系、序长幼、辨亲疏、尊祖敬宗、睦族收族，提倡亲亲之道。宋代理学家张载说："没有家谱，人不知来处，无百年之家，骨肉无统，虽至亲恩亦薄。"

中国的族谱文化始于汉代，出现了《周官》《世本》等谱学通书，继而又出现了《帝王年谱》《潜夫论》《风俗通》等谱学著作。司马迁曾说："百事不泯，有益于史乘者，谱也。族不立无谱，则昭穆混淆，人不知祖，则姓氏紊乱，与禽兽何异焉！"到魏晋南北朝时，门阀制度盛行，家谱成了世族间婚姻和仕宦的主要依据，于是迅速发展起来。官府也参与其事，组织编修谱牒。隋唐五代后，修谱之风从官方流向民间，以至遍及各个家族，家家有谱牒，户户有家乘，并且一修再修、无休无止。每次修谱，就成了同姓同族人之间的大事。

明清时期修撰族谱达到最盛，成为家族生活的头等大事。曾国藩说家谱三十年不修，为不孝也。明清时期的族谱规模越修越大，出现了"会千万人于一家，统千百世于一人"的统谱。一部统谱往往汇集十几个省上百个支派的世系，蔚为壮观。明清族谱大多采用"大宗之法"，追溯世系动辄几十世，往往将历史上的本姓将相名人一网打尽。

家谱是中华民族的三大文献（国史、地志、家谱）之一，属珍贵的人文资料，对于历史学、民俗学、人口学、社会学和经济学的深入研究，均有不可替代的独特功能。

## 五　家训：家族文化传承之书

家庭、家族的本质在于传承。古人说："道德传家，十代以上；耕读传家次之；诗书传家又次之；富贵传家，不过三代。"也就是说，从家庭和家族的延续来看，道德能够传承十代以上，其次是耕读和诗书，而富贵传承不过三代而已。为了后世福泽和家族传承，人们特别注重对后代的道德教化，注重对子孙后代品德的培养和磨炼。历代都有人编撰"家规""家训"，著名的有《颜氏家训》《朱子家训》《曾国藩家书》等，或在家谱中记录治家教子的名言警句，成为人们倾心企慕的治家良策，成为"修身""齐家"的典范。

魏晋南北朝时期，各世家大族十分重视门第家族的教育，出现了不少家训、诫子之书，是世家大族进行门第教育的基本读本，也是文化传承的家族读本。在这一时期的家训类读本中，最有代表性的是《颜氏家训》。

《颜氏家训》作者是颜之推（530—591年），祖籍琅邪。琅邪颜氏是魏晋南北朝高门士族，"世善《周官》《左氏》"，是一个从学术到政治、社会行为都履行儒家传统的家族。颜之推继承了家族这一传统，习《礼》《传》，博览群书，词情典丽，在传统经学上有着深厚的造诣。

作为传统文化的典范教材，《颜氏家训》开后世"家训"的先河，被誉为"古今家训之祖"，被视为垂训子孙以及家庭教育的典范。《颜氏家训》内容涉及的范围相当广泛，但主要以传统儒家思想教育子弟，讲如何修身、治家、处世、为学等，其中不少见解至今仍有借鉴意义。如他提倡学习，反对不学无术；认为学习应以读书为主，又要注意工农商贾等方面的知识；主张"学贵能行"，反对空谈高论、不务实际等。颜之推鄙视和讽刺南朝士族的腐化无能，认为那些贵游子弟大多不学无术，只会讲求衣履服饰，一旦遭遇乱离，除转死沟壑，别无他路可走。对于北朝士族的觍颜媚敌，他也非常不满。

颜之推把读书做人作为家训的核心。他把圣贤之书的主旨归纳为"诚孝、慎言、检迹"六字，认为读书问学是为了"开心明目，利于行耳"，"若能常保数百卷书，千载终不为小人也"。他认为无论年龄大小都应该读书学习，"幼而学者，如日出之光；老而学者，如秉烛夜行，犹贤乎瞑目而无见者也"。他还说，"圣贤之书，教人诚孝"，"吾每读圣人之书，未尝不肃敬对之，其故纸有五经词义及贤达姓名,不敢秽用也"。

纵观历史,颜氏子孙在操守与才学方面都有惊世表现。仅以唐朝而言,像注解《汉书》的颜师古,书法为世之楷模、传承千年的颜真卿,凛然大节震烁千古、以身殉国的颜杲卿等人,都令世人对颜家有深刻的印象,足证其祖所立家训之效用彰著。

颜之推的《颜氏家训》对后世影响很大,历代学者对该书推崇备至,称它"篇篇药石,言言龟鉴,凡为子弟者,可家置一册,奉为明训,不独颜氏"。中国古代社会是以家族为核心的宗法社会,家族在传统文化传承中占据重要地位,"家学"是中华传统文化传承的主要形式之一,"家训"则是家庭教育的重要文本。在历史上,特别是宋朝以后,出现了许多内容丰富的"家训"读本。

中国历史上另一部著名的家训是明末清初理学家、教育家朱柏庐(1627—1698年)所做的《朱子家训》。朱柏庐居乡教授学生,潜心于程朱理学,一时颇负盛名。《朱子家训》又名《朱子治家格言》《朱柏庐治家格言》,以"修身""齐家"为宗旨,集儒家做人处世方法之大成,思想植根深厚,含义博大精深,通篇意在劝人要勤俭持家、安分守己。《朱子家训》仅524字,文字通俗易懂,内容简明赅备,对仗工整,朗朗上口,问世以来不胫而走,成为有清一代家喻户晓、脍炙人口的教子治家的经典家训。

# 第六章 人生旅途上的驿站

## 一 礼治天下

中华民族的习俗文化丰富多彩，源远流长。有人认为《诗经·国风》堪称中国习俗史的权舆，其中的每一首诗都是一幅习俗画，一部《国风》就是一部上古风情录。中华民族早期形成的文化风俗，对于中华优秀传统文化的传承与发扬起到重要作用。

汉定天下，国力渐强，风俗文化有不同程度的变革和定型，展现出一幅崭新的面貌。民俗文化主要体现在人们的衣食住行等日常生活方面，其中最有特色的是节日习俗。"秦汉社会风俗文化不仅是一派时移俗易的新风貌，而且对后世产生了深刻而广泛的重大影响。"[1]

中国历来被称为礼仪之邦，礼仪在中国社会的政治文化生活中占有极为重要的地位。所谓"礼"，简单地说，就是社会生活中的礼仪、制度、规范。古代的"礼"包含的范围极为广泛，既是"立国经常之大法"，又是"揖让周旋之节文"，具有社会政治规范和行为道德规范两方面的内涵，几乎囊括了国家政治、经济、军事、文化一切典章制度以及个人的伦理道德修养、行为准则规范。西周时以"礼"治天下，形成了比较完备的礼制。春秋战国时期社会动荡，被说为"礼崩乐坏"。汉代对"礼"文化进行了系统的总结，

---

[1] 龚书铎总主编，黄朴民等著：《中国文化发展史》秦汉卷，山东教育出版社2013年版，第441页。

使其更加制度化、规范化，成为社会各阶层共同遵循的行为规范。

文景之时便有制定礼仪制度的议论。到武帝时，则有了大规模制定礼仪的举措。《史记·礼书》记载：

> 今上即位，招致儒术之士，令共定仪，十余年不就。或言古者太平，万民和喜，瑞应辨至，乃采风俗，定制作。上闻之，制诏御史曰："盖受命而王，各有所由兴，殊路而同归，谓因民而作，追俗为制也。议者咸称太古，百姓何望？汉亦一家之事，典法不传，谓子孙何？化隆者闳博，治浅者褊狭，可不勉与！"乃以太初之元改正朔，易服色，封太山，定宗庙百官之仪，以为典常，垂之于后云。

《汉书·礼乐志》强调礼俗的作用：

> 人性有男女之情，妒忌之别，为制婚姻之礼；有交接长幼之序，为制乡饮之礼；有哀死思远之情，为制丧祭之礼；有尊尊敬上之心，为制朝觐之礼……婚姻之礼废，则夫妇之道苦，而淫辟之罪多；乡饮之礼废，则长幼之序乱，而争斗之狱蕃；丧祭之礼废，则骨肉之恩薄，而背死忘先者众；朝聘之礼废，则君臣之位失，而侵陵之渐起。

礼文化是华夏文化的核心，礼仪分为吉礼、凶礼、军礼、宾礼、嘉礼五种类型。《礼记》说："夫礼始于冠，本于昏，重于丧祭，尊于朝聘，和于乡射，此礼之大体也。"

汉代的礼制包括六礼、七教、八政。"六礼"即社会典仪，包括冠、婚、丧、祭、乡、相见；"七教"即人伦关系，包括父子、兄弟、夫妇、君臣、长幼、朋友、宾客；"八政"即生活制式，包括饮食、衣服、事为、异别、度、量、数、制。

"礼"几乎包括社会生活的各个方面，社会所有成员的行为都可以从这里找到依据和评价标准。这些细致入微的礼制不仅促进了全社会"行同伦"，约束社会成员的行为方式，而且具有强烈的道德教化功能，培育了中华民族的整体道德传统和精神风貌。

## 二 十二生肖：个人的图腾

每个中国人都有一个动物性的符号，即十二生肖，又叫属相。这是与十二地支相配赋予人出生年份的十二种动物，包括鼠、牛、虎、兔、龙、蛇、马、羊、猴、鸡、狗、猪。

十二生肖是十二地支的形象化代表，即子（鼠）、丑（牛）、寅（虎）、卯（兔）、辰（龙）、巳（蛇）、午（马）、未（羊）、申（猴）、酉（鸡）、戌（狗）、亥（猪）。

十二生肖的起源与动物崇拜有关。先秦时期已有比较完整的生肖系统。最早记载十二生肖的文献是东汉王充的《论衡》。《论衡》卷三《物势篇》写道：

> 寅，木也，其禽虎也；戌，土也，其禽犬也；丑未，亦土也，丑禽牛，未禽羊也。木胜土，故犬与牛羊为虎所服也。亥，水也，其禽豕也；巳，火也，其禽蛇也；子，亦水也，其禽鼠也；午，亦火也，其禽马也……午，马也，子，鼠也，酉，鸡也，卯，兔也。水胜火，鼠何不逐马？金胜木，鸡何不啄兔？亥，豕也，未，羊也，丑，牛也。土胜水，牛羊何不杀豕？巳，蛇也，申，猴也。火胜金，蛇何不食猕猴？

同书卷二三《言毒篇》还有：

> 辰为龙，巳为蛇，辰巳之位在东南。龙有毒，蛇有螫，故蝮有利牙，龙有逆鳞。木生火，火为毒，故苍龙之兽含火星。

可见，最迟在东汉，十二生肖已全部定型。

十二生肖可能源于原始社会的图腾崇拜。原始先民常用某种动物、非生物或自然现象的图形作为本氏族的保护神和标志，即图腾。《山海经》诸如人和野兽的混合形象就是远古各地的图腾。夏族的图腾是熊或鱼，商族的图腾是玄鸟，周族的图腾则有龙、鸟、龟、犬、虎。《史记·五帝本纪》记述黄帝"教熊罴貔貅䝙虎，以与炎帝战于阪泉之野"，文中"熊罴貔貅䝙虎"，应该是各部落图腾。十二生肖除龙为虚幻之物，其余皆日常可见。其中可分两类，即"六畜"（马牛羊鸡狗猪）和"六兽"（鼠虎兔龙蛇猴），前者是人们驯养的家畜，后者则是先民心生畏惧的动物。因此这些动物被作为本氏族的名号标记来崇拜。

十二生肖不只以普通生灵融入中国人生活，其自然习性也被人们赋予诸多文化意义，从动物上升到神格，接受尊崇和膜拜。只有自然生灵与神格内涵相结合，才构成完整的生肖动物印象。每一种生肖都有丰富的传说，并以此形成一种观念阐释系统，成为民间文化中的形象哲学，如婚配上的属相、庙会祈祷、本命年等。

生肖作为悠久的民俗文化符号，历史上留下了大量描绘生肖形象和象征意义的诗歌、春联、绘画、书画和民间工艺作品。

以生肖动物为主题的民俗丰富多彩，体现在岁时节令、人生礼仪、娱乐游艺、服饰饮食等方面。

本命年指12年一遇的农历属相所在的年份，也称属相年。民俗认为"本命年犯太岁，太岁当头坐，无喜必有祸"。在大多人的意识中，本命年有不吉之意，故又被称为"坎儿年"。各地都有本命年挂红避邪的传统。逢本命年，大年三十，大人小孩都要换上红内衣红内裤，扎红腰带，最好再佩戴红色饰物，如红丝绳、红项圈等，此所谓"本命红"。一些地方，本命年除夕夜忌出门，已婚男子还要妇人陪伴。

## 三 摇篮边的礼仪

  人的一生有必须经过的几个生活阶段，在各个阶段中，自古以来便用一定的仪式做出表示，以便获得社会的承认和评价。在这一生中，各个阶段的礼仪就是人生礼仪。这种人生礼仪是贯穿人的整个生命过程的。它从一个新生命的诞生开始，至生命的逝去而结束，中间经过了成长、成年、婚姻等环节。生命礼仪是生命历程中的结点，承接了上一段生命历程，又开启了新的生命历程。

  人生礼仪是人生的一个个驿站。

  诞生礼是中国传统的人生礼俗之一，被称为"摇篮边的礼仪"。中华民族传统的诞生礼，因地域之别而具有不同的风貌和表现样式，但总体来看，大都包含了诞生、三朝、满月、百日、周岁五种主要礼仪。这些礼仪庄重、美好、寓意深刻，从刚出生洗礼到周岁抓周，都有祝福、保健、占卜等几层含义。

  古代往往把诞生仪式放到诞生后三天，俗称"三朝"。婴儿出生第三天进行沐浴，亲友都来相贺，为婴儿祝福，送上礼物，在孩子面前说吉祥话，多由外祖母家送红鸡蛋、十全果，祝贺诞生。还有"洗三"仪式，北方多用艾叶、花椒等草药热汤洗婴儿，边洗边念祝词，以驱邪避瘟。宋代以后为婴儿举行"落脐灸囟"仪式。这些做法都表示新生儿脱离了孕育状态，开始进入人生。

  满月、百日、周岁为婴儿期最早阶段的过渡仪式。满月这一天，孩子吃满月面、穿新衣,父母带着孩子到处走动,认亲属。满月的剃头仪式也比较重要,由全福人抱着婴儿坐在中间,由剃头匠人剃胎发,只在囟门处留下一小撮。北方多称百日为"百岁",是祝福长寿的意思。这一天举行汤饼会,孩子穿百家衣,戴长命锁,祈祷孩子长命百岁。到周岁还有抓周仪式。这天婴儿外祖母家送来小儿衣帽、鞋饰等,母亲给小儿穿上新衣服,然后在厅堂中地上放一个大米筛,内放剪刀、量尺、戥子、算盘、毛笔、书本、钱币等物,让婴儿随意抓取,以此卜算婴儿日后的前途、爱好。

中国古代重男轻女,在生育习俗上表现得特别明显。比如"男弄璋女弄瓦"。《诗经·小雅·斯干》说:"乃生男子,载寝之床。载衣之裳,载弄之璋……乃生女子,载寝之地。载衣之裼,载弄之瓦。"意思是说,如果生了男孩,就让他睡在床上,给他穿华美的衣服,给他玩白玉璋;如果生的是女孩,就让她睡在地上,把她包在襁褓里,给她陶制的纺锤玩。还有"男悬弓女悬帨"。《礼记》说:"子生。男子设弧于门左,女子设帨于门右。"若生的是男孩,则在侧室门左悬弓一副,并且还要用弓箭射四方;若是女孩,则在侧室门右悬帨。帨,音"睡",是女子所用的佩巾。弓与帨,具有鲜明的性别特征。

## 四 成年之礼

成年礼,为男子冠礼,女子笄礼。冠

宋苏汉臣《冬日婴戏图》

礼表示男青年至一定年龄，性已经成熟，可以婚娶，并从此作为氏族的一个成年人参加各项活动。从天子至士庶，冠礼都是"成人之资"，未行冠礼，"不可治人也"。

成年礼起源于周代，已有几千年的历史。按周制，男子20岁行冠礼，然天子诸侯为早日执掌国政，多提早行礼。传说周文王12岁而冠，成王15岁而冠。汉代极重冠礼，经学家何休专门制定士庶冠礼制度。

魏晋之后，冠礼有所荒废。宋代士大夫主张要在全社会复兴冠、婚、丧、祭等礼仪，以此弘扬儒家文化传统。司马光认为废除冠礼，使得人情轻薄，自幼至长不知成人之道，造成了严重的社会问题。他将周朝的《仪礼·士冠礼》简化，使之易于掌握，还根据当时的生活习俗将三加之冠作了变通：初加巾，次加帽，三加幞头。《朱子家礼》沿用了司马光《书仪》的主要仪节，但将冠年规定为男子年15至20岁，并从学识方面提出了相应的要求，"若敦厚好古之君子，俟其子年十五以上，能通《孝经》《论语》，粗知礼义之方，然后冠之，斯其美矣"。明代冠礼比较盛行，明洪武元年诏定冠礼，从皇帝、皇太子、皇子、品官，下及庶人，都制订了冠礼的仪文。

《礼记》说："冠者，礼之始也。"冠礼就是礼仪的起点。冠礼是一个成人第一次践行华夏礼仪，也是冠者理解华夏礼仪的开始，进入华夏礼仪系统的起始。《礼记·内则》把一个人的生命划分为不同阶段，每个阶段都有不同的任务。"二十而冠，始学礼"。男青年经过冠礼的教育和启示，获得新的思想导引和行为规约，真正进入华夏礼仪的语境。

唐代柳宗元说："古者重冠礼，将以责成人之道。"举行冠礼就是要提示行冠礼者：从此将由家庭中毫无责任的"孺子"转变为正式跨入社会的成年人，只有履践孝、悌、忠、顺的德行，才能成为合格的儿子、合格的弟弟、合格的臣下、合格的晚辈，成为各种合格的社会角色。只有这样，才可以称得上是人，也才有资格去治理别人，继承和发扬华夏礼仪文明。因此，冠礼就是"以成人之礼来要求人的礼仪"。

成年礼由氏族长辈依据传统为青年人举行一定的仪式,才能获得承认。古代冠礼在宗庙内举行,日期为二月,冠前十天内,受冠者要先卜筮吉日,十日内无吉日,则筮选下一旬的吉日,然后将吉日告知亲友。及冠礼前三日,又用筮法选择主持冠礼的大宾,并选一位"赞冠"者协助冠礼仪式的举行。

行礼时,主人(一般是受冠者之父)、大宾及受冠者都穿礼服。先加缁布冠,次授以皮弁,最后授以爵弁。每次加冠毕,皆由大宾对受冠者读祝词。祝词大意:在这美好吉祥的日子,给你加上成年人的服饰;请放弃你少年的志趣,造就成年人的情操;保持威仪,培养美德;祝你万寿无疆,大福大禄。然后,受冠者拜见其母。再由大宾为他取字,周代通常取字称为"伯某甫"(伯、仲、叔、季,视排行而定)。然后主人送大宾至庙门外,敬酒,同时以束帛俪皮(帛五匹、鹿皮两张)作报酬,另外再馈赠牲肉。受冠者则改服礼帽礼服去拜见君,又执礼贽(野雉等)拜见乡大夫等。若父亲已殁,受冠者则需向父亲神主祭祀,表示在父亲前完成冠礼。祭后拜见伯、叔,然后飨食。

此加冠、取字、拜见君长之礼,后世因时因地而有变化,民间自15岁至20岁举行,各地不一。清中期以后,多移至娶妇前数日或前一日举行。

## 五 婚礼:大喜的日子

婚礼是一种人生礼仪,是一个人成长过程中的一系列仪式之一,也是一个人一生中重要的里程碑。婚礼的意义在于获取社会的承认和祝福,帮助新婚夫妇适应新的社会角色和要求,准备承担社会责任。

婚礼原称"昏礼"。《礼记》说:"昏礼者,将合二姓之好,上以事宗庙,而下以继后世也,故君子重之。"中国人的婚礼仪式对于婚姻、家庭的稳定、孝敬父母等传统的继承和发扬都发挥了重要作用。

# 人间烟火 ——百姓生活里的传统文化

中国的婚礼制度和婚礼仪式，相传最早是从伏羲氏制嫁娶、女娲立媒约开始的。《通鉴续编》记载："上古男女无别，太昊始制嫁娶，以俪皮为礼。"从此，俪皮（成双的鹿皮）就成了经典的婚礼聘礼之一。之后，除了"俪皮之礼"外，还得"必告父母"。到了夏商，又出现了"亲迎于庭""亲迎于堂"的仪节。周代逐渐形成一套完整的婚姻礼仪。《仪礼》中有详细规制，整套仪式合为"六礼"，与三书（聘书、礼书和迎亲书）一起被合称为"三书六礼"。《礼记》说："昏礼者，将合二姓之好，上以事宗庙，而下以继后世也。故君子重之。是以昏礼纳采，问名，纳吉，纳征，请期，皆主人筵几于庙，而拜迎于门外。入，揖让而升，听命于庙，所以敬慎重正昏礼也。"

六礼婚制从此成为汉族传统婚礼的模板流传至今，后世历朝历代的婚制多数在此基础上加以变化而来。到汉代，婚礼习俗已经基本定型。

聘书是订婚用的文，于纳吉时由男家交给女家。礼书是纳征时使用的文，会详细列明礼物种类及数量。迎亲书即迎娶新娘时的文，在"亲迎"时使用。

"六礼"指的是纳采、问名、纳吉、纳征、请期、亲迎。

纳采又称"采择"，就是求婚，相当于后世所称的"提亲""说媒"，表示男方审慎考虑之后所做的决定。古代媒人的作用非常重要《诗经·豳风·伐柯》说："伐柯如何？匪斧不克。取妻如何？匪媒不得。"《孔雀东南飞》也说："阿母白媒人：贫贱有此女，始适还家门。"

问名是指男家询问女家女儿的姓名、生辰八字，如女家接纳男家的提亲，就会把女儿的姓名和生辰八字等交给男家，放在神前或祖先牌位前占卜吉凶，如卜吉兆，就会娶女家的女儿。

纳吉为占卜生辰八字是否合适。如男女的生辰八字没有相冲，双方就会换庚谱。男家会选择一个吉日，带着一些礼品到女家。礼品一般是三牲、酒礼等，并正式奉上聘书，称为"过文定"。

纳征即过大礼，"纳"的意思是聘财，而"征"就是"成"的意思，即男家需要纳聘礼后才可成婚。过大礼时，男家会请两位或四位女性亲戚（须是全福之人）约同媒人，带备聘金、礼金及聘礼到女方家中。这是订婚最隆重，也是最重要的仪式，仪式过后就相当于正式订立了婚约。

请期即"择吉日"成婚的意思。男家会择定一个成婚的良辰吉日，再准备婚期吉日书和礼品给女家，女家受礼及同意后，便可确定婚期。

亲迎亦称迎亲，就是在结婚之日，新郎会与媒人和亲友一起前往女家迎娶新娘。新郎前往女家之前会先到女家的祖庙行拜见之礼，然后以花轿接新娘回到男家。新人会在男家举行拜天、地、祖先的仪式，然后进入洞房。

中国的婚礼可分为三个阶段：婚前礼，即订婚；正婚礼，即结婚或成婚的礼仪，就是夫妻结合的意思；婚后礼，是成妻、成妇或成婿之礼，表示男女结婚后扮演的角色。在中国传统的结婚习俗里，婚前礼和正婚礼是主要程序。

古人认为黄昏是吉时，所以会在黄昏行娶妻之礼，故而称"昏礼"。因为在古代人们的观念里，女子属阴，黄昏是"阳往而阴来"，婚礼的一切都合着迎阴气入家的含义。周代的昏礼重视夫妇之义与结发之恩，昏礼简朴干净，夫妻"共牢而食，合卺而酳"，而后携手入洞房。次日拜见舅姑，三月后告见家庙，从此，新妇正式融入夫家家族。商周时期的昏服是端庄

敦煌莫高窟第38窟西壁五代《婚礼图》

的玄色礼服（玄色，黑中扬红的颜色，按照五行思想，是象征天的最神圣的色彩）。嫁女之家三日不熄烛火，在荧荧火光中思念着远去的女儿；夫家也三日不举乐，安慰思念双亲的新娘。

先秦至两汉婚礼，女父迎婿于门外，礼节甚重。自唐以后，婚礼有了贺客和婚宴，婚礼的世俗欢庆气氛就逐渐扩展。

成婚的年龄，各朝代并不相同。春秋时期，男子20加冠，女子16及笄，即可结婚；又谓"男30而娶，女20而嫁"，为不失时。《汉书·惠帝纪》中就明文记载："女子年十五以上至三十不嫁，五算。""五算"就是罚她缴纳5倍的赋税。

同一姓之男女不相嫁娶，始于西周初期。战国后以氏为姓，汉代以后姓氏不分，因而同姓不婚多有不禁。至唐代，对同姓婚又循古制予以禁止。明时取代了原先以血缘为基础的氏族，《明律例》分同姓、同宗为二，表面规定两者皆禁止通婚，实际同姓而不同宗也可以结婚。清末册律，将同姓不婚与亲属不婚合并，只禁止同宗结婚。

## 六　在人生的终点上

人总是要死的。死亡是人生的终点。人死之后，由亲属、邻里、好友等进行哀悼、纪念、评价，同时殓殡祭奠，这种仪式就是葬礼。《周礼·大宗伯》说："以丧礼哀死亡。"朱熹说："葬之言藏也……使其形体全而灵魂得安，则其子孙盛而祭祀不绝，此自然之理也。"

在人生礼仪中，孔子最重视的是丧礼、祭礼。丧礼、祭礼的精神，就是孔子说的"慎终""追远"，"慎终追远，民德归厚矣"。慎重送别死去的父母，追怀自己的祖先，这样民风才能归于淳朴。孔子认为这是从人的感情产生的。他说："子生三年，然后免于父母之怀。"子女生下来要三年才能脱离父母的怀抱，因此子女对父母自然有一种依恋之情。父母死了，这种依恋之情和思念之情就表现为子女为父母服丧的礼。

《礼记·祭仪》说，虽然父母不在了，但是要遥想父母生前的音容，似乎听见他们的脚步声，听见他们的呼吸咳嗽声。以这样的心情奉上祭品，行礼致敬，才是祭亲如亲在。

子女是父母生命的延续。父母与子女世代相续，人的生命得到绵延。葬礼可以使人真切地体验到人生命的这种永恒延续过程，在有限的人生中感受到人生的价值和意义。

中华传统文化是讲究礼的文化，对安葬死者的礼仪极为重视。丧葬文化是中华民族传统文化的一部分。

中国传统丧葬文化有一套繁复的程序。老人生命垂危之时，子女等直系亲属守护在其身边，听取遗言，直到亲人去世，这在习俗中被称为"送终"。送终是一件大事，能为老人送终表明子女尽了最后的孝心；未能为老人送终，常常成为人们一生中的一大憾事。有没有子女送终，是不是所有子女都来送了终，又是老人是否有福的一个判别标准。

民俗以为，人若在床上死，灵魂就会被束缚在床上，无法超度。老人临危之时，家人要将其从卧房移到正庭中临时铺设的板床上。有的地方也把死者是否在板床上死看作子女是否尽了孝道的标准。老人在床上咽气的，子女往往会受人非议。在许多地方，人死之后，家人会烧纸钱，称为"烧倒头纸"或"烧落气纸"。此外，还有人鸣放鞭炮，一是表示死者归西，二是向邻居报丧。

死者咽气后，家人应尽快向亲友发出报丧帖，或登门通报死讯，对远方的亲友要告诉其开吊下葬的日期。报丧的孝子要穿孝服、戴孝帽，到了别人家不能进门，有人来迎接时，无论长幼，都要叩首。

死者入棺前，要为之整容，如剃头、刮脸、擦洗身体、穿寿衣等，然后再以白绸或纸钱掩面。为死者穿衣时，不要将眼泪滴到死者身上，否则以后

人间烟火 ——百姓生活里的传统文化

做梦就见不到死者。在死者死后的24小时内,要由专人选择好时刻,正式将尸体移入棺中。入棺时,死者一般头朝里脚朝外。

死者家人在老人死后到正式放入棺材期间,要昼夜轮流守护在死者铺侧,以示服孝,叫作"守铺"。死者入棺之后,家人守护、睡卧在棺旁,叫"守灵"。

因为要选择吉日吉地安葬死者,所以可能要停柩在家,称为"搁棺"或"停棺"。搁棺一般要搁七天,有的甚至搁十几天、几个月。

明代缂丝《群仙祝寿图》

居丧是指死者家人后辈自死者断气时起服丧。男子不穿华丽的衣服,妇女则要卸下身上的装饰品,脱下彩色衣服。男女各依其与死者关系的远近,穿孝服、戴孝帽。孝子在居丧期间(一般为一月或百日)不能理发,不能同房,不能会晤亲友、参加宴会、进入寺庙等。尤其是在安葬之前,这些习俗必须严守,否则不吉。

吊唁是丧葬礼俗中比较重要的内容。吊唁时,人们与死者的关系远近不同,吊唁的礼数、方式也不同。死者子女接到讯息以后,首先要哭悼,然后问明死因,尽一切努力尽快上路奔丧。临到家时,要"望乡而哭",出嫁的女儿有的甚至一路哭来。到家后,先要在灵前跪叩、哭悼,直到有人安慰才停止。亲朋友邻虽不至于和孝子一样悲痛，但也要尽量表现得哀痛。亲友前来吊唁的时候，孝子要陪同。比较亲近的亲友一般要在灵前正式举哀哭悼，直至有人劝慰。如果不是较亲近的亲友，则在灵前烧化几张纸钱即可。亲友前往吊唁时，一般要携带礼品或礼金。礼金用黄色、蓝色签封好，在正中的蓝签上写上"折祭×元""奠敬×元"的字样。礼品有匾额、挽联、挽幛、香烛、纸钱等。

接三也叫"迎三""送三"。民俗认为，人死了三天，他的灵魂就要正式去阴曹地府，或者被神、佛或神、佛的使者迎接去了。不是每一个人死后都能升天，但若在死者去世三天灵魂离去的时候，为他请僧众念经礼忏或者放焰口救度恶鬼，就能使死者赎罪积德到天上。相对于神来说，这是迎接死者的灵魂到天上；相对于死者亲友，是送别死者的灵魂到天上。因此，这个仪式叫"迎三"，也叫"送三"。送三时，要用纸扎一些车马，以供死者上路时用。放焰口是接三中最重要的礼俗。据说焰口就是饿鬼，民间举行仪式，摆放三宝，即佛、法、僧，便可以让饿鬼得到救助，脱离苦海。

出殡又叫"出山"。出殡之前，先要辞灵。先装"馅食罐"，把最后一次祭奠的饭食装在瓷罐里，出殡时，由大媳妇抱着，最后埋在棺材前头。然后是"扫材"，即把棺材头抬起，孝子放些铜钱在棺下，然后用新笤帚、簸箕扫棺盖上的浮土，倒在炕席底下，取"捎财起官"的意思。出殡的程序为：先转棺，将棺材移出门外，再抬起棺材头，备好祭祀用品，由礼生主持礼仪，丧主跪拜；礼生读完祭文后，僧道引导孝男孝妇"旋棺"，在棺材周围绕行三圈之后，再用绳索捆好棺材，盖上棺盖。抬棺即将起行，送葬队伍也要准备好，一般是长子打幡在前，次子抱灵牌，次子以下的亲属们持裹着白纸的"哭丧棒"，大儿媳抱馅食罐。准备妥当后，即可起杠。伴随起杠，还有两项礼仪：一项是把死者生前所用的枕头拆开，把里边的荞麦皮等和枕头套一起烧掉；另一项是"摔瓦"，即把灵前祭奠烧纸所用的瓦盆摔碎。

这个盆叫"阴阳盆",俗称"丧盆子"。摔盆者一般是死者的长子或长孙,是关系非常近的人。如果无儿无孙而不得不由别人来摔盆,这一仪式就会使摔盆者与死者的关系变近,甚至确立财产继承关系。摔盆讲究一次摔碎,甚至越碎越好。瓦盆一摔,杠夫起杠,正式出殡,送葬队伍随行。各地风俗不同,出殡的队列、形式也有差别。

在传统丧礼出殡路上,还有几项礼仪。如扬纸钱、摆茶桌路祭等。扬纸钱是扬撒由白纸做成的状如铜钱的纸钱,一般由专人在孝子前面扬撒。起杠后,凡遇有路祭,经过十字路口、河沿、桥梁、祠庙、城门以及下葬时,都要扬撒纸钱。路祭是指在出殡队伍所经之路设供桌或祭棚祭奠亡灵。遇路祭,送葬队伍一般要停柩祭奠和答谢,完毕即起棺继续前行。

到达墓地后,再次整理墓坑,把随葬的馅食罐、长明灯放在墓坑壁上龛内,扫去脚印,然后将棺木徐徐放下,用罗盘仪校正方向,由丧主铲土掩棺,并堆土成坟堆。

亲人去世之后的一段时间里,家人必须在生活的许多方面进行节制,以表示对亲人的哀悼和思念,这就是"居丧"。居丧之礼节,对于孝子要求更严。在古时候,孝子要居丧三年。三年之间还有很多小礼仪,要求严格。

# 第七章　我们的节日

## 一　佳节良辰

一年当中，有一些日子被称为节日。过节有许多具有民族文化特色的习俗事项。节日习俗是中华传统文化的重要组成部分，是我们日常生活中的重要内容。

传统节日是一个民族成熟文明的缩影，既体现着人与自然的关系，又反映着现实中人与人的联系。节日民俗给中国人一种井然有序的时间节奏和热闹而不失尺度的空间分布。庸常的世俗生活因为有了热闹的节日，才构成中国老百姓完整的人生时间，使人生因充满期待、愉悦而显得非同寻常。

古老传统节日的起源与原始信仰、祭祀文化以及天象、历法等人文与自然文化内容有关。人类最原始的信仰，一是天地信仰，二是祖先信仰。古老传统节日多数形成于古人择日祭祀，以谢天地神灵、祖先恩德的活动。早期的节日文化反映的是古人自然崇拜、天人合一、慎终追远、固本思源的人文精神，一系列的祭祀活动蕴含着祇敬感德、礼乐文明深邃的文化内涵。

传统节日反映了早期人类对自然关系的一种认识。春季是瘟疫容易流行的季节，人们采取祓禊防疫，这就是上巳节（农历三月三日）的来历。农历九月九日是重阳节，主要的活动是远足登高。古代的节日几乎都是单日，尤其是单月单日，如农历一月一日元旦、三月三日上巳节、五月五日端午节、七月七日七夕节、九月九日重阳节等。在节日风俗形成的初期，这些节日大抵是一些不吉利的日子，非"凶"即"恶"，所以才格外需要禁忌，后逐渐形成了节日风俗。

有的节日与祭祀有关。如清明节、中元节和寒衣节，这三个节日以祭祖为源，以祭祖事鬼为主要节俗活动，所以又叫三鬼节。清明扫墓包含怀念祖先、勉励后人之意；中元节又称盂兰盆节，有放河灯的习俗；寒衣节时人们在祖先墓前焚化纸衣。

有一些中国民俗节日源于宗教和民间信仰。比如佛教节日有二月十五日薪尽日（佛离世日），二月十九日观音菩萨诞辰日，四月八日浴佛节（佛祖释迦牟尼诞辰日），五月十八日母连僧母诞辰，七月十五日盂兰盆节，七月三十日地藏节（地藏菩萨诞辰日），八月八日转法轮日（释迦牟尼说法日），十二月八日腊八节（佛祖成道日）。道教的节日有一月九日天诞节（玉皇大帝诞辰），一月十五日上元节，一月十九日燕九节，二月一日天正节，二月十五日真元节（太上老君生日），三月三日蟠桃节（王母娘娘诞辰日），四月十四日吕洞宾诞辰，四月十八日碧霞元君诞辰，七月十五日中元节，九月九日重阳节（斗姆星君诞辰日），十月十五日下元节。这些宗教节日在民间逐渐形成了庙会等一系列节俗活动。还有一些节日与神话传说和民间信仰有关。

汉民族的传统节日大部分萌芽于春秋战国甚至更早的时代，但我国现在民间流行的大部分节日是秦汉时期，特别是在汉代定型的。如元旦、除夕、元宵、上巳、清明、端午、中秋、重阳等节，不仅有了固定的日期，其风俗内容也基本定型。在这一时期，一些风俗上升为礼俗，一些礼俗变为风俗，风俗和礼俗融为一体，被人们约定俗成地接受并沿袭下来。

到了唐宋时期，节日生活开始大规模地与城市生活密切结合，向着世俗化、娱乐型的方向转变，成为民间真正意义上的"佳节良辰"。元旦日放爆竹，不再看成驱鬼驱魔，而象征着欢愉与热烈；元宵的祭神灯火变成了人们游览观赏的花灯；中秋节由神秘的拜月逐渐变成赏月习俗；重阳节成了赏菊的盛会；上巳节被禊为踏青所取代；庄严神秘的驱傩仪式转化成街头的百戏和杂耍。在节日风俗的演变中，还增添了许多文化娱乐活动，如放风筝、拔河等，节日内容日益丰富多彩。明清以后，中国的节日风俗相对稳定，更加讲究礼仪性。今日中国社会生活所运行不废的节日风俗，明清时期基本上已定型。传统节日仪式与相关习俗活动是节日元素的重要内容，承载着丰富多彩的节日文化底蕴。

在中国传统节日中，春节、清明节、端午节、中秋节最重要，被称为"四大传统节日"。清明是扫墓祭拜祖先的节日，春节、端午节和中秋节都是一家团聚的日子。几大节日都和家庭文化密切相关。

## 二 欢天喜地过大年

春节，我们叫过年，就是农历新年，是岁首、传统意义上的年节，俗称新春、新年、新岁、岁旦、大年等。

过年本来是一年的初始。中国古代一直使用夏历，即现在称的农历。民国开始实行公历，公历的岁首成为元旦。1913年7月，袁世凯批准以正月初一为春节，同意春节例行放假，1914年起开始实行。自此，夏历岁首就由以往的"过年"改成了"春节"。

但是，人们还是习惯把春节叫作过年。

百节年为首。春节是中华民族最隆重的传统佳节，不仅集中体现了中华民族的思想信仰、理想愿望、生活娱乐和文化心理，而且还是祈福禳灾、饮食和娱乐活动的狂欢式展示。春节文化作为中华传统文化的重要组成部分，反映了博大精深的中华文化底蕴，也记录着古代人们丰富多彩的社会生活内容。集祈年、庆贺、娱乐于一体的盛典春节成了中华民族最隆重的佳节。

## 人间烟火 ——百姓生活里的传统文化

春节历史悠久，由上古时代岁首祈年祭祀演变而来。原始意义上的岁首是指立春，立春乃万物起始、一切更生之义，意味着新的一个轮回已开启，故立春为"岁始"（岁首），也即"岁节"。立春岁节一系列的贺岁节庆活动不仅构成了后世岁首节庆的框架，而且它的民俗事项一直遗存至今。历朝历代的岁首并不完全相同。夏朝以春季一月为正月，商朝以冬季十二月为正月，周朝以冬季十一月为正月。秦始皇统一六国后，规定以冬季十月为正月。汉武帝太初元年（前104年），恢复以春季一月一日为岁首。

汉代，过新年的习俗活动越来越广泛，内容也越来越丰富。东汉崔寔《四民月令》中说："正月之旦，是谓正日。躬率妻孥，洁祀祖祢。"魏晋时，出现了除夕守岁习俗。晋代周处《风土记》记载：除夕之夜大家各相赠送，称"馈岁"；长幼聚欢，祝颂完备，称"分岁"；终岁不眠，以待天明，称"守岁"。唐代时，人们除登门拜年，还发明一种拜年帖。唐太宗用赤金箔做成贺卡，御书"普天同庆"，赐予大臣。这一形式迅速在民间普及，改用梅花笺纸。当时这种拜年帖被称为"飞帖"。宋代时开始普遍用纸筒和麻茎裹火药编成串做成"编炮"（鞭炮），除夕、春节放爆竹之俗逐渐盛行。《东京梦华录》说："是夜，禁中爆竹山呼，闻声于外。"明代盛行接灶神、贴门神、除夕守岁、十五赏灯会。清代宫廷过年十分奢华，皇帝写福字下赐群臣，过年要一直延续至元宵佳节才算结束。

春节是个欢乐祥和、合家团圆的节日，也是人们抒发对幸福和自由的向往的狂欢节和永远的精神支柱。过节前，背井离乡的人们尽可能地回到家里和亲人团聚，共享天伦之乐。家是春节活动的核心，春节家人团聚有神圣不可动摇的地位。俗话说："有钱没钱，回家过年。"回家过年牵动着亿万中国人的心。现在的春运，运载的都是从各地回家过年的人们。春运被认为是世界上独一无二的节日景观，堪称世界上最大规模的集体迁徙。

办年货是中国人过春节的一项重要活动。备年货、送年礼是几乎全国上下的"过年必备"。年货,包括吃的、穿的、戴的、用的、贴的(年红)、送的(拜年)礼物等,而采购年货的过程称为办年货。

春节是除旧布新的日子。从上一年尾腊月二十三日小年起,人们便开始"忙年":祭灶、扫尘、购置年货、贴年红、洗头沐浴、张灯结彩等。民间祭灶源于古人拜火习俗。灶神的职责就是执掌灶火、管理饮食,后来扩大为考察人间善恶,以降福祸。灶神信仰是中国百姓追求"衣食有余"梦想的反映。"二十四,扫房子","尘"与"陈"谐音,年前扫尘有"除陈布新"的含义。

年廿八、廿九或三十,家家户户"贴年红"。"年红"是春联、门神、横批、年画、"福"字等过年时所贴的红色喜庆元素的统称。过年贴年红(挥春),是中国传统的过年习俗,增添了喜庆的节日气氛,并寄予人们对新年和新生活的美好期盼。春联的原始形式就是人们所说的桃符。春联的另一来源是春贴。古人在立春日多贴"宜春"二字,后渐渐发展为春联。春联也叫门对、春贴、对联、对子、桃符等。它以工整、对偶、简洁、精巧的文字描绘时代背景,抒发美好愿望,是中国特有的文学形式。每逢春节,家家户户都要精选一副大红春联贴于门上。春节挂贴年画在城乡也很普遍。人们还喜欢在窗户上贴上各种剪纸窗花,在屋门上、墙壁上、门楣上贴上大大小小的"福"字。还有将"福"字精描细做成各种图案的,图案有寿星、寿桃、鲤鱼跳龙门、五谷丰登、龙凤呈祥等。

除夕,全家欢聚一堂,吃年夜饭。年夜饭源于古代的年终祭祀仪式,一家人拜祭神灵与祖先后团圆聚餐。席上一般有鸡(寓意有计)、鱼(寓意年年有余)、蚝豉(寓意好事)、发菜(寓意发财)、腐竹(寓意富足)、莲藕(寓意聪明)、生菜(寓意生财)、生蒜(寓意会计算)、腊肠(寓意长久)等,以求吉利。中国人的年夜饭是年尾最丰盛、最重要的一顿晚餐。年夜饭后,长辈要将事先准备好的压岁钱派发给晚辈,据说压岁钱可以压住邪祟,晚辈得到压岁钱就可以平平安安度过一岁。

除夕守岁是年俗活动之一。除夕之夜，全家团聚在一起，吃过年夜饭，点起蜡烛或油灯，围坐炉旁闲聊，通宵守夜，象征着把一切邪瘟病疫全部驱走，期待着新的一年吉祥如意。守夜时，所有房子都点燃岁火，合家欢聚，并守"岁火"不让熄灭，等着辞旧迎新的时刻到来。除夕夜灯火通宵不灭，曰"燃灯照岁"或"点岁火"。所有房子都点上灯烛，还要专门在床底点灯烛，谓之"照虚耗"，据说如此照过之后，就会使来年家中财富充实。

子时交年时刻，鞭炮齐响，烟花满天，辞旧岁、迎新年等各种庆贺新春活动达到高潮。爆竹的原始目的是迎神与驱逐鬼怪，后来以其强烈的喜庆色彩发展成为辞旧迎新的象征符号。爆竹可以营造出喜庆热闹的气氛，是节日的一种娱乐活动，可以给人们带来欢愉和吉利。

春节早晨开门大吉，先燃爆竹，叫作"开门炮仗"，以送旧迎新。爆竹声后，碎红满地，灿若云锦，称为"满堂红"。在新的一年到来之际，家家户户开门的第一件事就是燃爆竹，以噼噼啪啪的爆竹声除旧迎新。早上各家焚香致礼，敬天地、祭列祖、拜岁神，祭祀上天神灵（祖先），进贡上香，叩拜行礼，缅怀和感受天地神灵（祖先）好生之德的神圣与威严，不忘"天道秩序"赋予今人维护人伦向善的责任与使命。祭祀之后，家人依次给尊长拜年，继而同族亲友互致祝贺。新年初一，人们都早早起来，穿上最漂亮的衣服，打扮得整整齐齐出门，恭祝新年大吉大利。

初一以后，丰富多彩的娱乐活动竞相开展，为新春佳节增添了浓郁的喜庆气氛。年节期间，亲朋好友相互走访拜年，这是人们辞旧迎新、相互表达美好祝愿的一种方式。初二、初三就开始走亲戚看朋友，相互拜年，说些恭贺新禧、恭喜发财、恭祝、新年好的话。互贺新年是表达对亲朋的情谊以及对新一年生活的美好祝福。

正月初五，按民间习俗是五路财神的生日，因此要迎接财神进家，保佑自家新的一年里财源滚滚。正月初五同时也是送走"穷"的日子，故有"送穷出门"一说。这一天又俗称为"破五",意思是之前几天的诸多禁忌至此就结束了。破五习俗主要是送穷、迎财神、开市贸易。北方民间在这一天有吃饺子的习俗,寓意招财进宝。

春节是民众娱乐狂欢的节日。春节期间,各地均举行各种庆贺新春的活动,带有浓郁的地域特色。节日的热烈气氛不仅洋溢在各家各户,也充满大街小巷。这些活动以除旧布新、驱邪禳灾、拜神祭祖、纳福祈年为主要内容,形式丰富多彩,有舞狮、飘色、舞龙、游神、庙会、逛花街、赏花灯、游锣鼓、游标旗、烧烟花、祈福、踩高跷、跑旱船、扭秧歌等。

正月十五是元宵节,习俗活动主要有赏灯、游灯、押舟、烧烟花、采青、闹元宵等。元宵节可以看作一个单独的节日,也可以看作春节活动的一部分。正月十五过后,春节就算真正结束了。

元宵节自古就有张灯习俗。宋代元宵灯节期间,不仅宫廷和京师达官贵人玩灯,还鼓励市民来观灯,规定凡到御街观灯者赐酒一杯,以致灯节时观灯者人潮如流。明太祖朱元璋建都南京后,为庆贺元宵节,招徕天下富商,放灯十日。当时的金陵(今南京)城内盛搭彩楼,并在秦淮河上燃放水灯万只,蔚为壮观。永乐年间,迁都北京,在东华门辟二里长的灯市,从正月初八起至十五达到高潮。到了清代,北京的灯节定为正月十三至十七,其中十五为正灯日,灯以东四牌楼、地安门为最盛,正阳门外、灵佑宫旁也是重要的赏灯之地。

## 三 清明时节雨纷纷

清明节,又称踏青节、行清节、三月节、祭祖节等,节期在仲春与暮春之交。清明节源自上古时代的祖先信仰与春祭礼俗,兼具自然与人文两大内涵,既是自然节气点,也是传统节日。

## 人间烟火 ——百姓生活里的传统文化

清明节气,交节时间在公历4月5日前后。这一时节,阳气旺盛,阴气衰退,万物"吐故纳新",大地呈现春和景明之象,正是郊外踏青春游与墓祭的好时节。清明节的节俗丰富,扫墓祭祖与踏青郊游是清明节的两大礼俗主题。这两大传统礼俗主题在中国自古传承,一直延续至今。

清明节是中华民族的春祭大节,与清明春祭相对应的是重阳秋祭。春秋二祭,古已有之。中华民族自古就有礼敬祖先、慎终追远的礼俗观念,扫墓即"墓祭",是对祖先的"思时之敬"。扫墓祭祀、缅怀祖先,是中华民族自古以来的优良传统,有利于弘扬孝道亲情,唤醒家族共同记忆,激发人们尊祖敬宗、继志述事的道德情怀,增强家族成员乃至民族的凝聚力和认同感。

清明节融合了寒食节的禁火、冷食习俗。寒食节是流传于我国北方中原一带较早的节日,初为节时,禁烟火,只吃冷食,在后世的发展中逐渐增加了上坟祭扫、秋千、蹴鞠、斗鸡等风俗。传说寒食节是春秋时代为纪念晋国的忠义之臣介子推而设立的节日,但寒食起源沿袭了上古的改火旧习,即如《周礼》所说"仲春以木铎修火禁于国中"。人们要进行隆重的祭祀活动,就把上一年传下来的火种全部熄灭,即"禁火";然后重新钻燧取出新火,作为新一年生产与生活的起点,谓之"改火"。在禁火与改火期间,人们必须准备足够的熟食以冷食度日。汉代称寒食节为禁烟节,因为这天百姓人家不得举火,到了晚上才由宫中点燃烛火,并将火种传至贵戚重臣家中。

清明节还融合了上巳节的习俗内容。上巳节,俗称三月三,是古代举行"祓除畔浴"活动中最重要的日子。人们结伴去水边沐浴,称为"祓禊",此后又增加了祭祀宴饮、曲水流觞、郊外游春等内容。古时以干支纪日,三月上旬的第一个巳日谓之上巳。魏晋以后,上巳节的节期改为阴历三月初三,故又称重三或三月三。上巳节主要风俗是郊外游春、春浴、祓禊等。晋代陆机写诗道:"迟迟暮春日,天气柔且嘉。元吉隆初巳,濯秽游黄河。"这就是当时人们在上巳节祓禊、踏青的情景。唐代诗人王维也有诗句"少年分日作邀游，不用清明兼上巳"。

清明节在全国范围盛行并设扫墓假期是在唐宋之后。南宋陈元靓《岁时广记》卷十五引宋吕原明《岁时杂记》说："清明前二日为寒食节，前后各三日，凡假七日。而民间以一百四日始禁火，谓之私寒食，又谓之大寒食。北人皆以此日扫祭先茔，经月不绝，俗有寒食一月节之谚。"据宋《梦粱录》记载：每到清明节，"官员士庶俱出郊省墓，以尽思时之敬"。清明前后的扫墓活动常成为全社会参与之事，数日内郊野间人群往来不绝，规模极盛。

由于寒食节的冷食习俗移植到清明节，我国北方一些地方还保留着清明节吃冷食的习惯。晋陆翙《邺中记》最早谈到寒食中的特殊食物："寒食之日作醴酪，煮粳米及大麦为酪，捣杏仁煮作粥。"到唐宋时期，人们仍在食用这种凉大麦粥。我国南方部分地区清明节时有吃青团的风俗。青团又称清明饼、棉菜馍糍、茨壳粿、艾草青团等。

## 四　明朝端午浴芳兰

端午节，又称端阳节、龙舟节、重午节、五月节、正阳节、天中节等，节期在农历五月初五。"端午"一词最早出现于西晋的《风土记》："仲夏端午谓五月五日也，俗重此日也，与夏至同。""端"是开头、初始的意思，"端五"即"初五"。

端午节源自天象崇拜，由上古时代祭龙演变而来。仲夏端午，苍龙七宿飞升至正南中天，这是龙飞天的日子，即如《易经·乾卦》第五爻的爻辞曰"飞龙在天"。端午日龙星既"得中"又"得正"，乃大吉大利之象。端午节是南方先民创立用于拜祭龙祖的节日，后来人们亦将端午节作为纪念屈原的节日，也有纪念伍子胥、曹娥及介子推等说法。

端午节的节俗内容丰富。主要有扒龙舟、祭龙、采草药、挂艾草与菖蒲、

## 人间烟火 ——百姓生活里的传统文化

拜神祭祖、洗草药水、打午时水、浸龙舟水、食粽、放纸鸢、睇龙船、拴五色丝线、熏苍术、佩香囊等。苏轼词《浣溪沙·端午》说到端午节风俗：

> 轻汗微微透碧纨，明朝端午浴芳兰。流香涨腻满晴川。彩线轻缠红玉臂，小符斜挂绿云鬟。佳人相见一千年。

扒龙舟与食粽是端午节的两大礼俗，在中国自古传承，延续至今。端午节的这两个最主要的活动都与龙相关。粽即粽籺，俗称粽子，主要材料是稻米、馅料和箬叶（或柊叶）等，其花样繁多。晋代正式定粽子为端午节的节庆食品。南北朝时出现杂粽，米中掺杂禽兽肉、板栗、红枣、赤豆等，品种增多，还用作交往的礼品。到了唐代，粽子用米，其形状出现锥形、菱形。宋朝时已有蜜饯粽，即果品入粽。由于各地饮食习惯不同，粽形成了南北风味。从口味上分，粽子有咸粽和甜粽两大类。端午食粽习俗，自古以来在中国各地盛行不衰，已成了中华民族影响大、覆盖面广的民间饮食习俗之一。

粽子投入江河水里祭祀龙神，而竞渡用的是龙舟。南方先民有"断发文身"以"像龙子"的习俗，而且每年在端午这天举行一次盛大的图腾祭。其中有一项活动便是在急鼓声中，以刻画成龙形的独木舟在水面上竞渡祭龙神，也是自己游戏取乐，这便是龙舟竞渡习俗的由来。扒龙舟是多人集体划桨竞赛。龙舟竞渡分为请龙、祭龙神、游龙和收龙几部分，之前一般都要举行隆重的祭祀仪式，先要请龙、祭神，在端午前要择吉日从水下起出，祭过神后，安上龙头、龙尾，再准备竞渡。

夏季是驱除瘟疫的季节。仲夏端午阳气旺盛，万物至此皆盛，也是草药一年里药性最强的一天，这天采的草药祛病防疫最灵验、有效。由于端午日天地纯阳正气汇聚最利辟阴邪以及这天的草药神奇特性，自古传承下来很多端午辟阴邪与祛病防疫的内容，如挂艾草、午时水、浸龙舟水、拴五色丝线辟邪以及洗草药水、熏苍术祛病防疫等。人们把插艾草和菖蒲作为端午节重要内容之一。由于艾草具特殊的香味，人们用它来驱病、防蚊、辟邪。菖蒲的叶片含有挥发性芳香油，有提神通窍、健骨消滞、杀虫灭菌的作用。端午期间，我国不少地方还有采草药煮草药水沐浴的习俗。在端午节这天，孩子们要在手腕脚踝上系五色丝线以驱邪。有些地方还有以雄黄涂抹小儿额头的习俗，用雄黄酒在小儿额头画"王"字，据说可驱避毒虫。

## 五　月到中秋偏皎洁

中秋节，又称祭月节、仲秋节等。

中秋节源自天象崇拜，由上古时代秋夕祭月演变而来。二十四节气中的秋分是古老的祭月节。先秦时期已有"中秋夜迎寒""中秋献良裘""秋分夕月（拜月）"的活动。中秋节普及于汉代，又有在中秋或立秋之日敬老，赐以雄粗饼的活动。晋时亦有中秋赏月的文字记载。

古诗说"月到中秋偏皎洁"。大约在唐代，将中秋节作为官方认定的节日。唐代中秋赏月的风俗极盛，许多诗人的名篇中有咏月的诗句，将中秋与嫦娥奔月、吴刚伐桂、玉兔捣药、杨贵妃变月神、唐明皇游月宫等神话故事结合，充满浪漫色彩。唐代是传统节日习俗糅合定型的重要时期，其主体部分传承至今。宋代出现了"小饼如嚼月，中有酥与饴"的节令食品。孟元老《东京梦华录》说："上市中秋夜，贵家结饰台榭，民间争占酒楼玩月。""丝篁鼎沸，近内庭居民，夜深遥闻笙竽之声，宛如云外。闾里儿童，连宵嬉戏；夜市骈阗，至于通晓。"

明清时，中秋已成为中国民间的主要节日之一。明清的赏月活动，"其祭果饼必圆"，各家都要设"月光位""向月供而拜"。陆启泓《北京岁华记》记载："中秋夜，人家各置月宫符象，符上兔如人立；陈瓜果于庭，饼面绘月宫蟾兔;男女肃拜烧香,且而焚之。"《帝京景物略》也说:"八月十五祭月,其饼必圆,分瓜必牙错,瓣刻如莲花。……其有妇归宁者,是日必返夫家,曰团圆节也。"

中秋节有祭月、赏月、吃月饼、玩花灯、赏桂花、饮桂花酒等习俗流传至今。

祭月是古人对月神的一种崇拜活动。古代有"秋暮夕月"的习俗,夕月,即拜祭月神。在广东部分地区,人们在中秋晚上拜祭月神(拜月娘、拜月光),设大香案,摆上月饼、西瓜、苹果、红枣、李子、葡萄等祭品。在月下,将月神牌位放在朝向月亮的那个方向,红烛高燃,全家人依次拜祭月亮,祈求福佑。祭月赏月,托月追思,表达了人们的美好祝愿。祭月作为中秋节重要的祭礼之一,延续至今,逐渐演化为民间的赏月、颂月活动,同时也成为人们渴望团聚、寄托对生活美好愿望的主要形态。

中秋之夜有燃灯以助月色的风俗。如今湖广一带仍有用瓦片叠于塔上燃灯的节俗,江南一带则有制灯船的节俗。近代,中秋燃灯之俗更盛,其规模似乎仅次于元宵灯。

月饼,又叫月团、丰收饼、宫饼、团圆饼等,是古代中秋时祭拜月神的供品。月饼最初是用来祭奉月神的祭品,后来人们逐渐把中秋赏月与品尝月饼作为家人团圆的一大象征。月饼象征着大团圆,人们把它当作节日食品,用它祭月、赠送亲友。发展至今,吃月饼已经是中国各地过中秋节的必备习俗,中秋节这天,人们都要吃月饼以示团圆。人们还经常在中秋时吃月饼赏桂花,食用桂花制作的各种食品,其中以糕点、糖果最多见。

# 第三篇 俯仰天地

# 第八章　星宿与岁时

## 一　二十八星宿

中国人生活在自己的土地上，脚踏实地，生生不息。同时，中国人时时抬头看天，中华民族是一个仰望星空的民族。中国人的世界观里面，始终考虑的是"天人合一""天人感应"，是"苍苍者天"，是"天道""天德""天命"。孔子说："天何言哉？四时行焉，百物生焉。天何言哉？"

中国人对天充满了敬畏和信仰。

有人批评中国古代没有科学或科学不发达。其实不然，只不过中国古代的科学都是与人们的生产生活密切相关的，都是在生产生活的实践中产生的，而不是像西方追求的那样形而上的抽象科学。中国科学不是玄学，不是和人们的生活无关，而是充满了对人间的关怀，充满了人道和人性的精神，充满了人间烟火的气息。所以，当古希腊哲学家们思索世界是"水"还是"火"的时候，孔子却关注着人间的"礼"和"仁"；当牛顿坐在树下思考苹果为什么掉下来的时候，李时珍却在漫山遍野寻找治病的本草。

中国人的天文学就是仰望星空的科学，是为了"天道""天命"的科学。中国古代的科学技术文化最突出地体现在天文学、数学、医学和农学这几个方面，被称为中国古代"四大传统科学"。这四大科学都与中国人的日常生活密切相关，或者说，就是在中国人的生活实践中总结和产生的，是中国人的生活经验和生活智慧，同时也密切服务于人们的生产生活。

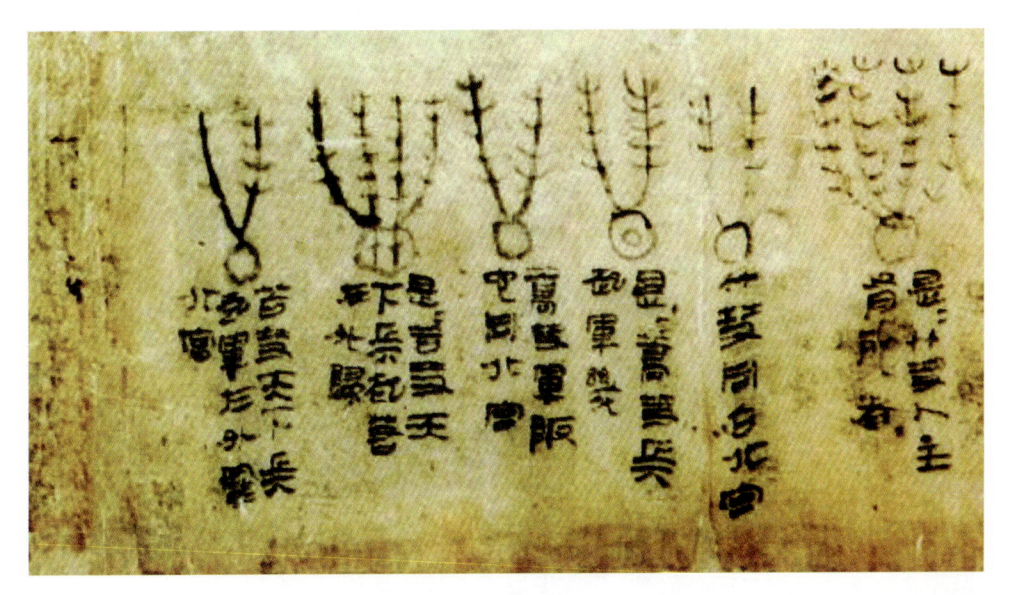

长沙马王堆汉墓帛书中的彗星图

中国是世界上产生天文学最早的国家之一，中国人很早就有了一定的天文学知识。明代顾炎武说："三代以上，人人皆知天文。"他还说，"七月流火"是古代农夫说的话，"三星在户"是普通妇人说的话，"月离于毕"是普通士兵所说的，"龙尾伏辰"是儿童们唱的歌。

商代已有专门的官员负责天文历法，甲骨刻辞中就有了某些星名和日食、月食的记载。《诗经》《尚书》《春秋》《左传》等先秦文献有许多关于星宿的叙述和丰富的天象记录，《史记》有《天官书》，《汉书》有《天文志》。到汉代时，我国的天文知识已经相当丰富了。中国有世界上最早最完整的天象记载，也是欧洲文艺复兴以前天文现象最精确的观测者和记录的最好保存者。

古人把日月和金木水火土五星合起来称为"七政"或"七曜"。金木水火土五星是人们实际观测到的5个行星，合起来又称为"五纬"。

金星古称明星，又名太白，这是因为它光色银白，亮度特强。《诗经·郑风》

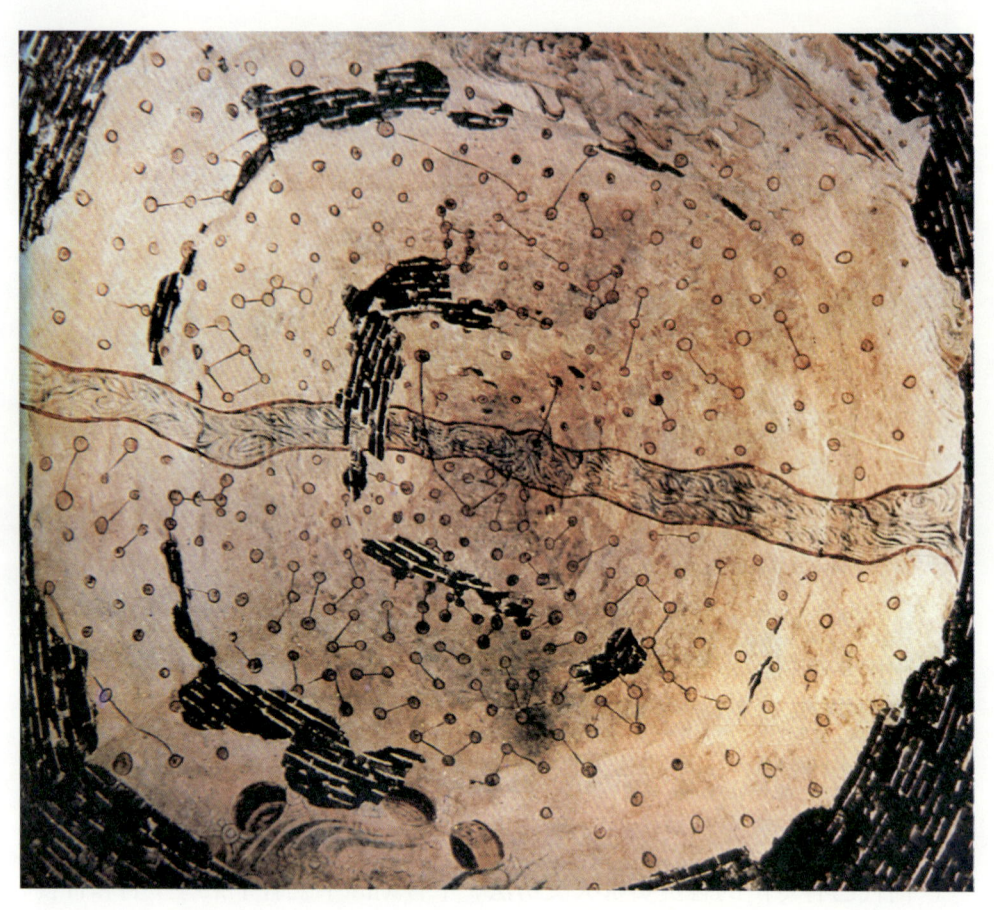

北魏墓星象图，绘于北魏孝昌二年（526年），河南洛阳市郊前海资村出土

中的"子兴视夜，明星有烂"，《诗经·陈风》中的"昏以为期，明星煌煌"，都指金星。金星，黎明见于东方叫启明，黄昏见于西方叫长庚。木星常称为岁星，简称岁；水星又叫辰星；火星古名荧惑；土星又叫镇星或填星。

　　古人观测日月五星的运行是以恒星为背景的，因为恒星相互间的位置相对稳定不变，可以用它们来做日月五星运行所到的位置。古人选取黄道赤道附近的二十八星宿作为坐标。黄道是古人假想的太阳周年运行轨道。地球沿着自己的轨道绕太阳公转，从地球轨道不同的位置上看太阳，则太阳在天球（为研究天文而假想的，通常是以地球为中心、无限长为半径的球体）上的投影位置也不尽相同。这种视位置的移动叫作太阳的视运动，大阳周年的视运动轨迹就是黄道。赤道不是指地球的赤道，而是指天球赤道，就是地球赤道在天球上的投影。

二十八宿，又名二十八舍、二十八星。"宿"或"舍"有"停留"的意思。《史记·律书》说："舍者，日、月所舍。"在《步天歌》中，二十八宿成为二十八个天区的主体。这些天区仍以二十八宿的名称为名称。

在中国古代文献记载中，二十八宿中的部分星宿出现较早。如《诗经》《夏小正》等书中就有不少记载。早期载有二十八宿的可靠文献是战国时期的《吕氏春秋》《礼记·月令》《周礼》等书。

二十八宿从角宿开始，自西向东排列，与日月视运动的方向相同：

东方七宿：角、亢、氐、房、心、尾、箕；

北方七宿：斗、牛（牵牛）、女（须女或婺女）、虚、危、室（营室）、壁（东壁）；

西方七宿：奎、娄、胃、昴、毕、觜（觜觿）、参；

南方七宿：井（东井）、鬼（舆鬼）、柳、星（七星）、张、翼、轸。

此外，还有贴近这些星官与它们关系密切的一些星官，如钩钤、坟墓、离宫、附耳、伐、钺、积尸、右辖、左辖、长沙等，分别附属于房、危、室、毕、参、井、鬼、轸等宿内，称为辅官或附座。二十八宿包括辅官或附座星在内共有星182颗。

二十八宿中，各宿所包含的恒星都不止一颗，从每宿中选定一颗星作为精细测量天体坐标的标准，叫作这个宿的距星。下宿距星和本宿距星之间的赤经差，叫作本宿的赤道距度（简称距度）。赤道距度循赤经圈往黄道上的投影所截取的黄道度数叫作黄道距度。一个天体在某宿距星之东,并且和该宿距星之间的赤经差小于该宿距度的话,就称为入该宿,这个赤经差就称为该天体的入宿度,写作"入×宿×度"。再配上该天体与天北极间的角距离"去极度",就成为中国古代的一对赤道坐标分量。

把二十八宿按次序分作四组,每组七宿,分别与四个地平方位、四种颜色、四种动物形象相匹配,叫作四象或四陆。它们之间的对应关系是:东方苍龙(或青龙),青色;北方玄武(龟蛇),黑色;西方白虎,白色;南方朱鸟(或朱雀),红色。

二十八宿与四方相配,是以古代春分前后初昏时的天象为依据的。这时正是朱鸟七宿在南方,苍龙七宿在东方,玄武七宿在北方,白虎七宿在西方。四种颜色的相配则与古代五行说有关。

古代对星空的分区,除了二十八宿以外,还有所谓三垣,即紫微垣、太微垣、天市垣。

古人在黄河流域的北天上空,以北极星为标准,集合周围其他各星,合为一区,名曰紫微垣。在紫微垣外,在星张翼轸以北的星区是太微垣;在房心箕斗以北的星区是天市垣。

北斗七星在古代天文中也占有重要地位。北斗是由天枢、天璇、天玑、天权、玉衡、开阳、摇光七星组成的。古人把这七星联系起来,想象成舀酒的斗形。天枢、天璇、天玑、天权为斗身,古曰魁;玉衡、开阳、摇光为斗柄,古曰杓。北斗七星属于大熊座。古人很重视北斗,因为可以利用它来辨方向、定季节。把天璇、天枢连成直线并延长约五倍距离,就可以找到北极星,而北极星是北方的标志。北斗星在不同的季节和夜晚不同的时间,出现在天空不同的方位。人们看起来它在围绕着北极星转动,所以古人又根据初昏时斗柄所指的方向来决定季节:斗柄指东,天下皆春;斗柄指西,天下皆秋;斗柄指南,天下皆夏;斗柄指北,天下皆冬。

古人为了说明日月五星的运行和节气的变换，将黄道附近一周天按照由西向东的方向分为十二等分，称为十二次。每次中都有二十八宿中的某些星宿作为标志。十二次的名称多和各自所属的星宿有关。古人创立十二次主要有两个用途：第一，用来指示太阳所在的位置，以说明节气的变换，例如太阳在星纪中交冬至，在玄枵中交大寒；第二，用来说明岁星（木星）每年运行所到的位置，并据以纪年，例如说某年"岁在星纪"，次年"岁在玄枵"等。

古人把天上的星宿和地上的州域联系起来看。春秋战国时代，人们根据地上的区域来划分天上的星宿，把天上的星宿分别指配于地上的州国，使它们相互对应。说某星是某国的分星，某某星宿是某某州国的分野，这种看法，即"分野"的概念。古人建立分野的目的在于观察天象，以占卜地上所配州国的吉凶。《论衡》中谈到荧惑守心时就说："荧惑，天罚也；心，宋分野也。祸当君。"古代作家在写到某地区时会连带写到这个地区相配的星宿。如庾信《哀江南赋》"以鹑首而赐秦，天何为而此醉"，王勃《滕王阁序》"星分翼轸"，李白《蜀道难》"扪参历井"，指的就是所描绘地方的星宿分野。

## 二　老皇历

历法是推算年、月、日的长度和它们之间的关系，制订时间顺序的法则。中国是世界上最早发明历法的国家之一。历法的出现对国家经济、文化的发展有深远的影响。

历书是排列年、月、节气等供人们查考的工具书。历书在中国古代时称通书或时宪书，在封建王朝时代，由于它是皇帝颁发的，所以称"皇历"（黄历）。现在有些人们还把日历牌叫作"皇历"，说什么事情过时了，就说"那是老皇历"了。

历法的原理：人们根据地球自转产生昼夜交替的现象形成了"日"的

概念；根据月亮绕地球公转产生朔望，形成"月"的概念；根据地球绕太阳公转产生的四季交替现象而形成了"年"的概念。这三个概念所依据的物质运动是互相独立的。根据精确测定，地球绕太阳公转一周的时间约为365.2422平太阳日，这叫一个回归年。而从一次新月到接连发生下一次新月的时间间隔为29.5306平太阳日，这叫一个朔望月。以回归年为单位，在一年中安排多少个整数月，在一个月中又安排多少个整数天的方法和怎样选取一年的起算点的方法就叫历法。

历法一般分为三类：太阴历、太阳历和阴阳历。侧重协调朔望和历月关系的叫太阳历，简称阳历；兼顾朔望月和回归年、历月和历年的叫阴阳历。

无论哪一种历法，都有一个协调历日周期和天文周期的关系问题。在原则上，历月应力求等于朔望月，历年应力求等于回归年。但由于朔望月和回归年都不是整日数，所以，历月须有大月和小月之分，历年须有平年和闰年之别。通过大月和小月、平年和闰年的适当搭配和安排，使平均历月等于朔望月，或平均历年等于回归年。这就是历法的主要内容。

中国最早的历法是夏历，

《夏小正》书影

保存在《大戴礼记》中的《夏小正》。汉武帝时修订历法，以年号命名为太初历，是中国古代第一部比较完整的历法，也是当时世界上最先进的历法。其法规定一回归年为一年，一朔望月为一月。南朝祖冲之《大明历》制定，首次将岁差计算入内，采用的朔望月长度为29.5309日，这和利用现代天文手段测得的朔望月长度相差不到一秒钟。回归年长度是365.24281481日，与现在的精准测量仅相差52秒。唐代僧一行制定了中国历史上最全面最详尽的历书《大衍历》。该书包含太阳、月亮等运动和计算方法，对中国历法史影响很大。元朝郭守敬编制《授时历》，其法以365.2425日为一岁，距近代观测值365.2422仅差25.92秒，精度与公历（指1582年《格里高利历》）相当，但比西方早采用了300多年。明末徐光启主持引用西洋法数编修新历法，后经汤若望删改献给清朝，定名为《时宪历》。近代以来直到现在仍然使用的旧历就是《时宪历》，通常叫作夏历或农历。

中国古代的历法不是纯阴历，而是阴阳合历。平年12个月，有6个大月各30天，6个小月各29天，全年总共354天。但是这个日数少于一个太阳年。《尚书·尧典》说："期三百有六旬有六日。"实际上四季循环的周期约为365¼日，比12个朔望月的日数约多11¼日，积3年就相差一个月以上的时间，所以3年就要闰一个月，使历年的平均长度大约等于一个太阳年，并和自然季节大致调和配合。《尧典》说"以闰月定四时成岁"。一般每经过19年会有7个闰年，这种历法既与月相相符，又与地球绕太阳周期运动相符合。

## 三　天干地支

天干地支，简称为干支，源自中国远古时代人们对天象的观测。古人说："天干，犹木之干，强而为阳；支，犹木之枝，弱而为阴。"干支原取意于树木的干枝。古人以天干地支作为载体，天干承载的是天之道，地支承载的是地之道；在天成象，在地成形，在人成运，故设天干地支以契天地人事之运。

"十干"是：阏逢、旃蒙、柔兆、强圉、著雍、屠维、上章、重光、玄黓、昭阳。

"十二支"是：困敦、赤奋若、摄提格、单阏、执徐、大荒落、敦牂、协洽、涒滩、作噩、阉茂、大渊献。

后来简化了天干地支的名称，十天干是：

甲、乙、丙、丁、戊、己、庚、辛、壬、癸。

十二地支是：

子、丑、寅、卯、辰、巳、午、未、申、酉、戌、亥。

天干地支的发明影响深远，应用于天文、风水、命理、选择术和中医等学科上，并为历朝官方历书（皇历）所记载。

干支在中国历法史上占有重要地位。十天干和十二地支依次相配，组成60个基本单位，两者按固定的顺序相互配合，组成了干支纪元法，这是用60组各不相同的天干地支标记年月日时的历法。农历和干支历是两种不同的历法，两者年份起点、月份划分规则、每年天数等皆不同。干支历主要由干支纪年、干支纪月、干支纪日、干支纪时四部分组成，以立春为岁首，交节日为月首。二十四节气和十二月建是干支历基本内容，干支历既管年又管月，兼具二十四节气。

干支纪年以天干和地支组成60个干支纪年。如"咸丰庚申，英法联军白海入侵"。咸丰是皇帝年号，庚申是干支纪年。干支纪年萌芽于西汉，始行于王莽时期，通行于东汉后期。汉章帝元和二年（85年），朝廷下令在全国推行干支纪年。干支纪年一个周期的第一年为"甲子"，第二年为"乙丑"，依此类推，60年一个周期；一个周期完了重复使用，周而复始。如1644年为甲申年，60年后的1704年同为甲申年，300年后的1944年仍为甲申年。

古代早以十二辰纪月称为"月建"。不同朝代年岁开始的月建地支不同。夏历是正月建寅，二月建卯，三月建辰。商历是正月建丑，二月建寅，三月建卯。周历是正月建子，二月建丑，三月建寅。秦历是年开始于建亥，但仍称十月。至汉武帝改历，复用夏正，就是正月建寅为岁首，一直沿用至今。干支纪月的推算较为容易，每年的各月地支已经固定，只要推算月的天干配固定每月地支就行。比如把冬至所在的月称为子月，下一个月称为丑月，等等。

干支纪日，60 日大致合 2 个月一个周期，一个周期完了重复使用，周而复始。干支纪日始于鲁隐公三年周历二月己巳日（"日有食之"，周平王五十一年，前 720 年）。

地支纪时就是将一日均分为 12 个时段，分别以十二地支表示，子时为现在的 23 点至 1 点，丑时为 1 点至 3 点，等等，称为十二时辰。子时分为 0 时到 1 时的早子时（晨子）和 23 时到 24 时的晚子时（夜子），所以遇到甲或己之日，0 时到 1 时是甲子时，但 23 时到 24 时是丙子时。晚子时又称子夜或夜子。

殷商时代就已使用六十干支纪日。一日一个干支名号。春秋战国时期又采用十二辰（地支）

石晷，内蒙古托克托县出土

纪月，十二辰纪时制度至迟西汉时才被采用，西汉末始又用干支来纪年。唐以后，五代历书上月名开始注以干支，北宋时又将十干十二辰配合以纪时，至此年月日时分别全以干支注记，这就是干支历（甲子历）。干支注记时间在中国古代一直使用，从未间断。《红楼梦》第九十五回说，"是年甲寅年十二月十八日立春，元春薨日是十二月十九日，已交卯年寅月"，明确地指出干支历在纪年纪月时的转换点。

天干地支的主要序数功能被一二三四等数字取代之后，人们仍然用它们作为一般的序数字。尤其是甲乙丙丁，不仅用于罗列分类的文章材料，还可以用于日常生活中对事物的评级与分类。在有机化学的命名中，1至10个碳原子的化合物用天干命名，如甲烷（1个C原子）、乙烷（2个C原子）、丙烷（3个C原子），以此类推……又比如乙烯（2个C原子）、丁烯（4个C原子）。

在阴阳五行理论中，干支按其顺序分为阴阳，逢单数属阳，逢双数属阴。天干的甲、丙、戊、庚、壬，地支的子、寅、辰、午、申、戌为阳数；天干的乙、丁、己、辛、癸，地支的丑、卯、巳、未、酉、亥为阴数。还有十二地支对应十二生肖：子—鼠，丑—牛，寅—虎，卯—兔，辰—龙，巳—蛇，午—马，未—羊，申—猴，酉—鸡，戌—狗，亥—猪。

## 四　阴阳五行

战国中期，齐国的邹衍创造了阴阳五行说，用于解释自然界和社会界的种种现象。在中国人的思想观念中，阴阳五行的观念特别重要。"阴阳"指世界上一切事物中都具有的两种既互相对立又互相联系的力量；"五行"即由木、火、土、金、水五种基本物质的运行和变化所构成，强调整体概念。"阴阳"与"五行"两者相辅相成，五行必合阴阳，阴阳说必兼五行。阴阳五行是中国古典哲学的核心,形成了中国传统思维的框架,是中国古人认识世界的方法。古代中国人就是以阴阳五行的概念去看世界,去认识和理解世界的。

"阴阳"这个名词出现很早。《易经》中没有"阴""阳"二字,但已有了阴阳对立的概念。《易经》中的"-"与"--"两个符号,后来被称为"阳爻"和"阴爻"。《周易》说"天行健,君子以自强不息""地势坤,君子以厚德载物"。中国人将"自强不息""厚德载物"作为世代谨守的格言,一方面强调要有刚健进取的精神,另一方面强调宽厚包容,像天地那样勇于承担。这成了中华文化的基本特点。

《国语·周语上》中出现"阴阳"概念,说:"阳伏而不能出,阴迫而不能蒸,于是有地震。"《左传》以六气即阴、阳、风、雨、晦、明来解释疾病的成因,而《易传》中有关阴阳的论说就更多了,如"一阴一阳之谓道,继之者善也,成之者性也"。

春秋战国时的"阴阳"概念有两种意义,其一是指两种基本的物质之气。阴阳两种相反的气是天地万物泉源。当时人们已认识到阴阳之气的正常与否关系到天象、气候、物候等自然现象的正常与异常。阴阳相合,万物生长,在天形成风、云、雷、雨各种自然气象,在地形成河海、山川等大地形体,在方位则是东、西、南、北四方,在气候则为春、夏、秋、冬四季。战国时期的阴阳学说还着重阐述了阴阳二气盈虚消长、升降出入的运动变化规律及其对季节、气候和物候的支配性作用。其二是指相互对立的两种基本属性,或属性相反的两类事物,或一个事物中属性相反的两个方面。如雌雄、上下、左右、南北、进退、动静、生杀、强弱、明暗、寒热等。任何一个具体的事物都具有阴阳的两重性,即阴中有阳、阳中有阴。"阳类"具有刚健、向上、生发、展示、外向、伸展、明朗、积极、好动等特性,"阴类"具有柔弱、向下、收敛、隐蔽、内向、收缩、储蓄、消极、安静等特征。

由于阴阳属性是相对的,故而在阴阳之中可以再分阴阳。《文子·微明》说:

"阳中有阴，阴中有阳，万事尽然，不可胜明。"事物的阴阳属性并不是绝对的，在一定的条件下，阴和阳之间可以相互转化，即阴可以转化为阳，阳也可以转化为阴。物极必反的现象就是阴阳转化的一种表现形式。同时，二者又是相互依存的。就是说，阴与阳的每一个侧面都以另一个侧面作为自己存在的前提。没有阴，阳就不能存在；没有阳，阴也不能存在。正如没有乾就没有坤，没有天也就没有地一样。阴阳互相依存，互相为用。

"五行"概念起源于殷商时期的五方观念。五行学说的基本观点是，世间一切事物都是由木、火、土、金、水这五种基本物质之间的运动变化生成的，这五种物质之间存在着既相互滋生又相互制约的关系，在不断相生相克运动中维持着动态的平衡。

根据五行学说，这五类物质各有不同属性，"木曰曲直"，凡是具有生长、生发、舒畅等作用或性质的事物，均归属木；"火曰炎上"，凡具有温热、升腾作用的事物，均归属火；"土曰稼穑"，凡具有生化、承载、受纳作用的事物，均归属土；"金曰从革"，凡具有清洁、肃降、收敛等作用的事物，均归属金；"水曰润下"，凡具有寒凉、滋润、向下运动的事物，均归属水。

五行学说以五行的特性对事物进行归类，将自然界的各种事物和现象的性质及作用与五行的特性相类比后，将其分别归属五行之中。

五行之间存在着相生相克的关系。金生水、水生木、木生火、火生土、土生金，这是相生的系统；金克木、木克土、土克水、水克火、火克金，这是相克的观念。五行的相生相克关系可以解释事物之间的相互联系，而五行的相乘相侮则可以用来表示事物之间平衡被打破后的相互影响。任何一项因素或功能都不能不受到另一方向的反制，这五个项目之间必须调和，才能成为一个完整的生活体系。相生相克，互相配合，才能得到五行各种因素的协调。同样，每个项目之中都有强和弱的互相制约，任何一方过强或过弱，都会造成灾害。为了维护相对平衡，生与克要相互牵制。当不能相互牵制时，平衡被打破，这时事物就会出现新的变化。

阴阳和五行是紧密联系的，阴阳包括五行，五行含有阴阳。阴阳属于阴阳五行学说立论的基础。阴阳与五行属于形式与内容的关系。无论阴的内部或阳的内部包括阴阳之间，都具有木火土金水五种物象表达的那种生克利害的基本关系。换句话来说，阴阳的内容是通过木火土金水物象反映出来的，五行属于阴阳内容的存在形式。

## 五　二十四节气

二十四节气是干支历中表示季节、物候、气候变化以及确立"十二月建"（时令）的特定节令，是中国古代的一种补充历法。它最初以北斗七星斗柄旋转指向确定，北斗七星循环旋转，斗柄绕东、南、西、北旋转一圈为一周期，谓之一"岁"（摄提），每一旋转周期始于立春，终于大寒。在不同的季节和不同的时间，北斗七星会指向不同的方位，因此成为上古时代人们判断季节、节气变化的依据，即所谓"斗柄指东，天下皆春；斗柄指南，天下皆夏；斗柄指西，天下皆秋；斗柄指北，天下皆冬"的星象规律。

现行的二十四节气采用"定气法"划分，即根据太阳在回归黄道上的位置确定节气。"定气法"把太阳周年运动轨迹划分为24等份，每15°为1等份，每1等份为一个节气，始于立春，终于大寒。

二十四节气是古代农耕文化的产物，在我国传统农耕文化中占有极其重要的位置。农耕生产与大自然的节律息息相关，二十四节气是先民顺应农时，通过观察天体运行，认知一岁（年）中时令、气候、物候等方面变化规律所形成的知识体系，表达了人与自然宇宙之间独特的时间观念。

二十四节气产生于黄河流域。在《尚书·尧典》中就提出了"日中、日永、宵中、日短"的概念，即我们现在所说的春分、夏至、秋分、冬至。到了战国末期,《吕氏春秋》中又引入立春、立夏、立秋、立冬这四个节气。由此,传统意义上的"四时八节"已经初步确立。至汉朝,二十四节气逐渐完善,《史记·太史公自序》说"夫阴阳四时、八位、十二度、二十四节各有教令"。西汉邓平等人所著的《太初历》中,正式将二十四节气编入历法,明确了二十四节气的天文位置。

在古代历法中,每月有两个节气:

月首者称为"节气",包括:立春、惊蛰、清明、立夏、芒种、小暑、立秋、白露、寒露、立冬、大雪、小寒。

月中者称为"中气",包括:雨水、春分、谷雨、小满、夏至、大暑、处暑、秋分、霜降、小雪、冬至、大寒。

二十四节气中,"节气"和"中气"各占一半,交替运行。但今人已不再细分,将之并称为节气。每个节气在农历中的时间是相对固定的,上半年节气多集中于六日及二十一日前后,而下半年则多集中于八日及二十三日前后,最多不过相差一两天。

二十四节气的安排包括四项原则:一是季节变化(立春、春分,立夏、夏至,立秋、秋分,立冬、冬至),二是气温变化(小暑、大暑、处暑、小寒、大寒),三是降水量的变化(雨水、谷雨、白露、霜降、小雪、大雪),四是物候现象或农活的更替(惊蛰、清明、小满、芒种)。可见,二十四节气囊括了季节、时序、农耕的物候和气候的变化。

中国人对季节的变化很敏感,对于哪个季节之中花草树木的变化以及鸟兽的迁移行为也一样格外注意。于是,中国人对大自然的感受就成为生活之中不可分割的一部分,并将大自然的时序看作生活中很重要的环节。二十四节气中既有表现寒暑往来物候变化的,也有反应气温高低降雨状况的,古人通过它能够直观、清楚地了解一年中季节气候的变化规律,以掌握农时,合理安排农事活动。二十四节气不仅在农业生产方面起着指导作用,同时还影响着古人的衣食住行。所以，二十四节气的每一个"节"或"气"，都代表着中国靠近北方的大陆气候转变的关口。这些节气的名称都是农耕程序必须注意的天气。

二十四节气都有固定的含义：

立春：表示严冬已逝，春季到来，气温回升，万物复苏。

雨水：由于天气转暖，冰消雪化，雨水增多，故为雨水。

惊蛰：蛰的本意为藏，动物冬眠称"入蛰"，冬眠的昆虫被春雷惊醒，故称惊蛰。

春分：这一天正当春季九十日之半，故曰"春分"。昼夜长度各半，冷热均衡，一些越冬作物开始进入春季生长阶段。

清明：含有天气晴朗、草木萌发之意。此时天气渐暖，草木发芽，大地返青，是春耕春种的好时节。

谷雨：雨水增多，滋润田野，有利于农作物的生长，故有"雨生百谷"之说。

立夏：标志着夏季的开始，视为气温升高的开端。此时万物生长旺盛，欣欣向荣。

小满：夏熟作物籽料已经开始灌浆饱满，但尚未成熟。

芒种："芒"指某些禾本植物籽实外壳上长的针状物，"芒种"指小麦等有芒作物即将成熟，可以采收留种了，也预示着农民开始了忙碌的田间生活。

夏至：是全年中白昼最长、黑夜最短的一天，说明即将进入炎热的夏季。

小暑：属于"三伏"中的初伏，天气炎热、蒸闷。气温虽高，但还不是最热的时候，故称小暑。

大暑：正值"中伏"前后，是我国大部分地区一年中最热的时期，气温最高。

立秋：预示着秋季即将开始，天气逐渐转凉。不过暑气并未尽散，还有气温较热的"秋老虎"之说。

处暑：代表暑天即将结束，天气由炎热向凉爽过渡。

白露：由于昼夜温差加大，水汽在草木上凝结成白色露珠，故称"白露"。

秋分：与春分相同，昼夜几乎等长，处于整个秋天的中间。

寒露：冷空气渐强，雨季结束，天气由凉转冷，开始出现露水，早晨和夜间会有地冷露凝的现象。

霜降：由秋季过渡到冬季的节气，开始有霜冻的现象出现。

立冬：标志着冬季的开始。田间的操作随之结束，作物在收割后进行贮藏。

小雪：大地呈现初冬的景象，但还没到大雪纷飞的时节。

大雪：此时天气较冷，不仅降雪量增大，降雪范围也更广。

冬至：与夏至相反，白昼最短，黑夜最长，开始"数九"。过了冬至，白昼就一天天地增长了。

小寒：此时正值"三九"前后，大部分地区开始天寒地冻，但还没有到达寒冷的极点。

大寒：一年中最寒冷的时节。大寒一过，又开始新的轮回。

与二十四节气相对应，民间形成了一些特有的民俗，有的甚至逐渐演变为复合型的传统节日。比如立春，意味着新的一个轮回已开启，乃万物起始、一切更生之义。作为二十四节气之首，在此日要举行迎春活动。据记载，周天子在立春这一天亲率三公九卿以及诸侯大夫到东郊迎春，祈求丰收。清朝时，各州县也要举行隆重的迎春活动，其中以"鞭打春牛"最盛行。所谓"春牛"就是用泥土塑成的土牛。立春正午，由官员执鞭抽打三下，其用意在于鼓励农耕，发展生产。将春牛打碎后，人们争抢春牛的土块，将其带回家中，或置于牲圈，或撒于田中，企盼来年牧畜兴旺，粮食丰收。立春之日还有一种"咬春"的习俗，《明宫史》记载："至次日立春之时，无贵贱皆嚼萝卜，名曰'咬春'。相互请宴，吃春饼和菜。"

再如立夏，作为夏季的开始，小麦齐穗，开始扬花上浆。此时，各种候鸟相继入境，继续播种秋作物。立夏日自古受到人们的重视，围绕着这一节气形成了许多礼仪习俗,如"称人",即以体重增减来判断健康与否;家中还要准备樱桃、青梅、麦这三种节物用以祭祖,称为"立夏见三新"。

立秋日,表示秋天来临,草木开始结果孕子,收获季节到了。因此,立秋日民间有祭祀土地神、庆祝丰收的习俗。周天子要到西郊举行迎秋仪式。汉代则要举行田猎,以示秋来扬武之意。《武林旧事·乞巧》记载:"立秋日,都人戴楸叶,饮秋水、赤小豆。"除戴楸叶、饮豆汤外,立秋日还有"咬秋"的习俗,似与立春日"咬春"相对。南方有"立秋啃秋瓜"的习俗,在入秋的这一天多吃西瓜,以防秋燥,也有迎接秋天到来之意。

其他节气也都有相应的民俗文化事项。这些节气习俗与年节习俗一起形成了我国民间文化的丰富多彩内容。

## 第九章　医与药

### 一　中医是中国人的生命哲学

中医是我们中华民族的医学。中医承载着中国古代人民同疾病做斗争的经验和理论知识,通过长期医疗实践,逐步形成一脉相承的医学理论体系。中医具有唯一性的价值,是一种不能被其他任何文化形态替代的医药学术,是一种与现代医学不同的知识体系。

有人说,医疗的发展历程和人类的历史一样久远。凡有人类之处就有病痛,有病痛就有医术的发明,人类生存和保健的需要是医学产生的基本条件之一。世界上很多民族因此拥有其特有的原始医学。和许多民族一样,中国的医学最初萌芽于人类的早期生活,至今,中医中药在中国大地上已经运用了几千年。几千年的临床实践证实,中国的中医中药无论在治病防病上,还是在养生上,都是行之有效的医学体系。

大概还在原始社会的时候,我们的祖先就在生产生活的实践中了解了一些防病治病的知识比如"神农尝百草"的传说,就代表了那个时代的人们所了解的医药学知识以及和疾病斗争的经验。到了春秋战国时期,医药学开始从过去"医巫不分"的状态下独立出来,基本形成了中医的理论基础,出现了解剖和医学分科,并且开始采用沿用至今的中医传统"四诊",并使用了砭石、针刺、汤药、艾灸、导引、布气、祝由等治疗方法。西汉时期,开始用阴阳五行解释人体生理。东汉著名医学家张仲景对"八纲"(阴阳、表里、虚实、寒热）已经有所认识，总结了"八法"。华佗则以精通外科手术和麻醉名闻天下，还创立了健身体操五禽戏。唐代孙思邈总结前人的理论及经验，收集5000多个药方，并采用辨证治疗方法，因医德高尚，被人尊为"药王"。两宋时期，政府设立翰林医学院，医学分科接近完备，统一了中国针灸由于传抄引起的穴位紊乱，出版《图经》。明朝后期成书的《本草纲目》，成为中药药理学的集大成者。

中医发展的历史，一方面是中华民族在与自然相处、与病患斗争的过程中形成的经验和知识发展的历史，另一方面也是与中华文化的发展密切联系的，始终植根于中华传统文化的土壤之中的中华文化的一个重要组成部分。中医与中国传统文化的其他形态相连通，共成一体，丰富着中国传统文化的精神内核和实际内容。

中医是中华民族的文化符号，植根于中华传统文化的土壤之中，蕴含着中国传统文化的精神内核，深烙着中华民族的精神印记。中华传统思想文化是中华文明一切成果的思想母体，中医学正由这一母体孕育出来，并在其哺育下茁壮成长。因此，它与中华传统思想文化之间存在着息息相关、丝丝入扣的亲缘关系。正是这种亲缘关系，使得中医学从传统思想文化这一丰腴的母体中源源不断地吸收养料，积淀起深厚的内涵与功力，从而保持了经久不衰的魅力。中医的血脉中始终充溢着中华传统文化独具风采且无可替代的精神，中医的理念是中华文化精神内核的外化，是中华民族精神记忆的反映。

中医在中国大地上发展数千年之久，药物从数百种增加到上万种，方剂从数百首增加到数十万首，文献从医经七家、经方十一家增加到洋洋万种之多，理论不断更新，方法不断丰富，技术不断创新，疗效不断提高，但其内在精神一直是稳定的，并且总是贯穿于从理论到临床的各个方面。中医在其千年之旅中是既变又不变的，变的是形态与数量，不变的是贯穿其中的文化精神。

中华传统思想文化是儒、道、释三种流派思想长期融合而来的。这三派思想都对中医学的形成与发展影响深远，尤其是强调人与自然界协调统一的"天人合一"观，不仅是中华传统文化的精髓之一，而且直接缔造了中医学的基本框架，为中医学的发展找到了出发点与归宿。中华传统思想的重要内容，如阴阳观、五行观、元气论等，在中医的园地里得到了淋漓尽致的发挥。中医对天地自然的认识、对生命与疾病的认知以及据此发明的治疗技术、养生方法等，无不凝聚着中国人独有的自然观念和人文情感，蕴含着中国人一直持守的思维模式与生命哲学。

"天行有常"，并不因尧或桀的作为而变易，而"人以天地之气生，四时之法成"，自当顺应自然，而后可以"长有天命"。先秦时期这样的生命观，引导了中医学的持续发展和繁荣。中医认为疾病的发生多与违背自然规律有关，与精神情志失调有关，于是强调外慎风寒、内调情志；中医认为内在的病变一定会表现为外在的征象，于是主张"司外揣内"；中医认为治疗疾病的关键在于祛除"千般疢难，不越三条"的邪气，扶助"冲气以为和"的正气，于是有了扶正与驱邪的治则治法。所有这些，既是医学家专门提出的概念，也是一般人普遍理解的思想。中医强调天人关系，提倡顺应自然、调和七情、葆精毓神，主张扶正祛邪、养生全德，深刻地影响了并仍在影响着中国人的处世方式乃至价值取向。

中医不仅在自己的理论体系中贯穿了中华传统的文化精神，而且也与其他中华文化形态互相贯通，例如，中医借助了中国传统文学艺术的众多形式，现存中医古籍的文体有散文式的，也有诗歌式和辞赋式的。所以，从文化形态角度看，中医吸收与承载了众多中华传统文化的内容。

中医是中华传统文化不可分割的一部分，不仅仅指简单的医疗技术，更是指中国人的生命观。中医首先体现为一种人对自身的认识，这不仅仅是解剖学、生物学意义上的认识，也包含对人的存在本身的认识。中医本身就是一种文化，是中国人传统的生活方式，是中国人世代相传的生活智慧和生活艺术。在现代社会中，传统的中医面临巨大的挑战而生生不息，代代有传人，正是由于它有着悠久的历史和坚实的文化基础。

因此，不理解中华传统文化的人是很难理解中医的。了解中医，认识中医，不能仅仅从一门医疗科学着眼，更要把它作为一种文化来理解，或者说，从一个侧面来更深入地了解、认识中华传统文化的博大精深、辉煌无限。

## 二　古今奇书《黄帝内经》

中医药学正式形成于春秋战国时期，其主要标志就是中国医学最重要的经典著作之一《黄帝内经》的出现。

春秋战国时期曾出现了大批医疗技术书籍和医学理论名著。在这些医学著作中，《黄帝内经》是唯一流传下来的先秦医经，其他均已散佚。《黄帝内经》亦称《内经》，对此前中国医学的发展第一次进行了系统的总结，对十分丰富的医疗经验进行了高度的概括，奠定了中医学发展的理论基础。

相传《黄帝内经》成书于黄帝，自不可信。《黄帝内经》之成书约在战国时期，但并非一时一人之言，而是长时期众多医家的结集，可以说汇集了当时医界优秀理论的"百家之言"。《黄帝内经》内容博大精深，不仅涉及医学，而且包罗天文学、地理学、哲学、人类学、数学、生态学等科学成就。

《黄帝内经》是我国古代医学最灿烂的经典著作之一，是现存最早阐述中医学理论体系的医学巨著，也是第一部冠以中华民族人文始祖黄帝之名的传世之作。2000多年来，《黄帝内经》被称为"上古三大奇书"之一，被历代医家视作无上的经典，成为从古至今中医学不可背离的"立医之本"，历代医家在医学理论上的建树也多源于《黄帝内经》。中国古代著名大医家张仲景、华佗、孙思邈、李时珍等均深受《黄帝内经》的熏陶和影响，都曾刻苦研读，深得其精要。

《黄帝内经》是一部集医理、医论、医方于一体的综合性著作，内容极为丰富。它以黄帝和上古几位著名医学家如岐伯等人相互问答医学知识的形式，阐述了重要的医学理论。《黄帝内经》由两部古典著作组成，即《素问》和《灵枢》，现传本各9卷，共162篇。《黄帝内经》综合了前代医药学成就和理论认识，对人体解剖、生理，病因、病理、症候、诊断、治疗和预防，药物的性味、功用，方剂、组成等一系列基本问题进行了系统的论述，所涉遍及中医理、法、方、药的各个方面，确立了以脏象、经络、气血为核心的医学理论体系。

脏象学说是关于人体脏腑形态功能及其与人体其他组织器官相互关系的中医生理学说。《黄帝内经·素问》根据人体内脏的形态结构及功能特点将它们区分为三类：五脏——肝、心、脾、肺、肾；六腑——胆、胃、小肠、大肠、膀胱、三焦；奇恒之腑——脑、髓、骨、脉、胆、女子胞。这个分类概念明晰，为后世所遵从。《黄帝内经》还提出了脏腑相关的理论，认为五脏六腑虽各有功能，但总体上是相互关联的，五脏与六腑之间表里阴阳相合，五脏之间有相生相克的关系。

《黄帝内经》确立了气血精津液学说的基本理论。气血精津液学说是关于人体生命物质的产生、分布、形态、运行及机能等的中医生理学说。气血精津液是脏腑经络及组织器官生理活动的产物，也是脏腑经络及组织器官生理活动物质基础。《黄帝内经》把人体内的一切精微物质统称为"气"，气的流行不已，才能对身体各组织器官发挥滋润、濡养作用。

《黄帝内经》对经络学说的基本理论进行了比较系统全面的论述。经络学说是关于人体经络的循行分布规律及功能的中医生理学说。经和络分别指经脉和络脉。中国古代经络学说在《黄帝内经》时代已基本完善。

《黄帝内经》还对疾病发生、病理变化及其转变过程的病机学说进行了集中论述，认为体虚与外邪共同作用是致病原因。邪气单方面并不一定致病，疾病的发生与人的体质有关，不同体质类型的人，所易患疾病是不一样的。地理环境、人们的生活习性与体质和其易生之病之间具有一定的关系。人与天地相应，不仅人之生理机能随天时而变化，疾病的发生和变化也受其影响。

《黄帝内经》详明地论述了人体脏腑、经络、气血的各种病变形式及外在症候表现，还深入分析了关于各种疾病的具体病机，描述了痹、厥、疟、风、伤寒、温病、两感、肾风、风水、酒风、消瘅、鼓胀、肠覃、石瘕、血枯、伏梁、息积、痈疽、瘰疬、阴阳交等数十种内外科疾病和病证。这些都标志着中医对疾病的认识逐渐理论化和系统化。

中医学历来认为，不通《易》，不可为大医；不知阴阳，难求治病之本。《易》和阴阳五行学说是中医的哲学基础，是中医的"道"。中医以"道"为本，其"术"与"技"概源于"道"；同时，"候之所始，道之所生"，从实践中又反过来悟"道"。

《周易》对《黄帝内经》影响巨大，自古即有"医易同源""医源于易"之说。《周易》的许多哲理、易理都渗入《黄帝内经》。《易》具《黄帝内经》之理，《黄帝内经》得《易》之用。

阴阳五行的概念很早就应用于医学中。《黄帝内经》将阴阳五行相结合，用来解释和阐述医学理论问题，形成了《黄帝内经》所特有的"阴阳五行学说"。阴阳学说主要说明事物对立双方互相依存、互相消长和互相转化的关系。《黄帝内经》中系统地发挥了阴阳学说，认为阴阳是天地万物的总规律，是天地万物产生、发展、壮大、衰亡的内在动力。《黄帝内经》将阴阳学说运用于医学领域，认为人体阴阳二气与天地阴阳二气呈同步的消长变化，人身脉象的变化与四时阴阳消长相应，脉象是人体气血、阴阳状况的表现。脉象应四时阴阳即意味着人体阴阳与天地四时阴阳相应。人体健康与否取决于阴阳是否调和。在正常情况下，人体阴阳两个方面应该是相对平衡的，一旦由于阴阳的偏盛偏衰而使这种平衡状态遭到破坏，人体就会发病，表现出各种症状来,所谓"阴胜则阳病,阳胜则阴病。阳胜则热,阴胜则寒""阳虚则外寒,阴虚则内热;阳盛则外热,阴盛则内寒""阴平阳秘,精神乃治;阴阳离决,精气乃绝"。治疗的总原则是"调整阴阳,以平为期"。治病用药就是借助药物的阴阳偏性,补其不足,泻其有余,以改善或调节人体阴阳失调的现象,从而恢复"阴平阳秘"的正常状态。

《黄帝内经》将人体脏腑组织器官和情志、病症等正常和异常的生命表现以及与人体有关的各种事物按五行进行了归类,运用五行学说来推求人体脏腑之间、脏腑与生命现象之间以及脏腑与体外事物之间的同类相区,五行相克和相生的关系,由此形成相应的生理、病因病理诊断和养生治疗理论。

《黄帝内经》把人体各部看成互相联系、内外统一的有机整体,强调从彼此相属、互有联系的整体观出发去观察人体各部生理、病理的种种表现和变化。《黄帝内经》以"藏象"统括人体之生理与病理,说明内脏与体表是相互沟通、表里相关的有机整体。《黄帝内经》认为情志活动乃人之正常生理功能,但若太过,可能造成内脏功能紊乱,气血运行失常,从而导致疾病,如怒伤肝、喜伤心、悲伤肺、思伤脾、恐伤肾。因而要十分注重调节情志,有助于消除病理变化,恢复生理功能。《黄帝内经》强调对人体必须有与自然界相统一的认识,"天覆地盖,万物悉备,莫贵于人。人以天地之气生,四时之法成"。当四时气候发生变化时,人体必然会产生与之相应的反应。四时气候的正常与否,直接影响着人体健康和疾病的流行,所谓"因岁之而少贼风者,民少病而少死;岁多贼风邪气,寒温不和,则民多病而死矣"。

## 三 千般疢难,不越三条

中医学认为,人有五脏六腑、气、血、精、津液,人体通过经络运行全身气血,联络脏腑肢节,沟通上下内外,保证自身以及与外界环境之间的动态平衡，从而保持生命的正常活动。当这种动态平衡因某种原因遭到破坏，又不能自行调节得以恢复时，人体就会发生疾病，严重时将导致死亡。

破坏人体相对平衡状态从而引起疾病的原因，就是病因。中国古代医家曾对病因做过深入的探讨和归类。《黄帝内经》首次将病因分为阴阳两类，指出："夫邪之生也，或出于阴，或生于阳。其生于阳者，得之风雨寒暑。其生于阴者，得之饮食居处，阴阳喜怒。"汉代张仲景在《金匮要略》中指出，疾病发生有三个途径。他说："千般疢难，不越三条。一者，经络受邪入脏腑，为内所因也；二者，四肢九窍，血脉相传，壅塞不通，为外皮肤所中也；三者，房室、金刃、虫兽所伤。以此详之，病由多尽。"

在中医看来，没有无原因的疾病，任何证候都是在某种原因的影响和作用下，患病机体所产生的一种病态反映。通过分析疾病的症状、体征来推求病因，为治疗用药提供依据的方法，就是所谓的"辨证求因"。古代中医病因学将致病因素分为三种：外因（如六淫、疠气等）、内因（如七情）和不内外因（包括饮食不节、劳逸损伤、外伤、寄生虫等）。

"六淫"即风、寒、暑、湿、燥、火六种外感病邪的统称，在正常情况下，称为"六气"，是自然界六种不同的气候变化，是万物生长的条件，对人体是无害的。当气候变化异常，"六气"发生太过或不及，或非其时而有其气（如春天应温反寒，秋天应凉反热等）以及气候变化过于急骤（如暴热、暴冷），人体正气不足、抵抗力下降，"六气"便成为致病因素，并侵犯人体发生疾病。这种情况下的"六气"便称为"六淫"。淫有"太过"和"浸淫"的含义，由于"六淫"是不正之气，所以又称其为"六邪"，属于外感病的一类致病因素。

"七情"即喜、怒、忧、思、悲、恐、惊七种情志变化，是机体的精神状态。"七情"是人体对客观事物的不同反映，在正常情况下，一般不会使人致病；只有突然、强烈或长期持久的情志刺激，超过了人体本身的正常生理活动范围，使人体气机紊乱，脏腑阴阳、气血失调，才会导致疾病的发生。由于它是造成内伤病的主要致病因素之一，故又称"内伤七情"。

所谓"不内外因"，有的是外因，如外伤等，有的则是内因为主，但常结合外因而致病，如饮食不节、劳逸损伤等。没有一种致病因素既不属于内因，又不属于外因，充其量是某一致病因素可能由内因与外因的协同作用形成，因而严格说来，中医所认识的病因是内因与外因两大类。中医的病因学说，自春秋至南北朝，基本上已形成了"千般疢难，不越三条"的概念，奠定了"三因学说"基础。

## 四　脉学与诊断术

脉是中国传统医学最关键的概念。诊脉是中医学的独特诊断方法，脉象在诊断中占有非常重要的参考意义。这是中医学术的一个明显特点。所谓脉象，

河南南阳张仲景医圣祠

就是医生用手指感觉出来的脉搏的形象与动态，包括动脉搏动显现部位的深浅、速率的快慢、强度的大小、节律的均匀与否等。正常的脉象是不浮不沉、不快不慢、中和有力、节律均匀的，称作平脉。有病时的脉象叫作病脉。不同的病症常出现不同的脉象。

至少在周代已经有脉诊的应用。《周礼》有"参之以九脏之动"的记载，意思就是观察全身有关部位动脉的搏动。传说中的上古医家僦贷季、鬼臾区等已经讨论了脉诊。到春秋战国时期，脉诊已经达到相当水平。《史记》载："至今天下言脉者，由扁鹊也。"认为脉诊始于扁鹊。1973年马王堆出土的《阴阳脉死候》约为秦以前的诊断学著作。同时出土的《足臂十一脉灸经》记载，诊"脉如三人参舂"，以三人舂米时的节律和声音来形容心律不齐的脉象，这是我国最早关于心律失常的文献记载。汉代名医淳于意曾跟老师公乘阳庆学习脉法达三年之久，并接受了公乘阳庆传给他的《扁鹊脉书》。从淳于意看病的诊籍中可以看出，他当时看病必先诊脉。在张仲景的《伤寒杂病论》中可以看出脉诊已经广泛用于临床，并且有进一步的发展和提高。

《黄帝内经》对脉诊的理论和方法做了大量论述，如强调诊脉要在清晨、心神宁静时进行，提出以呼吸测定脉搏次数，并介绍了三部九候"遍诊法"、人迎气口、气口等诊法和30多种脉象及其所反映的疾病，而且强调四诊合参，综合判断，反对"卒持寸口"。

在《八十一难经》中，关于脉学的论述占有很大比重。其中的第一至二十二难主要论述脉学，介绍脉诊的基本知识、脉学的基础理论以及正常与反常脉象；提出了"独取寸口"的诊脉法，把古代比较繁难的三部九候等各种诊脉法统一为"独取寸口"[1]，简便易行，这一诊法确立后，一直沿用至今；

---

[1] 寸口是西医说的桡骨动脉，桡骨近大拇指，脉管显露，是切脉最便利之处。中医认为寸口为手太阴肺经之脉，为气血汇聚之处，而五脏六腑十二经脉气血的运行皆起于肺并止于肺，所以脏腑气血之病变可反映于寸口。

确立了以手腕寸、关、尺为三部，再分别每部之浮、中、沉为九候的三部九候脉诊法。《八十一难经》在论述正常脉及各类疾病所反映出的病脉在疾病诊断上的意义、各类脉象之鉴别等方面，均发挥了《黄帝内经》的理论，使学者更易于理解。第二十三至二十九难论述了经脉的流注始终、经络的长度、营卫度数、奇经八脉、十五络脉及其有关病证，对《灵枢·经脉篇》做了深入阐述，主言经脉气绝之证候。《八十一难经》集中发挥了《黄帝内经》奇经八脉的含义、内容、循行部位、起止处以及与十二经脉的关系、发病征候等。

西晋太医令王叔和所撰《脉经》10卷，全面系统地总结了当时的脉学知识，并有许多新的发明，是中医脉学诊断学的奠基之作。它的突出成就在于确立了脉象指下标准，第一次系统论述各种脉象，总结归纳脉象为浮、芤、洪、滑、数、促、弦、紧、沉、伏、革、实、微、涩、细、软、弱、虚、散、缓、迟、结、代、动24种，并准确描述了各种脉象的不同指下感觉。如谓"浮脉：举之有余，按之不足""沉脉：举之不足，按之有余""促脉：来去数，时一止，复来""结脉：往来缓，时一止，复来"。这几种脉象中，浮与沉相对，举按之有余、不足迥然相反；促与结相对，脉虽同具"时一止"之象，但是有脉率数与缓的明显区别。这样把脉象特征描述出来，奠定了诊脉指下标准的基础。此后历代中医著述对脉象的描述，均未离开《脉经》的基本概念。此外，《脉经》将古代医学文献散载的30余种脉名整理归纳为24种脉象名称，奠定了脉名种类的基础，成为历代论脉书籍中脉名及其分类的基本准则。

## 五  针灸与经络

针灸疗法是中医创造的一种独特的医疗方法。针灸疗法的特点是在病人身体的一定部位用针刺入，或用火的温热刺激局部，以达到治病的目的。前一种称作针法，后一种称作灸法，统称针灸疗法。早在史前时期，先民就发明了用砭石治病的方法。到扁鹊那个时代，针灸的应用已经比较普遍。秦汉以后，针灸疗法一直在临床治疗学中居于重要地位。几千年来，针灸疗法始终是中医的一项重要医疗手段。

针灸疗法所以能卓有成效地治疗多种疾病，除了针法的器械性刺激和灸法的温热性刺激本身的性质和强度等因素可以直接调整人体机能、增强防病能力外，还同针灸刺激的部位和所引起的机体传导作用有关。这就是中医学特有的经络学说，也是我国古代医学的一项重要成就。

"经络"一词首见于《黄帝内经》。《黄帝内经·灵枢》说："阴之与阳也，异名同类，上下相会，经络之相贯，如环无端。"又说："经脉者，所以能决死生，处百病，调虚实，不可不通。"经络是经脉和络脉的总称。经，有"路径"之意。经脉贯通上下，沟通内外，是经络系统的主干。络，有"网络"之意。络脉是经脉别出的分支，较经脉细小，纵横交错，遍布全身。经脉包括十二经脉、奇经八脉、十二经别；络脉包括十五别络、孙络、浮络，另又有十二经筋和十二皮部。它们纵横交错，构成了一个遍布全身的网络系统，把人体的脏腑、器官、孔窍以及皮肉筋骨等组织联结成为一个统一的有机整体，并借此行气血、营阴阳，使人体各部的功能活动得以保持协调和相对平衡。

经络学说对于阐释生理功能和病理变化、指导疾病的诊断和治疗，都有重要的意义，同时又是针灸学的理论基础。针灸疗法和按摩疗法主要是对某一经（脏腑）病变的邻近部位或经络循行的远隔部位上取穴，以调整经络、气血的功能活动，从而达到治疗的目的。而穴位的选取，首先必须按经络学说来进行辨证，断定疾病属于何经，再根据经络的循行分布路线和联系范围来选定，这就是"循经取穴"。

在经络学说的基础上，又进一步发展了俞穴。俞穴又称"孔穴"或"穴位"，每个俞穴都在身体表面，有一定的部位。由于《黄帝内经》等书所记的俞穴都位于经脉循行的径路上，所以也称作"经穴"。以《针灸甲乙经》为例，

## 人间烟火 ——百姓生活里的传统文化

孙思邈坐虎针龙图

共记有经穴总数 654 个。

马王堆出土的《阴阳十一脉灸经》记载了灸治各条经脉在临床上的治疗作用。《黄帝内经》讲述了完整的经络理论，多方面记述了针灸的适应证，对俞穴、针法、刺禁等都有详细说明，还记载了9种不同的针具，称为九针，并分别记述了九针的用法和功能。《八十一难经》进一步发展了《黄帝内经》的经络学说，其中第六十九至八十一难主要论针法，如迎随补泻法、刺井泻荥法、补母泻子法、泻火补水法等，以及这些方法的应用、宜忌、注意事项，指出针刺疗法要因时制宜，要着眼于治未病。

西汉末至东汉延平年间，出现一部针灸史上名著《黄帝明堂经》，即《明堂孔穴针灸治要》。这是中国第一部针灸学的俞穴学专著。隋唐之间，曾先后两次由政府下令加以修订，规定为针灸医生的必修课本，对后世针灸学的发展产生了深远的影响。

西汉刘胜墓出土的 9 枚医用金针和银针，标志着针灸用具的显著进步。以铁针代替石针是针灸技术的一大进步。铁针比石针坚韧，针体也比石针细得多，其治疗的可靠性与使用的安全性都大大提高。

到南北朝时期，皇甫谧总结了春秋战国以来针灸学的经验与成就，撰成《针灸甲乙经》12 卷 128 篇。此书集针灸学之大成，为中国现存最早的全面系统的针灸学专著。这部著作的出现，标志着针灸学科的确立，为针灸学的发展奠定了坚实的基础。《针灸甲乙经》卷一至卷六先首依次叙述人体的生理功能，包括五脏六腑、营卫气血、精神魂魄、精气津液及肢体五官与脏腑功能的关系等；其次是人体经脉、经筋等经络系统的循环路线、骨度肠度及肠胃所受；再次是人体俞穴，依身体部位分部叙述其位置、主治，书中叙述俞穴 348 个（其中单穴 49 个，双穴 299 个），这些穴位是按头、面、项、胸、腹、臂、股等部位排列的，很便于寻检，每一穴均有针刺的深度、灸灼的壮数；然后是叙述诊法，重点介绍脉诊的内容，尤其是三部九候；其后介绍针道、针灸禁忌，包括禁穴；最后介绍了病理及生理方面的一些问题，并以阴阳五行学说为纲进行阐释。《针灸甲乙经》为历代研习针灸学的必读课本，以后历代重要针灸学著作基本上都是在本书基础上的发挥。

宋代太医王惟一制造了两具设计巧妙、做工精细的铜人。铜人的大小和人体相似，里面安置着可以活动的五脏六腑，表面则布满密密麻麻的小孔，是经王惟一认真审定的准确穴位，每个穴孔还铸有穴位名称。据说在测验针灸课程的时候，先在铜人外面遍身涂蜡，铜人体内盛满水银。如果能准确地刺入孔穴，就可以使水银射出；如果取穴位置错误，针就不能刺入。王惟一还著《铜人腧穴针灸图经》，在书中画出铜人的正面、背面和侧面图，标出经络的起止以及一些重要穴位的名称。针灸铜人在宋朝时就被视为国宝。

我国历代医家还对针灸疗法的工具和技术做了不少改进，创造了多种多样的针刺方法（如火针、温针、梅花针等），发展了灸疗方法（如药饼灸法、灯火疗法等）和艾卷（如所谓雷火针、太乙针等），不断丰富了针灸疗法的内容。

## 六　以草药治病为本

中国的药物学是与中国医学一起发展起来的。与西方医药学相比，中国的药物学有一套独特的理论系统。这些理论知识是根据对疾病的认识、对药物的自然属性和在人体内的治病作用等概括出来的。中药有"四气""五味""升降""浮沉""归经"的属性。"四气"是"寒、热、温、凉"，"五味"是"辛、苦、咸、酸、甘"。寒凉药能治热性病，凡发热的病多用寒凉药；凡是机体虚弱、体温偏低、手足冰凉的病症，多用温热药。"升降""浮沉"指的是药物在体内发挥作用的趋向，升浮指向上向外的趋向，反过来就是沉降。如麻黄可发汗，升麻有消除下坠感觉的作用，因而属升浮药。一般来说，凡是植物的花、叶部分多具升浮作用，如辛夷、苏叶等；凡是籽实和矿石类物质多是沉降药（当然有例外），如代赭石、枳实等。"归经"是指药物对哪一种脏器、经络具有亲和力的意思，在临床应用中，常要根据哪一脏器、经络患病，选用相应的药物。中药的复方配伍以及采用药物的不同部位和剂型也是独具一格的。一般来说，中医大多采用复方的形式治病，一张方子，少则三五味，多的可达几十味。这些药物之间互相配合，互相钳制，常常由于配伍的不同，甚至剂量的变化，而达到不同的治疗作用。

由于古代的药物主要来自自然界的植物，因而人们把药物学著作称作"本草"。本草含有"以草药治病为本"的意思。大约到汉代，我国出现了一本专讲药物的书《神农本草经》，这是我国现存最早的药物学专著。《神农本草经》很可能是由历代医药学家逐渐增补陆续写成的，系统地总结了先前时代关于药物的知识，是我国本草史上的第一座里程碑。

《神农本草经》首创药物的上、中、下三品分类法，书中记载药物365

种，对每一味药的产地、性质、采集和主治的病症都有详细的记载。其中上品120种，按照书中的说法，所谓"上品"是无毒，多服久服不伤人，可以轻身益气、益寿延年的补养药品；中品120种，有的有毒，有的无毒，多是能补虚弱又兼有攻治疾病作用的药物；下品125种，是具有毒性而专用于除寒热邪气攻治疾病的药物。各种药怎样互相配合应用以及简单的制剂，书中也都做了概述。如人参"主补五藏，安精神，定魂魄，止惊悸，除邪气，明目，开心，益智"；菊华（花）"主风头眩，肿痛，目欲脱，泪出，皮肤死肌，恶风湿痹，久服利血气"；黄芩"主诸热黄疸……逐水，下血闭，恶疮恒蚀，火疡"；黄连"主热气、目痛……明目，肠澼，腹痛，下痢，妇人阴中肿痛"；当归"……温疟，寒热，洗在皮肤中。妇人漏下绝子，诸恶疮疡金疮"；海藻"主瘿瘤气，颈下核，破散结气……"等。

自《神农本草经》问世以后，医家用药有所遵循，因而在药物学方面有长足的进步。魏晋南北朝时期，有不少医家都对该书进行研究注释，加以发挥，并不断增入药物新品种，使本草学的内容更加丰富。

494—500年间，陶弘景编撰《本草经集注》，记载药物730种。《本草经集注》首创按药物性质分类的药物分类法，将《神农本草经》上中下三品分类发展到七品，按照药物的天然来源分成玉石、草木、虫鱼、禽兽、果菜、米食、有名未用七类，除有名未用一类外，其余每类再分为上、中、下三品。陶弘景归入的第七类药物"有名未用"类，是一些当时未经实际验证的药物，目的是有利于澄清人们在药性认识上的混乱。

除了采集野生的药用植物、矿物外，先人可能很早就开始种植药材。至少在魏晋南北朝这个时期，种植药材已经很普遍，并且品种很多。

唐代是我国药学大发展的一个时期。这一时期药物学的重大成就是《新修本草》的编撰和颁布。《新修本草》完成了全部编撰任务，全书54卷，包括本草学、药图、图经三部分。其中，本草学记述药物的性味特点、产地、采制要点、治疗功效等，药图是根据药物实形态描绘的图样，图经是对药图的文字说明，诚为图文并茂。正文实际载药850种，分玉石、草木、禽兽、虫、鱼、果、菜、米谷、有名未用9类。该书修成之后，由朝廷颁行全国，以为药用之根据，并被列为医学生必修课之一。这种由国家颁定的药物学专书，现在称作药典。世界各国政府都有自己的药典，《新修本草》就是我国古代的第一部药典。

唐代以后，又有多次《本草》的编撰。宋代唐慎微《证类本草》堪称一本集历代本草学之大成之作，不仅对宋代以前药学内容是一次系统整理和充实，还对保存历代本草文献做出了特殊的贡献。《证类本草》在《本草纲目》问世之前流行500余年，一直是本草学研究的范本，是完整流传至今的最早本草专著，在本草研究的历史上具有重要地位。

到明代，出现了影响深远的李时珍的药物学著作《本草纲目》，在药物学的研究深度和广度上都取得了巨大的进步。李时珍在广泛阅读文献资料的基础上深入实地，亲自采集标本进行研究考察，向药农、野老、樵夫、猎人、渔民求教。《本草纲目》是一部本草学、博物学巨著，全书近200万字，共52卷，载药1892种，其中植物药1094种，矿物、动物及其他药798种，有374种为李时珍新增；附图1109幅，方剂11096种，其中有8000多种方剂为李时珍收集或拟定。《本草纲目》继承我国本草研究的传统，把本草学推向一个新的高峰。

## 七 配伍与方剂

早在《黄帝内经》中就已有简单的复方。张仲景的《伤寒杂病论》中也记有许多复方，以治疗不同的病症。如桂皮和麻黄合用，用来发汗治外感病；麻黄和杏仁、石膏等合用，却又是用来治喘咳壮热的；如麻黄配合白术、生姜，又变成消肿的方剂。再以当归为例，如果用完整的全当归，可以补血；如果用的是当归尾，却起行血活血的作用。为了适应不同的治疗需要，人们又发明了多式多样的治疗剂型。目前我们常用的汤剂、丸剂、散剂等在2000多年前早就有了。有不少固定的方剂已制成固定的剂型，沿用千百年。如《伤寒杂病论》中的"白虎汤"、唐代的"四物汤"、宋代的"至宝丹"等中成药，至今仍然在临床发挥着有效的医疗作用。

春秋战国时期就已出现了方剂学的萌芽，人们逐渐由使用单方过渡到使用复方，并且不断探索组方的原则和理论。《黄帝内经》奠定了方剂的基本理论，说："主病之谓君，左君之谓臣，应臣之谓使，非上下三品之谓也。"又说："君一臣二，制之小也；君一臣三佐五，制之中也；君一臣三佐九，制之大也。"这一方剂理论和组方配伍原则对后世有很大的影响。

张仲景的《伤寒杂病论》对秦汉以来医家遗方及同时各家的方剂进行了广泛择取，确立了因证立方、见证用方的论治原则。书中记载了397法113方，提出了完整的组方原则，同时在严格的组方原则下，又有"随证治之"的灵活性。书中还介绍了伤寒用汗、吐、下等治法，并将八法具体运用到方剂之中，介绍了代表方剂桂枝汤、麻黄汤、白虎汤、承气汤、柴胡汤、四逆汤、真武汤、乌梅丸等方药的组成、用法及主治、适应证。书中记载了汤、丸、散、酒、洗、浴、熏、滴耳、灌鼻、软膏、肛门栓剂等许多剂型，不少是首次记载。书中记载的方剂大多疗效可靠，切合临床实际，多年来医家反复应用，屡试有效。由于张仲景博采或个人拟制的方剂精于选药，讲究配伍，主治明确，效验卓著，对中医方剂学有重大贡献，后世誉其为"众方之祖"，尊之为"经方"。

武威汉代医药简牍《治百病方》记述了药物的炮制以及汤、丸、膏、散、醴、滴、栓等不同的剂型，共有医方36种。有的方名标明"公孙君方""建威耿将军方""东海白水侯所奏男子有七疾七伤方"等，概为传方人姓名及官职。在服药时间上，有先饭、宿食旦饮、暮吞等区别。内服药有酒饮、米

孙真人备急千金要方卷之一

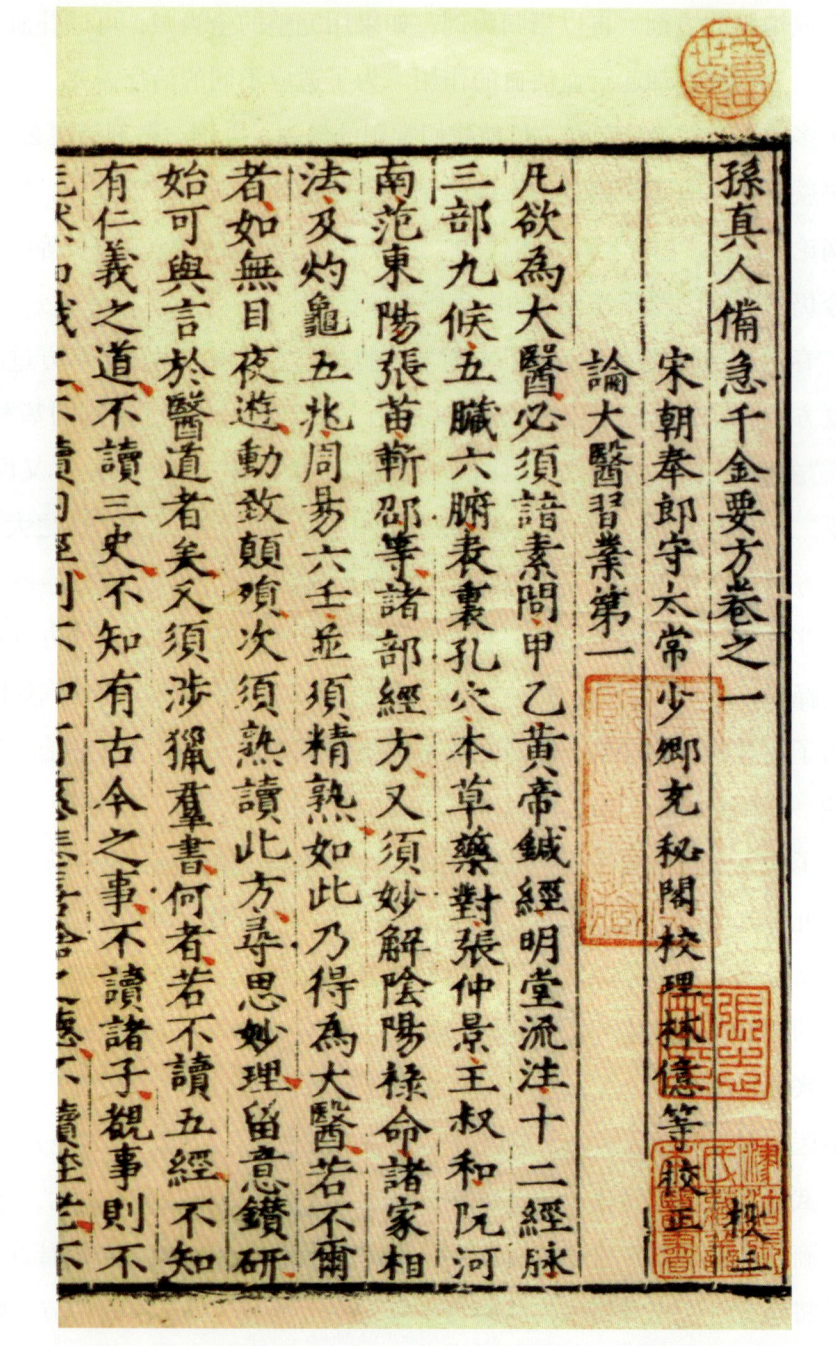

宋朝奉郎守太常少卿充秘阁校理林亿等校正

论大医习业第一

凡欲为大医必须谙素问甲乙黄帝针经明堂流注十二经脉三部九候五脏六腑表里孔穴本草药对张仲景王叔和阮河南范东阳张苗靳邵等诸部经方又须妙解阴阳禄命诸家相法及灼龟五兆周易六壬并须精熟如此乃得为大医若不尔者如无目夜游动致颠殒次须熟读此方寻思妙理留意钻研始可与言于医道者矣又须涉猎群书何者若不读五经不知有仁义之道不读三史不知有古今之事不读诸子观事则不

唐孙思邈撰《孙真人备急千金要方》，明嘉靖刻本汁饮、酢浆饮、豉汁饮、含咽汁、醇酒和饮等。外用药有敷目、塞耳、指摩、涂、灌鼻、塞鼻等。《治百病方》体现了辨证论治的思想，尤其是同病异治的情况较多，组方配药比较严谨，治疗上药物与针灸并重。

根据《隋书·经籍志》所收录，魏晋南北朝时期医学家医药方书约有百种，其中有陈延之撰《小品方》12卷，范东阳撰《范汪方》176卷，姚僧垣撰《集验方》10卷，徐叔响撰《杂疗方》22卷等，在当代及后世有着明显影响。这些医方著作一般多真实记录了著作者本人的宝贵经验。

在这一时期，徐之才总结和发挥中医学之"七方十剂"理论和经验，对后世有着巨大的影响。由于他阐发了经典，总结了新经验，故有承前启后的作用。譬如：宣剂，宣可去壅，生姜、橘皮之属；通剂，通可去滞，木通、防己之属；补剂，补可去弱，人参、羊肉之属等。他结合陶弘景"诸病通用药"，从而使中医学在临床处方之药物调遣和配伍原则的掌握上，有了一个更为科学的规律可循。

隋唐时期，无论临床实践还是方剂理论的总结方面都有了新的进步。这一时期，经方的收集和编撰方面成就显著。孙思邈在继承前人经验的基础上，化裁和创新了许多经方，其《千金要方》和《千金翼方》中就记载了许多新方。如温脾汤、千金犀角汤、小续命汤、独活寄生汤、温胆汤、苇茎汤等，这些方剂一直被广泛长期应用。

宋代编纂有《太平圣惠方》100卷、《圣济总录》200卷和成药制剂手册《太平惠民和剂局方》。其中《太平惠民和剂局方》是我国最早的一部制剂专著，也是世界上最早的制药法典。《普济方》是明代最大的方书，也是我国现存最大的一部方书，是15世纪以前方书之大成。

## 八　药食同源

中华民族的饮食养生历史悠久，并逐渐成为中医学的组成部分。在中医药学的传统之中，一直有"药食同源"的说法，认为食即药，或者说相当于药，因为它们同源、同用、同效。食物的性能与药物的性能一致，包括"气""味""升降浮沉""归经""补泻"等内容，并在阴阳、五行、脏腑、经络、病因、病机、治则、治法等中医基础理论指导下应用。传统中医食与药并没有明确界限，因此药疗中有食，食疗中有药。在这个思想基础上出现的药膳，"寓医于食"，既将药物作为食物，又将食物赋以药用，药借食力，食助药威；既具有营养价值，又可防病治病、保健强身、延年益寿。药膳既不同于一般的中药方剂，又有别于普通的饮食，是一种兼有药物功效和食品美味的特殊膳食。它可以使食用者得到美食享受，又在享受中使身体得到滋补，疾病得到治疗。

在我国民间传说中，彭祖不仅是长寿的典范，而且也是食物养生的开创者。据说他首创"雉羹"治好尧帝厌食症而流传于世，被尊称为中国第一位厨师、"厨行的祖师爷"。关于食物养生的历史，也要追溯到彭祖时代。据《列仙传》云："彭祖善和滋味，好恬静，惟以养神治生为事，并服广角、水晶、云母粉，常有少容。"说明彭祖很懂得饮食保健。唐代诗人皇甫冉曾为彭祖题诗云："闻道延年如玉液，欲将调鼎献明光。"

彭祖的"雉羹"是我国古代文献中关于烹饪最早的文字记载。"雉羹"是将野鸡煮烂，与稷米同熬而成的一种汤羹类，具有鲜香醇厚、易消化等特点。因源于上古，故又有"天下第一羹"之美称。

食疗的雏形可以说起源于人类的原始时代。现代考古学家已发现不少原始时代的药性食物。夏商时代以后，烹饪技术逐渐形成，出现了羹和汤液，发明了汤药和酒，并进而制造了药用酒。西周时代已经有了比较丰富的药膳知识，并出现了从事药膳制作和应用的专职人员。《周礼》中记载了"食医"，食医主要掌理调配周天子的"六食""六饮""六膳""百馐""百酱"的滋味、温凉和分量。食医所从事的工作与现代营养医生的工作类似，同时书中还涉及了其他一些有关食疗的内容。《周礼·天官》中还记载了疾医主张用"五味、五谷、五药养其病"，疡医则主张"以酸养骨，以辛养筋，以咸养脉，以苦养气，以甘养肉，以滑养窍"等。这些主张都是比较成熟的食疗原则。

《黄帝内经》提出了一套系统的食补食疗理论，阐明了五味与保健的关系，奠定了中医营养医疗学的基础。《黄帝内经》将五味学说应用于食物，把谷物、瓜果、畜肉、菜蔬都分为五类，分别归属于辣、酸、甘、苦、咸"五味"，而五味又各有其作用，或散，或收，或缓，或坚，或软；认为人的形体生长是源于五味精微的滋养，五味精微的摄取生化又依赖于五脏的生化机能，但饮食过饱、五味偏嗜，又可伤及五脏。《黄帝内经》中共有13种方剂，其中有8种属于药食并用的方剂。

《神农本草经》收有许多药用食物，如大枣、人参、枸杞、五味子、地黄、薏苡仁、茯苓、沙参、生姜、葱白、当归、贝母、杏仁、乌梅、鹿茸、核桃、莲子、蜂蜜、龙眼、百合、附子等常作为配制药膳的原料。张仲景的《伤寒论》《金匮要略》在治疗上除了用药还采用了大量的饮食调养方法来配合，如白虎汤、桃花汤、竹叶石膏汤、瓜蒂散、十枣汤、百合鸡子黄汤、当归生姜羊肉汤、甘麦大枣汤等。在食疗方面，张仲景突出了饮食的调养及预防作用，开创了药物与食物相结合治疗重症、急症的先例，而且记载了食疗的禁忌及应注意的饮食卫生。

唐代孙思邈在《孙真人备急千金要方》中设有"食治"专篇，至此食疗已开始成为专门学科，其中共收载药用食物164种，分为果实、菜蔬、谷米、鸟兽四大门类。

唐代张鼎编纂《食疗本草》，是我国第一部集食物、中药为一体的食疗学专著，书中详细记载了食物的性味、保健功效，过食、偏食后的副作用以及独特的加工、烹调方法。宋代官方修订的《太平圣惠方》专设"食治门"，记载药膳方剂160种，可以治疗28种病症，且药膳以粥、羹、饼、茶等剂形出现。

　　元代忽思慧撰写的《饮膳正要》是我国现存的第一部营养学专著。忽思慧对各种营养性食物和滋补药品以及饮食卫生、食物中毒等均有深入的研究。他结合自己的实践，参阅诸家本草、名医方术、民间饮食，编撰了《饮膳正要》3卷，卷一讲各种食，卷二讲原料、饮料和"食疗"，卷三讲粮食、蔬菜和肉类、水果等。忽思慧强调营养学的医疗作用，强调饮食在保健延寿中的价值，认为"饮食为养生之首务""药补不如食补"，人的"保养之道"重在"摄生"和"养性"。他以正常人的膳食为标准，制定了具有营养学价值的食谱，收录了近250种汤饮、面点、菜肴方面的食疗单方。如用羊肉、草果、官桂、回回豆子制作的具有补气、温中、顺气作用的马思答吉汤，用鹿腰子、豆豉等制作的治肾虚耳聋的鹿肾羹等，并列出饮膳的制作方法和滋补药的形态、性味、功效以及饮食禁忌等。

## 九　不治已病治未病

　　"预防"一词最早见于《周易·下经》："君子以思患而预防之。"春秋时期，在思想学术领域普遍形成了防患于未然的思想，如《管子》说："惟有道者，能避患于未形，故祸不萌。"这种避祸防患的观念影响到医学界，被引申、发展成为预防疾病的思想。《淮南子》说："良医者，常治无病之病，故无病。"《黄帝内经》则强调：是故圣人不治已病治未病，不治已乱治未乱，此之谓也。夫病已成而后药之，乱已成而后治之，譬犹渴而穿井，斗而铸锥，不亦晚乎？

　　《史记》论述扁鹊诊视齐桓侯未病之病后，感叹地说："使圣人预知微，能使良医得蚤从事，则疾可已，身可活也。"所以，中医学很早就重视预防疾病和早期治疗。

未病先防，是指在人体未发生疾病之前，充分调动人的主观能动性增强体质，颐养正气，提高机体抗病能力，同时能动地适应客观环境，采取各种有效措施，做好预防工作，避免致病因素的侵害，防止疾病的发生。古书《丹溪心法》曾称："是故已病而后治，所以为医家之法；未病而先治，所以明摄生之理。"

未病先防，首先是采用传统的养生方法，如针刺、气功、药物法等；其次是采取综合的预防措施，如环境卫生管理、除灭疾病等。使用香药是中国古代预防疾病的主要措施之一。佩带或焚烧香药以预防传染病古已有之，以后在民间形成了挂香袋儿的习俗。

香袋儿又称香囊，为民间端午节日佩挂的小巧饰物。南宋周密《武林旧事》"端午"就有宫廷分赐五色香囊的记载。端午前，妇女多以色彩鲜艳的丝织物缝制成圆形、菱形、三角形、鸡心形，甚至生肖动物形、小孩形等，内装香料或雄黄，分赠男女儿童佩戴，用以辟邪。除家人自制外，市场上亦有人专门赶制香袋儿，供端午节日销售。除香袋儿外，民间还有挂"五毒索儿""五毒扇"的。钟毓龙《说杭州》记载："以红绿线制成图形，盘虎、蛇、蝎、蜘蛛、蜈蚣等于上，系于小儿之臂，名五毒索儿，即古之长命缕也。""又用小扇，画蛇、虎等五物，名曰五毒扇，皆取以毒制毒之义。"

中国传统的节令习俗大多与防病卫生有关。据《史记》《神异经》和《荆楚岁时记》记载，春节爆竹、燃草具有辟除病魔的含义。全家饮椒柏酒，是为了预防百病，增进健康，并给节日增添欢乐气氛。有的喝桃汤，也是为了防病，后被屠苏酒所代替。九月九日为重阳节，据《西京杂记》所载，汉初，宫中有"佩茱萸、食蓬饵、饮菊花酒"的习俗，据说是为了长寿。重阳所用的菊花、茱萸和酒，都有严格的制作要求。

人类在早期生活中，已经开始注意到环境卫生对于身体健康的影响，并有了初步的卫生意识和措施。到春秋战国时期，个人饮食、饮水、环境卫生等方面均有很大提高。个人卫生主要表现在盥漱、沐浴等方面。沐浴不仅是一种清洁皮肤、促进血液循环的卫生方法，而且还是一种简便的治病方法，"头有创则沐，身有疡则浴"。汉代在官吏中已经形成每五日洗沐一次的制度。

春秋战国时，人们已经注意到饮食应定时、定量、清洁，认为饮食必须按四时变化加以安排。《论语·乡党》中记载孔子有"十不食"，如"鱼馁而肉败不食，色恶不食，臭恶不食，失饪不食"等。为了确保饮水卫生，饮用井水和保持井水清洁得到严格的重视和管理。如水井，每年春天定期清除井内污泥浊物，有的水井还设井台、井栏、井亭，甚至还有公用取水桶。到汉代，不仅定居者凿井而饮，军队野外驻扎也是"穿井得水乃敢饮"。

春秋战国时，洒扫庭院已是良好的社会习俗。如果不洒扫庭院，就会遭到鄙视。如晋人曾讽刺晋昭侯说："子有廷内，弗洒弗扫。"按时打扫室内卫生，已成为家家户户每天必不可少的事情，所谓"黎明即起，洒扫庭除"。平时小扫除，过节大扫除。以后民间形成了"掸尘"的习俗。

秦汉时期，在建造、铺设下水道、排除污水方面有了较大的改进。秦都咸阳及汉都长安均发现大量圆筒形及五角形下水道。唐代长安是当时世界上最大的都市，其卫生设施也很先进，例如在地下系统设置排除生活污水与雨水用的地下水道和铁闸门，其中铁闸门安置在水道的入口，做过滤渣物之用，在改善城市环境卫生方面与现代基本相似。宋代采用洒水或在地面上铺砖的办法来减少或防止都市街道尘土的污染。

## 十　大医精诚

重视医德是中国医学的优良传统。中国传统医学与中国古代思想文化有着密切的联系，特别是深受儒家思想的影响。儒家强调仁和礼的统一，儒家伦理思想的价值取向、调解功能以及"推己及人""能近取譬""将心比心"等方法、原则，渗透于中医学的伦理道德之中。因此，很多医家在自己的医学论著中，以显要的位置、大量的篇幅或辟专篇阐发医学伦理学问题，探讨医生的行为规范、医患之间的关系准则。

中医学具有深厚的人文传统和人文精神。清代喻昌《医门法律》说："医，仁术也。仁人君子必笃于情。"医乃仁术，医乃仁道，仁者爱人，人道主义的爱心和济世精神是"仁"的内核。"医乃仁术"的命题充分体现了医疗实践的伦理价值，不仅反映了医学技术是"生生之具、活人之术"，而且也表达了中国古代医生的道德信念，即通过行医施药来实现仁爱爱人、济世救人的理想。中国传统医学十分重视医学的伦理价值，"医乃仁术"被普遍信奉为职业伦理原则。如《黄帝内经·灵枢》指出，掌握医术，即可"上以治民，下以治身，使百姓无病，上下和亲，德泽下流……"明代医家李天成说："吾济于人者，若济吾母。"清代名医费伯雄也提出："我欲有疾，望医之相救者如何？我之父母妻子有疾，望医之相救者如何？易地以观，则利心自淡矣。"

中国医史上的许多名医都是医德高尚之人。张仲景本为士人，却能绝意宦途、精研医道，并鄙视那些"竞逐荣势，企踵权豪，孜孜汲汲，惟名利是务"的"居世之士"。他认为，儒家要实现"爱人知人"的理想，就应当明了医理、重视医疗，这样方能"上以疗君亲之疾，下以救贫贱之厄，中以保身长全，以养其生"。他不仅以医术享誉于当时，且对医生的医德与医疗作风有相当严格的要求，批评那些医德不修、医风不正的医生，"不念思求经旨，以演其所知，各承家技，始终顺旧，省病问疾，务在口给，相对斯须，便处汤药，按寸不及尺，握手不及足，人迎趺阳，三部不参，动数发息，不满五十，短期未知决诊，九侯曾无仿佛，明堂阙庭，尽不见察。所谓窥管而已"。

道教医学中也很重视医德。《太平经》曾强调治病用药为"救死命之术，不可易，事不可不详审也"，必须"慎之慎之"。葛洪身体力行，认为"人能救之者，必不为之吝劳辱而惮卑辞也。必获生生之功也"。他精心选用民间验方、秘方和偏方，以求"必可以救人于死者"。在他所处的时代，巫风盛行，他一再批判那些妄说祸祟、专以祭祀问卜为业的巫、祝，讥刺一些不修疗病之术的平庸道士。陶弘景也广泛收集民间良方，并将其分为"累世传良""博闻有验"和"自用得力"三大类，分别陈述其来历、用法和疗效。这既体现了他在医疗活动中的高度责任心，也是他崇高医德的表现。

孙思邈是重视医德的一代典范。他把"医乃仁术"的精神具体化，在《千金要方》中一开始就以一篇《大医习业》，对医生的业务修养提出了严格的要求。指出要想成为一名"大医"，必须熟读《黄帝内经》《针灸甲乙经》等医学经典，通晓本草及张仲景、王叔和等著名大医的经方，另外还要涉猎群书，博览经史，知晓天文、地理、炼丹术等古代文化知识，这样才能精通医理，达到较高的水平。孙思邈以《大医精诚》为题，提倡为医者必须要有医德，并系统论述了医家必须具有的医德规范。所谓"大医精诚"，就是说为医者必须医术精湛，医德高尚。他还说："凡大医治病，必当安神定志，无欲无求，先发大慈恻隐之心，誓愿普救含灵之苦。若有疾厄来求救者，不得问其贵贱贫富，长幼妍蚩，怨亲善友，华夷愚智，普同一等，皆如至亲之想；亦不得瞻前顾后，自虑吉凶，护惜身命。见彼苦恼，若己有之，深心凄怆，勿避艰险、昼夜、寒暑、饥渴、疲劳，一心赴救，无作功夫形迹之心，如此可为苍生大医，反此则是含灵巨贼……其有患疮痍、下痢，臭秽不可瞻视，人所恶见者，但发惭愧凄怜忧恤之意，不得起一念芥蒂之心，是吾之志也。"

孙思邈告诫为医者必须"博及医源，精勤不倦，不得道听途说，而道医道已了"。他强调医家必须"志在救济"，对病人要有高度责任心；对前来求医者要一视同仁，"皆如至亲之想"。临床诊断时，他强调精神专一，周密思考，不得轻率从事。此外，他还提出若干医家必须注意的事项，诸如不得多语调笑，道说是非；不得议论人物，訾毁他人；不得恃己所长，掠人财物；不得见人富贵，处以贵药；等等。孙思邈的医德为道教医学的精华，至今为人所景仰。孙思邈的这篇《大医精诚》是中医史上第一篇医德宣言书，恰如希波克拉底誓言在西医史上的地位。今人讨论医德，多以此篇为范。

  孙思邈之后，还有许多著名医家对医德问题提出很多见解和论述。

# 第十章　火药、烟花与火器

## 一　火药是一种"药"

火药和火器制造技术是中国古代科学技术发展的一项重要成果，是古代中国最伟大的成就之一。中国的火药和火器制造技术发明之后，陆续传播到海外各国，对各国的文明和历史发展，乃至对世界历史的演变和发展都产生了重大影响。即使在现代社会生活中，它仍然发挥着十分重要的作用。现代战争中的常规武器，建筑工程中开山辟路的爆炸物，把各种飞行器乃至人类送上太空的运载火箭，都是以中国古代发明的火药和火器技术原理为基础的。火药和火器制造技术的发明是中华民族的勇敢精神、创造精神和文化智慧的结晶，是中国人对世界文明的伟大贡献之一。

中国古代发明的火药，是一种由硝石、硫黄和含碳物质按一定合理比例配制而成的混合物，它能在没有外界助燃剂参与的情况下迅速地燃烧，结果产生大量气体和化学能。[1]发明火药的前提条件，在于对硝石、硫黄等物质特性的了解和认识，特别是对硝石的了解和认识，是发明火药的关键。没有对硝石特性的认识，就不可能有对火药的发明。

硝石即现代化学上所说的硝酸钾（$KNO_3$），是一种钾盐。早在2000多年前，中国人就从药物学的角度认识和利用硝石。天然硝石是一种矿物质，存在于含有钾、钠、钙、镁的土壤中，当有足够的空气和水分时，由含氮的有机物

---

[1] 潘吉星：《中国火箭技术史稿》，科学出版社1987年版，第11页。

分解而成。人们可以从含有天然硝石的土壤中，用水沥滤、蒸发和结晶等方法提炼质地较纯的硝。

在世界科学发展史上，中国是最早发现硝石提纯技术的。《史记》详细记载了淳于氏用硝石给人治病的情况："菑川王美人怀子而不乳"，淳于氏"复诊其脉，而脉躁。躁者有余病，即饮以消石一齐，出血，血如豆比五六枚。"

1972年，考古工作者在甘肃武威旱滩坡发现了一批东汉早期的医学简牍，共92片，所载各种方剂30多个，所列药物名称约100味，有植物类、动物类和矿石类等，矿石类药物共16种，其中就有硝石。大约成书于西汉末东汉初的《神农本草经》记载了硝石和朴硝："硝石，味苦寒，大寒无毒主五脏积热，胃胀闭，涤去蓄结饮食，推陈致新，除邪气。炼之如膏，久服轻身。""朴硝，味苦寒，主百病，除寒热邪气，逐六腑积聚，结固留癖。能化七十二种石。炼饵服之，轻身神仙。"

中国人对硫黄特性的认识也是从药物学的角度开始的。在《神农本草经》中，硫黄被列为"中品药"，位于雄黄和雌黄之后，为中品药的第三位，称为"能化金银铜铁"的奇物。

火药首先是被作为药物来对待的，硝石和硫黄都可当作药物，并且是从药物学的角度来认识的。"火药"一词的"药"字，其本意就在于此，把硝石、硫黄和炭构成的起火爆炸混合物叫作"火药"。正是对于火药的医药性能方面的认识，导致了火药在医学方面的应用，而火药治病的传统则一直延续下来。李时珍《本草纲目》中还有火药治病的明确记载。

关于中国火药出现的最早年代，尚不可考，但可以肯定的是，至迟在唐代中期（9世纪）已经有了关于原始火药的明确记载。著名医学家孙思邈在《丹经》中详细记载了火药的成分和性质。唐中期的《真元妙道要略》中记载说："有以硫磺、雄黄合硝石并蜜烧之，燃起，烧手面及烬屋舍者。""硝石宜佐诸药，多则败药。生者不可合'三黄'等烧，立见祸事。"这里提到硝石、

# 人间烟火 ——百姓生活里的传统文化

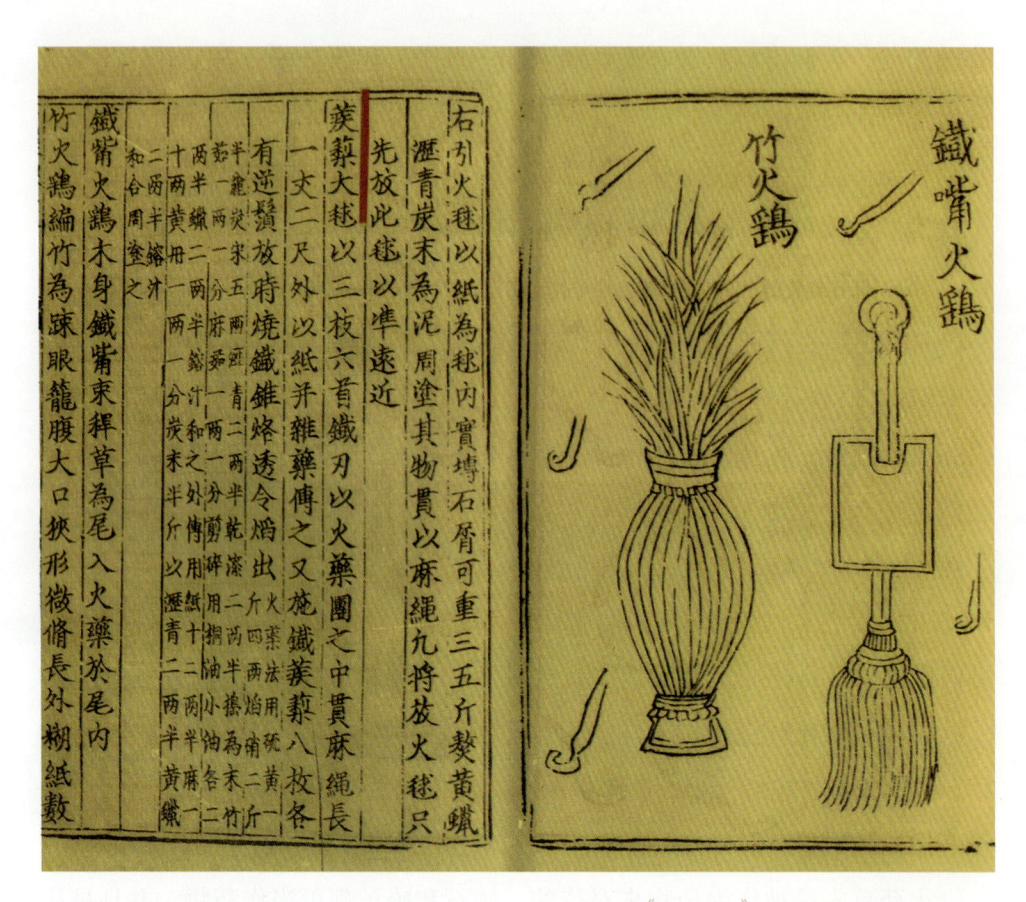

东晋葛洪《抱朴子》记述的两种火药配方

硫黄、雄黄与蜜烧之,引起着火现象,以致烧尽房舍,是一种弱性火药燃烧后引起的后果。蜜经烧后化为炭,起了木炭的作用。[1]

## 二 爆竹声声除旧岁

火药在日常生活中的应用,最直接的就是燃放烟花爆竹。爆竹烟花是中国民俗文化之一。"爆竹声声除旧岁",在新的一年到来之际,家家户户开门第一件事就是燃放爆竹,在噼噼啪啪的爆竹声中除旧迎新。爆竹声后,碎

---

[1] 潘吉星:《中国火箭技术史稿》,科学出版社1987年版,第7页。

红满地,称为"满堂红"。清代潘荣陛在《帝京岁时纪胜》中记载当时除夕爆竹:"除夕之次,子夜相交,门外宝炬争辉,玉河竞响。而爆竹如击浪轰雪,遍乎朝野,彻夜不停。"

爆竹、烟花带有浓厚的传统色彩,体现着中华民族特有的民风、民俗。

过年燃放烟花爆竹的习俗源于一个古老的传说。在很早以前,有一种居住在深山密林的凶猛怪兽,叫"年"。"年"每隔365天(或366天,也就是一年)的天黑以后,就窜到人群聚居的地方,天亮时再返回山林。人们把这可怕的一夜视为关煞,称作"年关",并且想出了一整套"过年关"的办法:每到这一天晚上,家家户户提前做好晚饭,熄火净灶,再把鸡圈牛栏全部拴牢,然后把宅院的大门封住,躲在屋里吃"年夜饭"。吃饭前要先供祭祖先,祈求祖先的神灵保佑他们平平安安地度过这一夜。天黑以后,"年"来到村里,只见家家户户宅门紧闭,转了大半个晚上的"年"毫无所获,快天亮时只得怏怏返回。熬过"年关"的人们欣喜不已,要感谢天地祖宗的护佑,要互相祝贺没有被"年"吃掉,还要打开大门燃放鞭炮,去同邻里亲友见面道喜。这样过了好多年,人们对年兽放松了警惕。有一年三十晚上,年兽突然窜到一个村子里,一村子人几乎被年兽吃光了,只有一家挂红布帘、穿红衣的新婚夫妇平安无事。还有几个儿童在院里点了一堆竹子在玩耍,火光通红,竹子燃烧后"啪啪"地响,年兽看见火光吓得掉头逃窜。此后,人们知道年兽怕红、怕光、怕响声,每至年末岁首,家家户户就贴红纸、穿红袍、挂红灯、敲锣打鼓、燃放爆竹,这样年兽就不敢再来了。《诗经·小雅》说"庭燎之光",所谓"庭燎"就是用竹竿之类制作的火炬。竹竿燃烧后,竹节里的空气膨胀,竹腔爆裂,发出噼噼啪啪的响声,这就是"爆竹"的由来。

还有一个传说载于《神异经》。据说,古时候人们途经深山露宿,晚上要点篝火,一为煮食取暖,二为防止野兽侵袭。然而山中有一种名叫"山臊"的动物,既不怕人又不怕火,经常趁人不备偷食东西。人们为了对付这种动

## 人间烟火 ——百姓生活里的传统文化

物，就想起在火中燃爆竹，用竹子的爆裂声使其远遁。"山臊"可令人寒热，是使人得寒热病的鬼魅，吓跑山臊即驱逐瘟邪，才可得吉利平安。

所以，在传统民俗中，燃放爆竹烟花有驱除鬼怪和瘟疫的意思。

燃放爆竹的习俗有悠久的历史。《荆楚岁时记》记载，正月初一，鸡叫

头一遍时,大家就纷纷起床,在自家院子里放爆竹,来逐退瘟神恶鬼。当时没有火药,没有纸张,人们便用火烧竹子,使之爆裂发声,以驱逐瘟神。到了唐代,鞭炮又被人们称为"爆竿",是将一支较长的竹竿逐节燃烧,连续发出爆破之声。诗人来鹄的《早春》诗句说:"新历才将半纸开,小亭犹聚

《宪宗行乐图》 中国国家博物馆藏

爆竿灰。"

据传，以火药做爆竹最早是唐代李畋发明的。李畋是浏阳的猎人，当时流行大瘟疫，他去找孙思邈寻求帮助，孙思邈给了他一包火药，并告诉他，把火药装在一节一节的小竹筒里，点燃后即可爆裂，发出巨响。李畋回家后，按照孙思邈的方法实验，果真如是。可是，竹筒制作的爆竹虽然响亮，但危险性大，极容易伤人。李畋加以改进，采用纸筒来包裹火药——两头用泥巴封好，一头插上点火线。这样，真正实用的爆竹就产生了。李畋用鞭炮的声响和硫黄气味驱散了瘴气，吓走了鬼魅，被后人尊称为"爆竹祖师"。

到了宋代，民间开始普遍用纸筒和麻茎裹火药编成串做成"编炮"（鞭炮）。《通俗编排优》记载说："古时爆竹，皆以真竹着火爆之，故唐人诗亦称爆竿。后人卷纸为之。称曰'爆竹'。"宋代王安石诗《元日》描绘了过年时燃放鞭炮的情景：

　　爆竹声中一岁除，春风送暖入屠苏。
　　千门万户曈曈日，总把新桃换旧符。

宋代鞭炮的花样已经很多了，烟花的品种也更加丰富。宋朝的"架子烟火"或"盆景烟花"已具相当规模。每逢元宵佳节，竞相比美，从掌灯后不久直至更残漏尽。词人辛弃疾曾有"东风夜放花千树，更吹落，星如雨"的词句描写这种景象。

中国古人认为：火可以拔除不祥，火花是喜事降临的预兆，声响能惮吓鬼魅、驱散病气，烟能使阳气上升。烟花鞭炮在燃放时正好产生这样一些声、火、烟、光等效果。燃放鞭炮因此成为中国人的传统习俗，每逢春节、元宵节以及其他重大活动，人们都要放烟火助兴，表达了辟邪除灾、迎祥纳福的美好愿望。此外，无论喜庆的事还是悲伤的事，只要是重大的事情都要放鞭炮，比如婚嫁、建房、开业等，亦要燃放爆竹以示庆贺。

## 三 从"飞火"攻城到"火龙出水"

火药的发明和它的实际应用大体上是同步的。火药的实际应用最初的和主要的目的是在军事方面。火药技术的应用导致了火药武器的创制和应用，并引起了兵器史上的重大变革。

火药和火器的扩大使用是武器技术的重大变革，它大大提高了军队的战斗力，进而改变了作战方式和战场上的面貌。而火器的应用和发展又促进了火药技术的进一步提高和完善。

在中国，火药发明的初期，便应用于军事。据史籍记载，唐天祐元年（904年），郑璠攻豫章时就曾使用了"飞火"攻城。"飞火"就是在箭杆上绑一个火药团，点着引信，用弓发射出去烧敌军。这是我国最早的火药武器。

到宋代时，人们对火药的制造和使用又有了很大的提高。宋开宝二年（969年），兵部令使冯继升等首次发明制造火药箭的方法。开宝八年（975年），宋军就利用这种火药箭和火炮等作为攻灭南唐的重要武器。宋咸平三年（1000年），神卫水军队长唐福献所制火毬、火蒺藜；两年后，又有冀州团练使石普献所制火毬、火箭，并在朝廷做表演。宋敏求《东京记》中说，北宋汴梁有规模庞大的兵工厂，内分十一目，其中有一目叫"火药窑子作"，专门制造火药，品种有毒药烟球、蒺藜火球和火炮，这些都是属于燃烧性的火器，也是宋代使用最广泛的火器。

12—13世纪，即宋、金、元交替之际，是中国历史上战事频繁的时代。宋、金、蒙古三个政权经常互相交战。在当时的一些主要战场上，各方都大量使用火器，总是硝烟弥漫、火光冲天、响声震耳。由于火器在战争中的广泛应用，又进一步促进了火器的发展。

人间烟火 ——百姓生活里的传统文化

在这一时期，还出现了原始管形火器的萌芽。1132年，南宋将领陈规在守德安时，制作了一种长竹竿火枪，也就是一种喷火枪，它以竹筒喷射，在形制上已与火药纵火箭有很大的不同。在陈规创制长竹竿火枪的100年后，金军创制了另一种飞火枪。金军使用的这种飞火枪，枪小而轻，便于单兵携带，能独立作战，可以喷射火焰烧灼一丈多远的敌军。飞火枪是我国火器发展史上第一次装备集群士兵作战的单兵火枪。[1]1232年，蒙古军攻打开封时，金军守将赤盏合喜率部使用这种飞火枪，成为金军的得力火器。有的学者认为，金军在1232年开封府战役中使用的飞火枪在形制和构造原理上都属于火箭武器，是已知最早的火箭。日本学者相贺彻夫曾经指出：利用燃烧推进剂产生的气体使之飞行的装置叫火箭机，而1232年中国使用的兵器就是这种装置。[2]

当时出现的另一种管形火器是南宋寿春府于1259年创制的突火枪。据《宋史·兵十一》记载：突火枪"以巨竹为筒，内安子窠，如烧放，焰绝然后子窠发出，如炮声，远闻百五十余步。"这种突火枪已经具备了管形射击火器的三个基本要素：身管、火药和弹丸（子窠）。突火枪以巨竹为筒，在筒内装填火药和子窠，火药燃烧后产生的气体推力能将子窠沿着枪的轴线方向射出，产生击杀作用。有人认为，这里所说的子窠即子弹的雏形。因此，南宋人创制和使用的突火枪被公认为世界上最早自发运用射击原理的管形射击火器。而管形射击火器的出现，则是火器发展史上一个具有重大意义的创新和突破。到了元代，创制和使用了金属管形射击火器。而这种以金属铸造的管形射击火器，即现代枪炮的前身。

元代的金属管形射击火器叫作"火铳"。大约在元代晚期，至少在14世纪初年，火铳已用于实战。

元代火铳是自发运用发射原理的较为先进的管形射击火器。这种火铳自

[1] 王兆春：《中国火器史》，军事科学出版社1991年版，第32页。
[2] 潘吉星：《中国火箭技术史稿》，科学出版社1987年版，第50页。

创制成功后，便用于装备军队作战。据《元史·达礼麻识理传》记载，元至正二十四年（1364年），达礼麻识理为了对抗孛罗帖木儿的军队，在铁幡竿山下布列的队伍，已是"火铳什伍相联"，可见其装备的火铳数量已很可观。这说明到了元朝末年，我国已经有了专习火器的部队，这应该是我国最早的火器部队，比明朝永乐初年"专习枪炮"的火器部队"神机营"早了将近半个世纪。另外，火铳也被元末农民起义军广泛使用，例如朱元璋的军队中就装备有较多火铳。

明代不仅在铳类火器的制作和应用上有很大提高，而且发展了利用火药燃气反冲力推进的火箭类火器。这里所说的"火箭"，已不同于宋代使用的火药纵火箭。这种火箭以固体黑火药为发射剂，借直接反作用力发射出去。按照流体力学原理，当定量流体以高速从压力较高的地方向低压区喷射时，它就会产生相当的反作用力。如果这种反作用力作用在一个能发生运动的物体上，这个物体就会沿着反作用力的方向发生运动。这就是中国传统火箭的工作原理。这同近代火箭发动机原理是一致的。[1] 当代著名科学家钱学森在谈到近代火箭发动机原理时指出："因为它本身已经同时带有燃烧和氧化剂，所以它不仅在大气中可以工作，而且在没有空气存在的空中也同样可以工作。火箭燃烧室中产生的高温、高压气体，利用直接反作用的原理，让这些气体以高速喷出，从而推动火箭。"[2] 那么，我们可以把中国传统火箭看作近代火箭的祖先。

明代火箭技术的一大成就是创制了二级火箭，它是将两个单飞火箭首尾相连，以达到增加火箭射程的目的。"火龙出水"是这种二级火箭的代表性制品。"火龙出水"火箭的制造原理是，在龙腹内放置火箭数枚，由一总药线相连。龙头、龙尾下部再放置内含重1.5斤发射药的火箭筒各二枚，火门向下，亦

---

[1] 潘吉星：《中国火箭技术史稿》，科学出版社1987年版，第1页。
[2] 钱学森：《星际航行概论》，科学出版社1963年版，第30页。

用总药线相连。再将龙腹内火箭总药线与龙头、龙尾下火箭筒药线相连。点燃龙头、龙尾火箭筒总药线后，整个火龙便迅即飞出，这是第一级火箭。当第一级火箭发射药燃尽后，又引燃龙腹内的火箭，于是从龙口内喷射而出，继续前进。这是第二级火箭。因为第一级火箭内含6斤发射药，所以推力相当大。如果在水面上发射，可飞行二三里之远。这可能是当时世界上最先进的重型远射程二级火箭。

二级火箭的创制，表明明代火箭技术发展到了当时历史上前所未有的高峰。

经过几百年的发展，中国的火器制造已经达到了很高的水平。"从12世纪起到15世纪，即从宋代到明代，中国已在世界上最先用火药制成炸弹、手榴弹、金属火铳、喷火筒（火焰喷射器）、反作用火箭、集束火箭、多级火箭、火箭弹、火炮、地雷、水雷、定时炸弹、信号弹、烟幕弹等火器家族中的一系列成员，品种齐全，用途各异。这些火器投入生产后，与冷武器并用于战场上。"[1]

---

[1] 潘吉星：《中国古代四大发明——源流、外传及世界影响》，中国科技大学出版社2002年版，第550页。

# 第十一章　从算筹到算盘

## 一　十进位与算筹

古代先民在生产生活中逐渐认识了数与形的概念。已出土的新石器时期的陶器大多为圆形或其他规则形状，陶器上有各种几何图案，通常还有三个着地点，这都是几何知识的萌芽。传说伏羲创造了画圆的"规"、画方的"矩"，也传说黄帝臣子倕是"规矩"和"准绳"的创始人。大禹治水时，左手拿着准绳，右手拿着规矩。"规""矩""准""绳"是我们祖先最早使用的数学工具。人们丈量土地面积，测算山高谷深，计算产量多少，粟米交换，制定历法，都需要数学知识。

先秦典籍中有"隶首作数""结绳记事""刻木记事"的记载，说明人们从辨别事物的多寡中逐渐认识了数，并创造了记数的符号。殷商甲骨文中已有13个记数单字，最大的数是"三万"，最小的是"一"。一、二、三、四、五、六、七、八、九、十、百、千、万，记十万以内的任何自然数。这已经蕴含十进位制萌芽。这些记数文字的形状，虽在后世有所变化而成为现在的写法，但记数方法却从没有中断，一直被沿袭，并日趋完善。最晚在春秋末年，人们已经掌握了完备的十进位制记数法。

在计算数学方面，中国大约在商周时期已经有了四则运算，到春秋战国时期，整数和分数的四则运算已相当完备。其中，出现于春秋时期的正整数乘法歌诀"九九歌"是先进的十进位记数法与简明的中国语言文字相结合之

**人间烟火**——百姓生活里的传统文化

西汉铁质算筹

结晶。从此,"九九歌"成为数学普及和发展的基础之一,一直延续至今。只是古代的"九九歌"从"九九八十一"开始,到"二二如四"止,而现在是由"一一如一"到"九九八十一"。

与此同时,人们已经普遍使用算筹这种先进的计算工具。"筹"是一些粗细、长短一样的小竹棍,也有用木或骨制成的,后来还有用铁等金属制作的。用算筹表示数目有两种形式,即纵式和横式:在表示数字时,用纵式代表个、百、万位的数,用横式代表十、千位的数,遇零则用空位表示,如此就可以用算筹摆出任何自然数。

用算筹进行计算,叫作"筹算",即通过算筹的摆列进行加减乘除以至开平方、开立方等的运算,整数以后的奇零部分则用分数表示。后来的"筹划""筹策""筹算""筹议"等常用词,都是由此衍生和引申出来的。

## 二 《九章算术》

战国以后,经济社会发展,人们通过田地等面积的测量、粟米的交换、收获及战利品的分配、城池的修建、水利工程的设计、赋税的合理负担、产量的计算以及测高望远等生产生活实践，积累了大量的数学知识。据东汉初郑众记载，当时的数学知识分成了方田、粟米、差分、少广、商功、均输、方程、赢不足、旁要九个部分，称为"九数"。西汉时，人们进一步提出了若干算术难题，并创造了解勾股形、重差等新的数学方法。

公元前1世纪成书的《周髀算经》是一部以数学方法阐述盖天说的天文著作。书上记载了商高答周公问、陈子答荣方问。前者有勾股定理的特例 $3^2+4^2=5^2$，后者有用勾股定理及比例算法测太阳高远及直径的内容。

《九章算术》集先秦到西汉数学知识之大成，是中国最重要的数学经典。《九章算术》大约成书于公元1世纪中叶，全书以计算为中心，有90余条抽象性算法、公式，246道例题及其解法，基本上采取算法统率应用问题的形式。全书分为九章：

第一章"方田"，主要讲的是田亩面积的计算，包括分数的各种计算方法。

第二章"粟米"，讲各种比例问题，特别是关于各种谷物间按比例相互交换的计算方法。

第三章"衰分"，讲按等级分配物资或摊派税收的比例问题。

第四章"少广"，讲开平方、开立方的计算方法。

第五章"商功"，讲各种形状的体积的计算方法。

第六章"均输"，讲如何按人口、物价高低、路途远近等条件，计算各地的赋税和分派工役等问题的方法。

第七章"盈不足"，即用假设的方法解决如下一类的问题："今有（人）共买（物），（每）人出八（钱）盈余三（钱），（每）人出七（钱）不足四（钱），问人数、物价各几何？"这类问题，在《九章算术》中已有完整的解法。

第八章"方程"，是关于联立一次方程组普遍解法的叙述。

第九章"勾股"，主要是应用勾股定理和直角三角形相似的各种比例关系，测量和计算"高、深、广、远"的问题。

《九章算术》不仅有着一套较为完整的编写体例，形成了具有自己风格的数学体系，而且其数学水平处于当时世界的先进行列，其中一些成就已远远走在世界的前面。如"盈不足"类似于现代"行列式解法"，它在欧洲至中世纪方以"双设法"的形式出现；欧洲直到16世纪方得出类似一次联立方程组的普遍解法；再有"方程"章中已引入了负数的概念，并已产生和运用了正、负数的加减法则，而印度到7世纪以后，欧洲到16世纪以后，才产生比较明确的负数概念。

以《九章算术》为代表的中国数学体系，其特点是以解决社会实际问题为主要目的，以算筹为主要计算工具，以十进位值制的记数系统进行运算，其内容包括算术、代数、几何等各个方面。这个数学体系在其自身的发展历程中逐步走向自己的高峰，呈现着久盛不衰的局势，并结下了累累的硕果。《九章算术》的框架、形式、风格和特点深刻影响了中国和东方的数学。

《九章算术》之后，中国的数学著述基本上采取两种方式：一是为《九章算术》做注，二是以《九章算术》为楷模编纂新的著作。

## 三　祖冲之与圆周率

三国时刘徽著《九章算术注》10卷，前9卷全面论证了《九章算术》的公式、解法，发展了出入相补原理、截面积原理、齐同原理和率的概念，在圆面积公式和锥体体积公式的证明中引入了无穷小分割和极限思想，首创了求圆周率的正确方法。他认为当圆内接正多边形的边数无限增加时，其周长愈益逼近圆周长，"割之弥细，所失弥小。割之又割，以至于不可割，则与圆合体而无所失矣"。刘徽应用割圆术，从圆内接正六边形算起，边数逐步加倍，直算至圆内接正192边形的面积，求得圆周率相当于3.1416，成为当时世界上最精确的圆周率数据。

南朝的祖冲之继承了刘徽的工作，求出了精确到七位有效数字的圆周率：3.1415926<π<3.1415927。这一结果的得出，相当于应用算筹对九位数字的大数目进行各种运算（包括开方）130次以上。为了计算方便，祖冲之还求出了两个用分数表示圆周率的数据，一个是密率，是分子、分母在1000以内表示圆周率的最佳渐近分数；另一个是约率。

祖冲之求得的圆周率数据，远远走在世界的前面，直至1000多年后，阿拉伯数学家阿尔·卡西于1427年，法国数学家维叶特于1540—1603年间，才求出更精确的数据。而密率，欧洲直至16世纪方求出。

除了圆周率，中国古代数学还取得了其他重要成果，如隋代刘焯创立的"等间距二次内插法"；唐代一行的"不等间距二次内插法"，王孝通的三次方程解法；宋元时期的解三次以上方程的方法，高阶等差级数求和、联立一次同余式等，都在世界上领先数百年之久。

古代中国的算学具有独创性，自成一个完整体系。在古希腊文化的发展中，原始数学始终沿着神秘性和数量性的双重功能统一性继承的轨道向前发展。古希腊数学与神秘性的结合，使得其从宗教、哲学的层次追求数学的绝对性以及解释世界的普遍性地位。与之不同的是，中国古代算学注重实用性，注重数学实际应用层次的不断发展，其计算问题大部分取材于天文、历法、农业、测量、工程等实用领域；第二个特点是朝适用于某些机械运算的方向发展，机械化的计算技术和水平不断提高，借助算筹这一特殊工具，将各种实际问题分门别类，进行有效的布列和推演，在比率算法、方程术、开方术、割圆术、大衍求一术、天元术、四元术、垛积招差术等方面都取得辉煌成果；第三是代数化，将实用问题（包括几何问题）转化为方程组，然后再转换成刻板的、机械的、用算具能实现的程序（例如逐次消元程序）来求解。这些特点决定了中国古代算学与西方或其他民族的数学有着不同的独特性质。

## 四　珠算与算盘

　　珠算是以算盘为工具进行数字计算的一种方法。中国传统数学在数量关系上是以算筹制为主线贯穿一起，以提高机械化的计算技术来解决实际问题为目标的。珠算盘和珠算术的应用和发展是我国机械化算法体系的继续，是对算筹计算工具的重大改进和发展。珠算的普及应用大大提高了计算速度和效率，简化了机械化的操作程序和烦琐步骤，适应了农业、手工业、商业的发展对数学中大量繁杂计算的实际需要。算盘和珠算术的出现和普遍应用及其发展，是中国传统数学的独特创造和伟大发明。

　　传说东汉人刘洪（129—210年）是珠算的发明者。珠算之名最早见于东汉徐岳撰写的《数术记遗》，其中说："珠算，控带四时，经纬三才。"不过，那个时候的算盘运算法与今天有很大区别。

　　现在的算盘和珠算法起始于宋元以后。宋代的《清明上河图》中可以清晰看到"赵太承家"药店柜台上放着一把算盘。元朝朱世杰《算学启蒙》载有的36句口诀与今天的大致相同。元代刘因(1248—1293年)的《静修先生文集》中有题为《算盘》的五言绝句。元代画家王振鹏的《乾坤一担图》中有一个算盘图。元末陶宗仪的《南村辍耕录》卷二十九"井珠"条中有"算盘珠"比喻，书中更记载了一段有趣的俗谚："凡纳婢仆，初来时曰擂盘珠，言不拨自动；稍久曰算盘珠，言拨之则动；既久曰佛顶珠，言终日凝然，虽拨亦不动。"元曲中也提到"算盘"。

　　明代商业经济繁荣，在商业发展需要条件下，珠算术普遍得到推广，逐渐取代了筹算。现存最早载有算盘图的书是明洪武四年(1371年)新刻的《魁本对相四言杂字》。现存最早的珠算书是1573年闽建(今福建建瓯市)徐心鲁订正的《盘珠算法》。流行最广，在历史上起作用最大的珠算书是明朝程大位编的《直指算法统宗》。

我国传统算盘为上二下五珠，上面一粒表示"5"，下面一粒表示"1"，在用算盘进行计算时采用"五升十进制"，即每一档"满5"便用一粒上珠表示，每一档满"10"便向前一档"进1"。依此，每一档只要用上一下四珠就够了。

珠算四则运算皆用一套口诀指导拨珠完成。加减法，明代称"上法"和"退法"，其口诀为珠算所特有。乘法所用的"九九"口诀起源甚早，春秋战国时已在筹算中应用。归除口诀的全部完成在元代。有了四则口诀，珠算的算法就形成了一个体系，并长期沿用下来。

# 第四篇 艺术的世界

## 第十二章 东方神韵

### 一 中国画风

中国古代也发展起来各种形式的艺术。这些艺术形式表现了中国文化的审美精神，体现了独特的东方神韵，也是中国人日常生活的重要组成部分。孔子说到君子人格的养成，有四个方面的要求："致于道，据于德，依于仁，游于艺。"游于艺，就是通过多种艺术形式，进行美的教育。只有品德高尚的人才会有良好的审美情趣。培养人的审美意识和审美情趣，陶冶人的精神境界和道德情操、艺术是人格修养的重要手段之一。在中华传统文化中，艺术审美因素对人格修养的重要性受到高度重视。从中国哲学来看，宇宙乃一种价值的境界，其中包含着无限的善性和美景。中华民族生在这宇宙中，处处都启发道德人格，努力追求至美，同时，也要涵养艺术才能，借以实现完美的理想。"依仁游艺"是中华传统文化的经典艺术生活原则。只有游于艺而领悟其美妙的人，才能体悟"道"，修养"道"，成为完美的有德有仁的人。

原始社会就出现了绘画艺术。到秦汉时期，形成了中国绘画史上第一个繁荣而有生气的时期，明确显示了这种艺术形式的要求和所蕴含的力量。秦汉绘画艺术大致包括宫殿寺观壁画、墓室壁画、帛画、木刻画与木简画、工艺装饰画等门类，在艺术表现上，技法古拙，风格鲜明。其总体风格具有质朴、雄浑、鲜明、奔放的特点。

画像砖石是绘画、雕刻和建筑三种艺术形式相融合的一种综合艺术形式，是以刀代笔的绘画艺术。汉代画像砖石，构图严谨，主题鲜明，技法稚拙简练，其表现手法有纯绘画性的阴刻，有阴线刻画形象的减地平雕，有"压地隐起"的薄肉雕，也有阴线刻与主体造型相结合的浮雕以及高浮雕和透雕，其中阴线刻与立体造型相结合的浮雕形式占绝大多数。

魏晋时的绘画艺术有很大发展，出现大量具体人物画，在中国绘画史上地位突出。南朝绘画承前启后，五彩缤纷。士人画家改变汉代粗犷、繁复的风格，向精密技巧方向发展。他们重视传神写照，尤其善于表现人物性格。他们又从人物画向山水画过渡，并将外来技法运用于个人的创作实践，形成诗书画统一的艺术整体。

佛教东渐和与西域各民族文化的交流发展，给我国传统的绘画带来了新样式和新内容，丰富了绘画理论和技巧，使中国美术得到迅猛发展，而佛教美术自身也成为中国艺术史上的一枝奇葩。

东吴曹不兴是最早接受西域佛画影响的画家，他的画法参考了印度艺术风格，并创造性运用在中国画原有的技巧之中，画法由简古朴拙趋向细密柔巧，在中国绘画法上引起一大转变。他最善于画人物佛像，曾在50尺绢上画

北魏漆屏风画　大同博物馆藏

人物，运笔迅速，顿时成画，不失尺度，衣纹皱褶，别开新样。曹不兴在魏晋画坛有着承前启后的作用。

曹不兴的弟子卫协画佛像，更是栩栩如生，据说他画有《七佛图》，不敢点睛，唯恐佛由画成真，因而得"画圣"的称号。卫协的弟子有张墨、顾恺之等，都享盛名。

顾恺之提出了"以形写神"之论。相传他在建康瓦棺寺壁上绘的维摩诘居士图，光彩耀目，轰动一时。顾恺之追求"传神"这样明确的艺术判断，前无古人，而"传神"二字成为中国画不可动摇的传统。顾恺之的作品很多，其中《列女图》《斫琴图》《女史箴图》《洛神赋图》等为世所推崇。

隋唐时期，在中国美术史上形成了一个名家辈出、门类齐全、成绩斐然的绘画高峰。

隋代的绘画艺术包括壁画、人物画和山水画的成就都十分突出。据张彦远的《历代名画记》载，当时的绘画已出现人物、山水、花鸟、鬼神、鞍马、屋宇等分科，标志着唐代绘画已进入了一个全面发展的历史阶段。佛寺、陵墓、石窟中的大量壁画更加出色，成为绘画上的神来之笔。在历史上享有盛誉的如阎立本、尉迟乙僧、李思训、吴道子、王维、曹霸、韩干、张萱、周昉、薛稷、边鸾等，都取得了多方面的艺术成就。

隋唐时期美术的最突出成就是寺院壁画的大发展，呈现出百花齐放的兴盛局面。中国自先秦以来就有用于政治教化的"图壁"。春秋战国时期，壁画这一艺术形式已经出现在原始宗教的祠庙之中。据史书记载，孔子曾经"观乎明堂，睹四门墉，见尧舜之容、桀纣之像"。壁画艺术在隋唐时达到极盛，当时宫殿、衙署、厅堂、寺观、石窟、墓室都有壁画装饰。唐代壁画在继承汉魏传统的基础上又有巨大发展，壁画题材由图绘人物及佛道故事扩大到表现山水、花竹、禽兽等方面，内容及技巧均大大超过前代。

在初唐的画坛上，阎氏兄弟颇负盛誉。阎立本善画人物、车马、台阁，尤擅长肖像画与历史人物画，他的绘画，线条刚劲有力，色彩古雅沉着，笔触较顾恺之细致，人物神态刻画精细，作品倍受当世推崇，被时人列为"神品"。其兄阎立德擅长书画、工艺及建筑工程，父子三人以工艺、绘画闻名于世。

吴道子是唐代具有代表性的优秀壁画艺术家，史称其"凡画人物、佛像、神鬼、禽兽、山水、台殿、草木皆冠绝于世，国朝第一"。

张萱的艺术活动主要在唐玄宗开元、天宝前后。他善画人物，尤以画贵公子与闺房之秀最为著名，又擅长画婴儿，其笔下的婴儿，身份、气度和形貌骨法自成一家。周昉是中唐时期画家，初学张萱而加以写生变化，尤擅贵族妇女，所作优游闲适，容貌丰腴，衣着华丽。他用笔劲简，色彩柔艳，为当时宫廷、士大夫所重，称绝一时。周昉笔下的女性人物"多富贵秾丽"之态，体现着"以贵为美"的豪华。他"画士女，为古今冠绝"，史称"绮丽人物"，又叫"绮罗人物"。

在绘画题材上，宋代与唐代有着明显的不同。唐代宗教画是绘画中的主流，宋代的绘画以欣赏性、装饰性强的作品为主。宋代是以写实风格为主、艺术品格极高的山水、花鸟画的极盛时代。

宋代皇帝中，仁宗、徽宗、钦宗、高宗都妙擅丹青，其中以徽宗赵佶最为突出。他曾说："朕万几余暇，别无他好，惟好画耳。"据史载，赵佶曾图绘各地所献名花珍禽等，"增加不已，至累千册"。宋代各朝都设翰林图画院，画院画家作画必须适合宫廷趣味。画院崇尚工笔写实，描绘真实细腻，风格工致富丽，时人称为"院体"。宋代的宫廷绘画以其丰富辉煌的艺术创作成为宋代绘画的重要组成部分，在我国绘画史上有着重要的地位。

北宋后期，苏轼、米芾等提倡"士人画"，士人画中有一部分基本上即后世所说的"文人画"。文人画"是指由文人士大夫创作的表现其思想感情和审美情趣的绘画。文人从事绘画活动，虽然由来已久，但真正形成潮流并逐渐发展成一种新的画风则是在北宋中后期，而到元代，文人画已经达到一

**人间烟火**——百姓生活里的传统文化

宋徽宗《瑞鹤图》 辽宁博物馆藏

个高峰"。[1] 这些文人画家们有自己独特的审美心理和独到的美学见解。"一般来讲,文人画不像宫廷和市民绘画那样写实,它着重主观意趣的表现,不作雕琢,不假繁饰,注重笔墨,画面上题写诗文,使书法、文学、绘画融为一体;思想内容以超然物外为高,题材上多描绘山水、梅兰竹石及花卉,人物画很少,表现市井生活的风俗画更为少见。"[2]

南宋邓椿在《画继》中首次提出绘画是一个人文化修养的集中表现,"画者,文之极也,其为人也多文,虽有不晓画者,寡矣;其为人也无文,虽有晓画者,寡矣"。明代董其昌第一次使用"文人画"一词,并提出"文人之画,

---

[1] 王育济等:《中国文化发展史》(宋元卷),山东教育出版社2013年版,第261页。

[2] 王育济等:《中国文化发展史》(宋元卷),山东教育出版社2013年版,第261页。

自王右丞始"的主张。

以风俗画大师享誉千古的张择端，其《清明上河图》代表了古今风俗画的最高成就。它和另一幅张氏杰作《西湖争标图》俱被列为神品而受到重视。

到元代，文人画，特别是山水画取得了突出的成就。元代文人画在意境的表达，水墨、写意等技法以及诗书画印结合的艺术形式的创造等方面，都有很大的突破，达到了一个高峰。元代画风简率尚意，空灵含蓄，山水画有了突出的进步，赵孟頫、高克恭开其端，"元四家"继其后，且使之完善提高，成为明清山水画家倾心追逐、模拟的典范。"元四家"即黄公望、吴镇、倪瓒、王蒙四人，均属文人型画家，他们将诗书画印结合起来，强调艺术个性的表现。花鸟画一方面沿袭宋代宫廷院体画风，另一方面适应文人抒发笔情墨趣之需，梅兰竹菊四君子题材的作品猛增，为画家们反复描写，用以寓意人的品格，风格不同，手法多样。人物画多以古代的高人逸士、神仙鬼怪为题材。

明代，院体画和文人画是画坛的主流。洪武初年，朝廷设立画院，元末的著名画家奉诏入宫。其他皇帝如宣宗、景宗、宪宗、孝宗等都热衷于画，此期宫廷绘画最为兴盛，宫廷画家名手辈出，人才济济。

院外的民间画家以山水画的师承和风格为标准，形成许多不同的派别。其中最早形成的山水画派别是以戴进为代表的"浙派"。"吴派"是明代最典型的一个绘画流派，继承和弘扬了宋元以来文人画的传统。沈周和文徵明是该派的领袖人物，唐寅和仇英则是同派的另外两名优秀代表。四人都精通诗文书画，被史学家合称为"明代四大家"，拥有众多弟子和信仰者。他们的作品是当时文化精神的结晶，因而也是文人画发展进程中崛起的又一座高峰，在中国绘画史上占有重要的历史地位。董其昌本是"吴派"传人，自嘉靖至明末为"吴派"的中坚，成为自赵孟頫以来最有成就的绘画大师，主导着晚明画坛的蓬勃发展。

清代历朝皇帝大多爱好绘画艺术，使更多的人热心投入画家的行列。顺

## 人间烟火——百姓生活里的传统文化

治至康熙朝时，受皇室扶植的"四王"画派以王时敏、王鉴、王翚、王原祁为代表，成为画坛的正统派。他们以摹古为主旨，讲究笔墨趣味，技巧功力超卓。他们的山水画风影响了整个有清一代。乾隆朝时，受意大利传教士郎世宁的影响，宫廷画家中还出现了"郎世宁画风"。

同一时期江南地区却出现了一批明末遗民画家。他们在艺术上反对陈陈相因，主张抒发个性，所以作品往往感情真挚强烈，风格独特新颖。代表画家有弘仁、髡残、朱耷、石涛合称的"四僧"，以龚贤为首的"金陵八家"，以弘仁、查士标、梅清为代表的"新安派"，还有在扬州出现的"扬州八怪"。其中"四僧"的成就最为突出，对后世的影响也更大。这些画家用内心去体察山川花鸟的情状，借它们的形神表达自己对人生世态的感受，挥洒淋漓，笔墨酣畅，开清初画坛一代新风。

中国的绘画艺术充分表现了中国人的审美精神和艺术情趣，表现了特有的东方神韵，反映出中国人心灵深处隐秘的精神世界。林语堂先生指出："平静与和谐是中国艺术的特征，它们源于中国艺术家的心灵。中国的艺术家是这样一些人：他们与自然和睦相处，不受社会枷锁束缚和金钱的诱惑，他们的精神深深地沉浸在山水和其他自然物象之中。尤为要者，他们必须胸襟坦荡，绝无丝毫邪念。因为我们坚信，一个优秀的艺术家一定得是一个好人。他必须首先'坚其心志'或'旷其胸襟'，这主要是通过游历名山大川，凝神观照，沉思冥想而达到的。"[1] 中国的绘画艺术是平静和谐的艺术，"正是这种平静和谐的精神，这种对山中空气（'山林气'）的爱好，这种时常染上一些隐士的悠闲和孤独感的精神和爱好，造就了中国各种艺术的特性。于是，其特性便不是超越自然，而是与自然融合。"[2]

---

[1] 林语堂：《中国人》，学林出版社1994年版，第282页。
[2]　林语堂：《中国人》，学林出版社1994年版，第284页。

## 二 笔走蛇龙

世界上许多国家有文字，唯有中国的文字成为一种艺术。书法艺术是中国独有的艺术形式，把文字的书写性发展到一种审美阶段。书法艺术在中国艺术中占有重要地位，人们对书法艺术投以的热情，它丰富的内涵，人们对它的尊崇，丝毫不亚于绘画。书法是中国美学的重要图腾。林语堂先生说：书法给中国人提供了基本的美学，我们在书法艺术中才能够看到中国人艺术心灵的极致。如果不懂得中国书法艺术及其艺术灵感，就无法谈论中国的艺术。[1]

中国有书法得力于两个原因：一是汉字。汉字是以象形为基础的方块文字，具有独特的优美形式，为书法艺术的形式感提供了条件。二是毛笔。毛笔柔软而富有弹性，可以产生丰富的变化，为书法艺术的产生提供了可能。而且，由于毛笔的使用，书法获得了与绘画平起平坐的艺术地位。

早在中国文字出现的初期，作为早期文字的甲骨文和象形字以及稍后的大篆、小篆，已具有了对称、均衡的规律以及用笔（刀）、结字、章法的一些规律性因素。在线条的组织，笔画的起止变化方面已带有墨书的意味、笔致的意义。比如甲骨文结体长方，奠定汉字的字形。甲骨文的结体随体异形，任其自然；其章法大小不一，方圆多异，长扁随形，错落多姿而又和谐统一。后人所谓参差错落、穿插避让、朝揖呼应、天覆地载等汉字书写原则，在甲骨文上已经大体具备。

秦代隶书的出现是汉字书写的一大进步，是书法史上的一次革命，不但使汉字趋于方正，而且在笔法上也突破了单一的中锋运笔，为以后各种书体流派奠定了基础。秦汉时期，小篆、隶书、草书、行书和楷书等各种书体都已相继出现，奠定了后代书体的基础。秦汉时期的书法艺术主要是小篆和隶

---

[1] 林语堂：《中国人》，学林出版社1994年版，第285页。

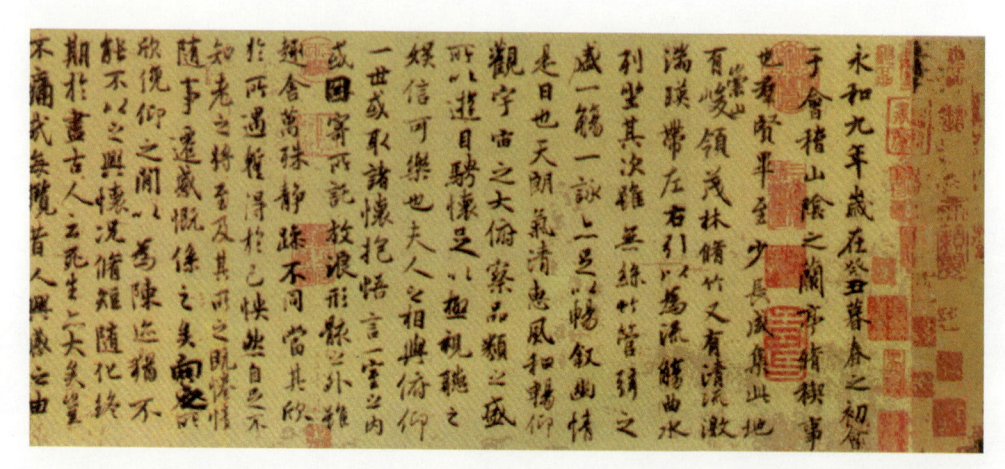

东晋王羲之《兰亭序》唐摹本　故宫博物院藏

书。秦代李斯的小篆，笔画均匀，圆浑道健，沉着舒展，蕴含着雄强浑厚之气。汉代隶书结体方正，具有充实、丰满和劲利之美。这些书法作品多存于刻石之上，在艺术上取得了令人瞩目的成就。秦汉时代的书法以其风格多样的艺术实践和理论上的可贵探索，为后代书法艺术进入更为辉煌神圣的殿堂开启了大门。

　　至东汉末年，书法已经脱离实用而成为人们创作和审美的对象，并且出现了为人们所崇敬的书法家和最早的书法理论著作。书法作为一种独立的艺术形式出现在魏晋时期。三国魏景元年间李苞通阁道题名系摩崖刻石，隶书中间用楷体，已见书法变化端倪。钟繇在由魏入晋的书法变革中自习三体，其中"章程书"为八分汉隶，用来"教小学"，即传统书法；"铭石书"为正楷，这是当时时髦的新体；"行书"则是平时自己随便写作用体，史称"三体皆善，而行书尤为世所称"，说明魏晋世风赞许多一点个体追求的"行书"。两晋书法最盛主要表现在行书上，代表作有"三希"，即王珣《伯远帖》、王羲之《快雪时晴帖》和王献之《中秋帖》。

　　正因为有这样一种世风推动，出现了"书圣"王羲之。他的书法自由潇洒，或宛如游龙，或翩若惊鸿，是个人审美意识寄托于字体、笔意、结构、走势

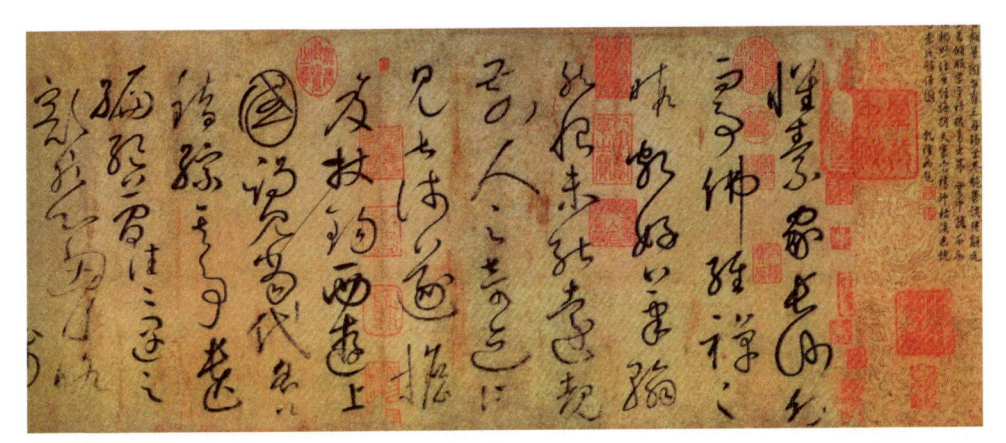

唐怀素《自叙帖》

的结果。王羲之的行书《兰亭序》被誉为"天下第一行书",论者称其笔势以为飘若浮云,矫若惊龙。王羲之之子王献之更进一步发展了这种自由精神,将行书发展为"今草",也称结构微妙的"小草""游丝草"。王献之的《洛神赋》字法端劲,所创"破体"与"一笔书"为书法史一大贡献。

草书一旦成为世风,书法便由实用为主转为艺术为主了。这时,书法的性质可以说与绘画的性质相同,这是魏晋艺术在中国艺术史上的一座里程碑。

隋唐书法艺术是对魏晋南北朝书法传统及名家墨迹的直接继承。隋唐时期是中国书法艺术盛况空前的时代,擅书之人层出不穷。唐朝的楷书达到了一个完美的阶段。欧阳询、虞世南、褚遂良、薛稷,史称"初唐四杰",他们的书作具有典型的晋隋风骨,但又各具情态,自成一家。

唐太宗对王羲之书法推崇备至,极大地推动了初唐时期书法创作的繁荣。颜真卿、柳公权、张旭、怀素是唐朝最富创造性且成就最大的书家。颜书以圆笔为主,结体宽博端庄,姿质严正活泼,突破了前人清瘦、流畅、秀雅的书风。柳体融王书、虞书、欧书、褚书、颜书等名家技法为一体,行笔方圆兼备,结体中宫收紧、四面开张,具有劲健爽利、遒劲舒展的精神。颜、柳书作法度森严,神完气足,但又各有特色,人称"颜筋柳骨",具有典型的唐楷风范,影响深远。张旭、怀素是狂草大师,他们的书作笔意奔放,气势连绵,精美绝伦,达到了登峰造极的艺术境界。

宋元书法家转向以书法抒发个人的情感意趣,强调书法创作中的个性化和独创性,书法以一种尚意抒情的新面目出现。这一时期出现了北宋的"宋四家"苏、黄、米、蔡和元代的赵孟頫等名家。宋朝书法尚意,重哲理性,重书卷气,重风格化,重意境表现,书家除了具有"天然""功夫"两个层次外,还需具有"学识",即"书卷气"。北宋四家一改唐楷面貌,直接晋帖行书遗风。无论是蔡襄和苏东坡,还是黄庭坚和米芾,都力图在表现自己书法风貌的同时凸显出一种标新立异的姿态,使学问之气郁郁芊芊发于笔墨之间,给人以一种新的审美意境。

元朝书坛的核心人物是赵孟頫,他的书法表现出"温润娴雅""秀妍飘逸"的风格,他所创立的"赵体"楷书与唐楷之欧体、颜体、柳体并称"四体",成为后代观摩的主要书体。

明代的书法艺术在继承宋、元时"帖学"的基础上继续发展。由于明代书、画集于一身的现象较前代更为突出,且作品的样式日趋成熟,故明代书法"尚姿"的风气更浓。明代后期徐渭、董其昌、黄道周、张瑞图、倪元璐、王铎、傅山等人,在书法艺术的个性化方面,在书法作品的形式感方面,都有十分可贵的探索并取得了一定的成就。

清代书法分为帖学与碑学两大发展时期。晚明时帖学进一步发扬光大,书法家们在刻意尊传统的同时,力图表现出新面貌,或以淡墨书写,或改变章法结构等。此外,金石出土日多,士大夫从热衷于尺牍转而从事金石考据之学,一时朝野内外,学碑者趋之若鹜,最后成为清朝书坛的发展主流。当时著名的书家纷纷用碑意写字作画,达到了尽性尽理、璀璨夺目的境地。

## 三　大佛的永恒微笑

早在新石器时代，中国就有了石雕、骨雕、陶塑、人像和女神彩塑头像等，如红山文化的彩塑女神头像，到后来比较著名的商代后期妇好墓雕刻以及三星堆文化的青铜人像，著名的秦始皇陵兵马俑和西汉霍去病墓大气磅礴的石刻，都是中国本土雕塑艺术的体现。

随着佛教东来，佛教雕塑造像艺术开始在中国传播。两晋及以后，西域传来各种佛像，汉地都有仿造。佛教雕塑开发了中国传统雕塑的新品种，开拓了中国传统雕塑的艺术手法，激发了中国传统雕塑的创造力，极大丰富了中国传统雕塑的内容和范畴。

在佛教造型艺术东传的过程中，地处河西地区的凉州发挥了重要的中转站作用。北凉君主沮渠蒙逊时开凿的天梯山石窟，规模宏大，建筑雄伟，是我国早期的石窟之一。窟内保存壁画数百万平方米，有佛像100多尊，其中主体建筑大佛窟如来坐像高达30多米。大佛左右两边站立迦叶、阿难、普贤、文殊、广目、天王六尊造像，神态逼真，形象各异，塑造精致。

十六国时，随着佛教的流行，造像事业渐次兴盛。佛教造像在当时被人们认为是功德无量的事情。此外，雕塑佛像还有"恒生大富家，尊贵无极珍""作大名闻王"等种种福德利益，于是，竞相造像求功德蔚然成风。佛教寺院铸塑造像御风而起，先有荀勖造佛菩萨金像12躯于洛阳，继有道安铸襄阳檀溪寺丈六释迦金像，竺道邻铸山阴昌原寺无量

北周观音菩萨头像

## 人间烟火 ——百姓生活里的传统文化

寿像,竺道壹铸山阴嘉祥寺金漆千像,支慧护铸吴郡绍灵寺丈六释迦金像,均为一时名塑。据《洛阳伽蓝记》记载,洛阳永宁寺佛殿有丈八金像1躯,等身金像10躯;平等寺门外有金像1躯,高2.8丈;长秋寺中有六牙白象负释迦像。

除了兴建佛寺、铸造佛像外,还开凿了大量石窟,有代表性的有龙门石窟、敦煌石窟等。石窟中的早期造像面相丰圆,肢体肥壮,神态温静。魏孝文帝亲政之后,大力推行汉化政策并迁都洛阳。这时的石窟造像受戴逵为代表的"秀骨清像"本土化风格的影响,融合南北,出现了一种面容清癯、褒衣博带、神采飘逸的新形象。以龙门石窟为代表的中国佛教造像艺术,虽然还带有印度石窟风范,但已具有民族特点。

云冈20窟释迦坐像

## 四　世人惊艳的石窟

两晋之时，内地佛教艺术的发展多在寺内，而甘凉一带地多山岭，接近西域，吸收西域的文化，开始因山修龛造窟。石窟是展示佛教艺术的一种非常重要的形式。佛教艺术往往通过石窟的雕刻、寺庙的塑像、壁画的彩绘，将佛教人物的各种形象以及故事内容生动有趣地表现出来，并在展示过程中，承前启后，逐步形成完美的艺术造像群体。

北朝时期，随着佛教的勃兴，顺着丝绸之路，各佛教传入地开始大规模造窟，出现星罗棋布的石窟群，随之产生了龟兹石窟模式（克孜尔石窟、库木吐拉石窟、森木塞姆石窟）、高昌石窟模式（柏孜克里克石窟、吐峪沟石窟、胜金口石窟）、凉州石窟模式（敦煌石窟、河西石窟）、中原石窟模式（云冈石窟、麦积山石窟、龙门石窟）。这些石窟从西向东，遍布丝绸之路沿线，到达丝绸之路的东部端点洛阳。特别是敦煌莫高窟、大同云冈石窟和洛阳龙门石窟，这三大石窟艺术宝库反映了佛教在中国传播和发展的历史过程，也反映了石窟艺术从西域传来而逐渐中国化的过程。

敦煌莫高窟是世界现存佛教艺术最伟大的宝库。敦煌莫高窟始建于秦建元二年（366年）。据武周圣历元年（698年）李怀让《重修莫高窟佛龛碑》记载：僧人乐僔云游至敦煌城东南的三危山下，薄暮时分，无处栖身，惶惶不安。突然，三危山发出耀眼金光，似有千万个佛在金光中显现，他连忙顶礼膜拜。于是募集资金，在这里开凿了第一个石窟。后来，僧人法良又开凿了第二窟。经过历代开凿，莫高窟南北全长1618米，现存石窟492洞，其中魏窟32洞，隋窟110洞，唐窟247洞，五代窟36洞，宋窟45洞，元窟8洞；有塑像2415躯，并绘制大量壁画，连接起来有五六十里长。北朝时期洞窟中主像一般是释迦牟尼或弥勒，主像两侧多为二胁侍菩萨或一佛、二弟子、二菩萨，塑像背部多与壁画相连。窟内顶部和四壁满绘壁画，顶及上部多为天宫伎乐，下部为夜叉或装饰花纹。壁画内容主要有经变，即佛经故事，如西方净土变；本生故事，即释迦牟尼前世经历，如投身饲虎、割肉贸鸽；尊像图，即佛、菩萨、罗汉、小千佛、飞天等；供养人像，即出资修窟人的像。敦煌莫高窟第120洞，洞窟北壁的大型坐佛台下有魏大统四年建造的铭记；洞内壁画纯为中国式，佛塔则属犍陀罗式系统。北壁佛龛的左右绘有象头昆那夜迦，或三面六臂乘牛坐像，或一头四臂乘鸟像，似为密教题材。西壁虽有中印手法的佛像，一面绘有印度式壁画，但逐渐中国化，例如佛像的衣端部分，西方美术是用浓厚阴影描写，此处则为线画式；天井中央绘天盖形，虽然样式传自西方，但已有中国化风格。

云冈石窟在山西大同武周（州）山北崖，始凿于北魏和平元年（460年），约终止于正光五年（524年）。传说北魏文成帝在太武帝灭佛之后决定恢复佛教。僧人昙曜来到平城，路遇文成帝车队，袈裟被御马咬住不放。文成帝认为马识善人，是天赐高僧，便对昙曜以师礼相待。昙曜建议在武周（州）山开窟五所，获得批准，并主持其事。整个石窟依山开凿，东西绵延1公里，现存主要洞窟53个，大小造像51000多尊，佛龛1100多个。

云冈石窟是石窟艺术"中国化"的开始，是在我国传统雕刻艺术的基础上，吸取和融合印度犍陀罗艺术及波斯艺术的精华所进行的创造性劳动的结晶。石窟雕刻的题材内容基本上是佛像和佛教故事。云冈石窟雕刻在我国三大石窟中以造像气魄雄伟、内容丰富多彩见称，多为神态各异的宗教人物形象，石雕满目，蔚为大观。这些佛像与乐伎刻像还明显地流露着波斯色彩。其中最大的佛像是第5窟的释迦牟尼坐像，高17米，宽15.8米，脚长4.6米，手中指长2.3米。第20窟的本尊大佛像制作雄伟，神态庄严，全高14米。其面容眉毛修长，鼻梁高挺，深目大眼，颇具西洋人面貌的特质。佛像的衣纹写实而自然，多以阳刻的凸线表示，这都显示云冈石窟是因袭贵霜王朝犍陀罗造像的式样；但雕法朴拙，肩膀宽阔，头顶剃发肉髻，身穿右袒僧袍，却又继承贵霜王朝秣菟罗佛雕的风格。云冈中期石窟出现的中国宫殿建筑式样雕刻以及在此基础上发展出的中国式佛像龛，在后世的石窟寺建造中得到广泛应用。云冈晚期石窟的窟室布局和装饰更加突出地展现了浓郁的中国式建筑、装饰风格，反映出佛教艺术"中国化"的不断深入。

龙门石窟在河南洛阳市南，伊河自南向北流去，中分二山，东是香山，西是龙门山，望之若阙，故又称"伊阙石窟"。龙门石窟开凿于北魏孝文帝由平城迁都洛阳（493年）前后，历经东魏、西魏、北齐、隋、唐、宋诸朝，雕凿不断。孝文帝迁都洛阳到孝明帝时期的35年间，是龙门开窟雕造佛像的第一个兴盛时期。佛像大都集中在龙门西山之上，约占龙门石窟造像的三分之一，其中最著名的有古阳洞、宾阳三洞、药方洞等十几个大中型洞窟。自唐初到盛唐的百余年间，龙门石窟迎来了历史上开窟造像的第二个兴盛时期。这一时期开凿的石窟也多集中在龙门西山，约占龙门石窟造像的三分之二，但到了武则天时期，开凿石窟的一部分人转移到东山。龙门唐代石窟最有代表性的洞窟有潜溪寺、万佛洞、奉先寺大像龛等。据龙门石窟研究所统计，东西两山现存窟龛2345个，碑刻题记2800余块，佛塔40余座，造像10万余尊。其中北魏石窟占30%，唐代石窟约占60%，其他时代窟龛约占10%。龙门石窟形制比较简单，题材趋向简明集中，没有敦煌、云冈那种复杂的窟内构造，以一种雍容大度、华贵堂皇的皇家风范出现在世人面前。与早期佛教艺术的神秘色彩不同，龙门石窟越来越呈现出世俗化倾向，云冈石窟中主像大都威严、冷酷，令人望而生畏，而龙门石窟佛像大多嘴角上翘，面露微笑，衣饰也由以前的偏袒右肩和通肩式变成了汉化的褒衣博带式。

唐代最著名的雕刻作品是奉先寺卢舍那佛雕像及周围的金刚、力士雕像。"卢舍那"的名称依据东晋译本《华严经》，这尊雕像告成24年后，新译《华严经》完成，译为"毗卢遮那"。后来密宗成立，称毗卢遮那为"大日如来"，奉为本宗的尊奉偶像，"卢舍那"和"毗卢遮那"就变成了两位佛。这尊卢舍那佛像高 17.14 米,头部 4 米,耳朵长 1.9 米。其造型已经摆脱了犍陀罗风格和秣菟罗风格,俨然一个汉地男子的形象。他双耳垂肩,鼻梁高隆,慈眉善目,宽唇微翘,既庄严肃穆、凝重恬静,又不乏温柔敦厚、和蔼慈祥,在宗教的意蕴中隐隐流露出世俗化的倾向。

  除了这著名的三大石窟外,北魏所造的石窟还有甘肃瓜州县的榆林窟,敦煌城西的千佛洞,甘肃天水市的麦积山石窟,宁夏的炳灵寺石窟。此外如甘肃酒泉的文殊山石窟、张掖的马蹄寺石窟、武威的天梯山石窟、泾川的石窟寺,陕西彬州的大佛寺,山西太原的天龙山石窟,河南巩义石窟、渑池县瑞庆寺石窟、安阳宝山石窟,山东济南龙洞石窟,辽宁义县万佛堂石窟,都是北魏时代所创造的。

## 第十三章　音乐与戏剧

### 一　周公"以乐治国"

周朝建立之初，摄政的是周公。他摄政七年，成绩斐然，其中影响最为深远的就是制礼作乐，即为周王朝制定新的政治制度。"五年营成周，六年制礼作乐。"（《南书大传》）这套新的政治制度包括两个方面，一是礼，二是乐。

夏商时期都有一定的礼乐制度，当时的礼乐主要用于敬神和庆典。因为商人特别敬鬼神，所以当时礼制未能占有突出地位。所谓周公"制礼作乐"，就是对夏商以来的礼乐进行增删、修改，加以厘定、增补、汇集，渐渐成为法定的制度。周礼是夏礼、殷礼的继承和发展，最为全面和典型。周公制礼作乐并非仅仅改造殷人的祭祀典礼，置换典礼所用之乐歌，而是涉及社会制度的各个方面。

周代的礼制是周代制度文化、行为文化和观念文化的集中体现，内容相当广泛，从道德标准到统治原则，从家族关系到政权形式，几乎无所不包，而其宗旨就是"别贵贱，序尊卑"。礼，使社会上每个人在贵贱、长幼、贫富等当中都有合适的等级地位。

"礼"表示差异。但是，"一个社会只讲差异，不讲和同，社会就无法和谐。因此周公在'制礼'的同时又'作乐'，使'礼'与'乐'相辅相成，或者说相反相成。'礼'讲究差异，'乐'则讲究和同。'乐'当然是音乐，但是它超越了音乐，带上了浓厚的政治色彩、社会色彩。'乐'的功能是，以音乐节奏激起人们相同的共鸣情绪——喜怒哀乐，产生类同感，仿佛'四海之内皆兄弟'。"[1] "礼"强调的是"别"，即所谓"尊尊"；"乐"的作用是"和"，即所谓"亲亲"，有别有和，是巩固周人内部团结的两方面。

"乐"是配合各贵族进行礼仪活动而制作的舞乐。与礼相配合的乐，包括乐曲、舞蹈和歌词，是行礼时的艺术呼应。乐与礼制仪式相适应，固定为常式与风格，在使用过程中依等级按用乐类型、乐器拥有数量和乐舞承载人数之多寡分出尊卑贵贱。礼对音乐在礼仪中的应用按不同等级做出了严格规定，违反规定便是"僭越"或者"非礼"。

西周晚期青铜宗周钟　台北故宫博物院藏

这些与礼仪结合的音乐被称为雅乐，其基本风格是庄严肃穆。礼从外部给人提供一种社会规范，而乐使人从内部情感趋向这种规范，故"知乐则几于礼"，因此"礼乐"历来并称。有了"礼"的规范、政的划一、刑的强制，配以"乐"的感染，便能成就"治道"，这正是周代"制礼作乐"的深远用意。"总起来说，'乐'的功能就是使君臣之间、父子之间显得'和合'，万民

---

[1] 樊树志：《国史十六讲》，中华书局2006年版，第25页。

之间显得'附亲'，增加凝聚力、亲和力。因此'礼'与'乐'，亦即'异'与'同'，两者缺一不可，否则社会就会失衡。"[1]

周公制礼作乐时先主持制作了歌颂武王武功的武舞《象》和表现周公、召公分职而治的文舞《酌》，合称《大武》。洛邑告成时，为了祭祀文王，周公又主持为传统的《象》舞配以新的诗歌，制作了表现文王武功的《象》舞。

《礼记·乐记》说："乐者，天地之和也。礼者，天地之序也。"周公"制礼作乐"，为周人的"王业"奠定了基础。因此可以说，"周公实在是一位了不起的政治家，深谙治国之道，既强调差异，又注意和同，'礼'和'乐'不可偏废。一言以蔽之，这就是礼乐文明的精髓"[2]。

周代的乐舞艺术本身就是礼乐制度的重要内容之一。经过周公的整理，西周的乐舞在形式上更加规范，内容上有严格的要求，使用上也有严密的等级分别，宫廷设置了庞大的乐舞机构，统一由大司乐掌管。同时还设立了专门的教育机构，向奴隶主贵族子弟传授乐舞知识。对他们进行乐德教育，使他们能做到中、和、祇、庸、孝、友；进行乐语教育，使他们能够兴、道、讽、诵、言、语；进行乐舞教育，使他们能舞云门、大咸、大韶、大夏、大濩、大武，以六律、六同、五声、八音、六舞谐和音节，使进退应节、舞声相合。

西周时的乐器，《诗经》中有琴、瑟、箫、管、龠、埙、篪、笙、鼓、磬、贲鼓、应鼓、田鼓、县鼓、鼟鼓、鞉、钟、镛、南、钲、磬、缶、雅、柷、圄、和、鸾、铃、簧29种。种类繁多的乐器说明当时音乐的表现力已经非常丰富。《周礼·春官·大师》中还把周代的乐器按不同质料分为8类，即金、石、土、革、丝、木、匏、竹，谓之"八音"。八音齐备，后来就成为中国古老的传统音乐的同义语。

周代的宫廷音乐称为"雅乐"。所谓"雅乐"，就是祭祀天地、神灵、祖先等典礼中所演奏的音乐，包括用于郊社、宗庙、宫廷仪礼、乡射和军事

---

[1] 樊树志：《国史十六讲》，中华书局2006年版，第26页。
[2] 樊树志：《国史十六讲》，中华书局2006年版，第26页。

大典等各个方面的音乐。其名称当取歌词"典雅纯正"之意。

周代的舞蹈艺术是与雅乐相配合的宫廷雅舞,分为大舞和小舞两种。大舞即《六代舞》,也称为《六舞》或《六部乐舞》,分别在不同的场合应用。六代舞都是祭祀乐舞,它们分别有不同的祭祀对象。小舞是贵族子弟跳的六种祭祀舞,包括帗舞、羽舞、皇舞、旄舞、干舞、人舞。宫中设"乐师",教贵族子弟小舞。除了大舞和小舞,还有其他一些用于祭祀或宴乐的舞蹈。

周代以"六乐"为中心,建立起中国历史上第一个完备的宗庙音乐体系。除宗庙音乐外,周代音乐又可分为士人音乐和民间音乐。商周时期还有四夷音乐传入内地。《白虎通》说:"东夷之舞曰朝离,万物微离地而生。乐持矛舞,助时生也。南夷乐曰南。南,任也,任养万物。乐持羽舞,助时养也。西夷乐曰昧。昧,昧也,万物衰老,取晦昧之义也。乐持戟舞,助时杀也。北夷乐曰禁,言万物禁藏。乐持干舞,助时藏也。"这些记载说明当时有音乐舞蹈来自周边四夷各族。

西周是中国上古音乐集大成时期,也是音乐的高度繁荣时期。《礼记·乐记》说:"昔者,舜作五弦之琴以歌南风,夔始作乐以赏诸侯……泰章,章之也。咸池,备也。韶,继也。夏,大也。殷周之乐,尽矣。"这是把殷周时期当成了上古音乐的汇集和发展高峰期。

## 二 雅乐、清乐与燕乐

自古以来,中国的音乐舞蹈艺术就十分丰富,及至隋唐,音乐舞蹈艺术发展到一个高峰。隋朝时设立了音乐机构太乐署(雅乐)、清乐署(俗乐)和鼓吹署(礼仪音乐),归属掌管礼乐的太常寺。当时的宫廷燕乐广泛吸收国内外的多种乐舞,在朝廷宴会上表演。

唐代音乐大体可分为三类:

一是汉魏以来的雅乐，主要是为帝王歌功颂德的庙堂乐章，旋律较少变化。雅乐主要用于祭祀和朝会等隆重场合，是一种相当程序化的庙堂音乐。

二是六朝清乐，主题是相和大曲与江南的吴声俚曲，较雅乐活泼新鲜，只是情调较为单一软媚，囿于男女情爱，大部分已散失不传。

三是隋唐新兴的燕乐，是广泛吸收边塞、西域乐曲和中原原有乐曲融合而成的一个新的乐曲系统。较之雅乐、清乐，燕乐丰富多彩，旋律节奏灵活多变。燕乐主要是在宴饮场合表演的音乐和歌舞。

唐墓红衣舞女壁画

唐朝的燕乐是在隋朝九部乐的基础上发展而来的。隋朝把各代各族乐舞交融互鉴的散珠碎玉，用九部乐的形式归入宫廷燕乐系统，定清乐、西凉、龟兹、天竺、康国、疏勒、安国、高丽与礼毕等为"九部乐"。唐朝建立后，继承隋代乐舞，"仍隋制设九部乐"。贞观十六年(642年)增加高昌乐，在隋朝九部乐的基础上形成了唐朝的"十部乐"。十部乐中，天竺、康国、安国等乐都是前代自西域地区传入的音乐，以国名来命名乐部，表明这些音乐仍然保留着较强烈的异域色彩，未与中国固有的音乐文化融为一体。此后，以国别分类的方式渐泯，出现了立坐二部分类，堂下立奏者为立部伎，堂上坐奏者为坐部伎。立部伎八部，坐部伎六部。

唐代燕乐乐曲之名载于崔令钦《教坊记》的，有曲46种，杂曲278种。

其中来自西域的乐舞有《龟兹乐舞》《醉浑脱》《菩萨蛮》《南天竺》《望日婆罗门》《苏幕遮》《柘枝引》《穆护子》《西国朝天》等。中国西部深受西域乐舞影响的有《北庭子》《甘州子》《酒泉子》《沙碛子》《镇西乐》《西河剑器》《赞普子》《蕃将子》《胡渭州》《定西番》《伊州》《凉州》等。

唐代的乐曲分为杂曲子和大曲两类。杂曲子比较短小,大曲则是包括许多乐章的具有固定结构的大型套曲。唐代发展形成的大曲,集器乐、歌、舞于一体,是一种较高的艺术形式。大曲的结构比较庞大,有二十几段、三十几段甚至五十几段的。典型的大曲分为"散序""中序"和"破"三大部分,每部分包括若干段。因为大曲结构庞大,演出一遍时间就很长,诗人形容著名大曲《霓裳羽衣曲》时间之长,说(船)"出郭已行十五里,唯消一曲慢《霓裳》",要合现在一个多小时。大曲是燕乐中独树一帜的奇葩。《霓裳羽衣曲》因为唐玄宗所作,又兼有清雅的风格,为世人所称道。除《霓裳羽衣曲》外,著名的还有《凉州》《伊州》《秦王破阵乐》等。

为了适应宫廷燕乐的需要,唐王朝建立了庞大的音乐管理机构。太常寺是掌管礼乐的最高机关,太乐署、鼓吹署不单兼管雅乐、燕乐,还主管音乐艺人的教育和考核。专门的音乐表演人才在太乐署学习10—15年,按考试成绩评为上、中、下三等,"得难曲五十以上任供奉者为业成",最后要掌握50首技巧高难的乐曲方算修完学业。除太乐署、鼓吹署外,唐代还有其他一系列音乐教育的机构,如教坊、梨园以及专门教习幼童的梨园别教院。这些机构主要传习俗乐,收集民间乐舞,加工提高后再进行传播。这些机构以严密的考绩造就了一批批才华出众的音乐人才。诗在当时是可以入乐歌唱的,当时歌伎以能歌名家诗为快,诗人也以自己的诗作入乐后流传之广来衡量自己的写作水平。

与音乐密切联系的舞蹈艺术在唐代也有了很大的发展。唐朝的舞蹈丰富多彩,主要的舞蹈种类包括九部乐、十部乐、坐部伎、立部伎等宫廷燕乐,

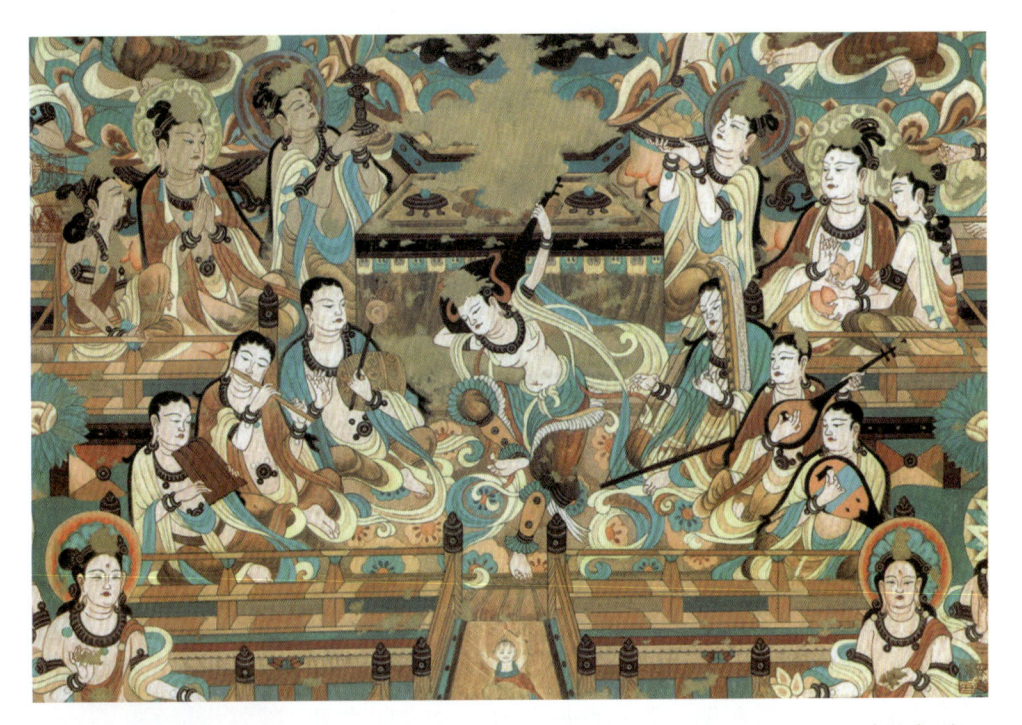

敦煌歌舞壁画

大曲这样含有戏剧因素的舞蹈，宗教祭祀活动中的舞蹈以及节日群众自娱性的歌舞活动。

唐代的表演性舞蹈，按其风格特点大体可以分为"健舞"和"软舞"两大类，在中国史书上亦有"武舞"与"文舞"之称谓。软舞舞姿优美柔婉，抒情性强，节奏比较舒缓；健舞舞姿矫捷雄健，节奏明快，大多来自西域和中亚、波斯等地。霓裳羽衣舞被赞为唐代歌舞的顶峰，属于软舞。杨贵妃根据乐曲表演舞蹈，她的绝妙舞姿和许多诗人的咏叹使得《霓裳羽衣曲》享有盛誉，历久不衰。

## 三　悠扬的琴声

在中国古代，琴、棋、书、画历来被视为文人雅士修身养性的必由之径，吹箫抚琴、吟诗作画、登高远游、对酒当歌成为文人士大夫生活的生动写照。

## 人间烟火 ——百姓生活里的传统文化

古琴因其清、和、淡、雅的音乐品格寄寓了文人傲骨凌风、超凡脱俗的处世心态。

古琴，又称瑶琴、玉琴、七弦琴，是中国传统拨弦乐器，属于八音中的丝。古琴音域宽广，音色深沉，余音悠远。

古琴起源很早，《琴操》记载："伏羲作琴。"《琴当序》中记载："伏羲之琴，一弦，长七尺二寸。"《礼记》记载"舜作五弦之琴以歌南风"。汉代桓谭《新论》中则说："神农之琴，以纯丝做弦，刻桐木为琴。至五帝时，始改为八尺六寸。虞舜改为五弦，文王武王改为七弦。"这些记载虽说法不一，但可见中华古琴文化的源远流长。

周代时，古琴除用于郊庙祭祀、朝会、典礼等雅乐外，也兴于民间。西周时的钟仪是现存记载中最早的一位专业琴人。《诗经》中多次提到古琴，如"窈窕淑女，琴瑟友之""我有嘉宾，鼓瑟鼓琴""妻子好合，如鼓瑟琴""鼓钟钦钦，鼓瑟鼓琴""琴瑟击鼓，以御田祖""琴瑟在御，莫不静好"等。这说明古琴在周代已是一件在民间非常普遍、非常受人们喜爱的乐器。

春秋战国时期，琴乐得到了很大的发展和普及，涌现出不少琴人。孔子对琴十分推崇，能弹琴唱诗经三百首，还曾向师襄学琴。伯牙和子期"高山流水觅知音"的故事成为广为流传的佳话美谈。琴作为主要的乐器，被赋予修心养性的功能和审美，所谓"君子之近琴瑟，以仪节也，非以愉心也"和"士无故不撤琴瑟"。

汉初七弦琴结构简单，音箱较小，共鸣声小，尾部为实木，面板无徽位。东汉至魏晋时期，琴在士人中非常流行。蔡邕所著《琴操》是现存介绍早期琴曲

宋徽宗《听琴图》

最为丰富而详尽的专著，又传他曾用灶余焦木制成著名的"焦尾琴"。此外还有刘向所著《说苑·琴录》、扬雄所著《琴清英》、琴曲《广陵散》，也在此时广为流传。士族阶层琴风盛行，出现大量文人琴人，如"建安七子"和"竹林七贤"等，他们不仅弹奏，而且创作大量琴曲。嵇康给予古琴"众器之中，琴德最优"的至高评价，终以在刑场上弹奏《广陵散》作为生命的绝唱。

隋唐时期流行燕乐歌舞，琴风稍落，但弄琴者不乏其人，刘禹锡在他的名篇《陋室铭》中勾勒出一个"可以调素琴、阅金经。无丝竹之乱耳，无案牍之劳形"的淡泊境界。宋代自太宗起，朝野上下都十分好琴，无不以能琴为荣，达到历代好琴的顶峰。南宋姜夔作琴歌《古怨》，是现存最早的琴歌。明代造琴之多盛况空前，好琴者甚多，宗室制琴就有宁王、衡王、益王、潞王四大名家。

古琴一向被视作"华夏正声""元音雅乐"的代表，琴乐在整个中国音乐结构中属于具有高度文化属性的一种音乐形式。古琴蕴含着丰富而深刻的文化内涵，千百年来一直是中国古代文人、士大夫手中爱不释手的器物。所谓君子"不撤琴瑟"，把琴作为修心养性的工具。"和雅""清淡"是琴乐标榜和追求的审美情趣，"味外之旨、韵外之致、弦外之音"是琴乐深远意境的精髓所在。陶渊明说"但识琴中趣，何劳弦上声"，白居易也说"入耳淡无味，惬心潜有情。自弄还自罢，亦不要人听"。琴的美妙声音能使人消除躁动，荡涤杂虑，达到心灵的平静。一张琴，可以营造一个安顿心灵的空间。

古琴艺术能独树一帜且备受推崇，是因为其音乐特质顺乎自然、耐人寻味，符合中华传统文化追求意境、崇尚内在和含蓄内敛的特征。它蕴藏着中华民族文化精神的内核，体现了古人修身悟道的德行，而成为人格培养和精神升华的重要方式和手段。

古琴之音既醇厚淡雅，又清亮绵远，意趣高雅，乐而不淫，哀而不伤，怨而不怒，中正平和，无过无不及。"琴之为器也，德在其中"，琴道更是有素养的文人士大夫一生的追求。抚琴作为修身养性的方式之一，令历代文人雅士沉醉。嵇康在《琴赋》中说："物有盛衰，而此（古琴）无变；滋味有厌，而此不倦。可以导养神气，宣和情志。处穷独而不闷者，莫近于音声也。是故复之而不足，则吟咏以肆志；吟咏之不足，则寄言以广意。"

古代诗词、史书、小说、戏文、绘画等，都有古琴的存在。直到今天，有着数千年历史的古琴艺术仍然在继续传承。古琴曲存世3360多首，琴谱130多部，琴歌300首。

## 四　"百戏之祖"昆曲

昆曲，原名"昆山腔"，或简称"昆腔"，是中国古老的戏曲声腔、剧种，现又被称为"昆剧"。昆剧是明代中叶至清代中叶戏曲中影响最大的声腔剧种，是中国戏曲史上具有最完整表演体系的剧种，基础深厚，遗产丰富，是中国传统文化艺术高度发展的成果，很多剧种是在昆剧的基础上发展起来的，因此昆剧被称为"百戏之祖，百戏之师"。

昆曲发源于14世纪中国的苏州昆山，由昆山人顾坚草创。嘉靖年间，昆山艺人魏良辅综合众人的演唱经验，吸收海盐、弋阳各腔之长，融合北曲的演唱技巧，对流行于昆山一带的唱腔曲调进行改造，成为耳目一新的昆山腔。新的昆腔在咬字发音上富有字头、字腹、字尾、开口、闭口、鼻音等种种技巧，喉转声音像蚕丝一样轻柔婉转，并兼有弋阳、海盐、北曲的韵味，成为一种凄婉、深邃的全新风格。因为这种腔调软糯、细腻，好像江南人用水磨粉做的糯米汤团，因此俗称"水磨调"。这就是今天的昆曲。

梁辰鱼率先运用新的昆腔演唱他所创作的《浣纱记》，使昆腔显现出质的飞跃，刺激了戏曲创作的发展，并且迅速兴盛起来。万历年间，昆曲飞速

发展，涌现了大量优秀剧本，演出也盛况空前。据记载，当时仅苏州一地，昆曲的专业演员就有好几千人。演出的场合也各式各样，家里、草台、乡间，甚至江南水乡的楼船上也能演昆曲。有的大型演出中还出现了"万余人齐声呐喊"的盛况。

昆曲经过魏良辅的改革、梁辰鱼的发展，在柔美、清婉的特点之上又吸收了北曲激昂慷慨的特点。其作品大多有华美纤丽的辞藻，写一些缠绵悱恻的艳情。徐渭在

明代厅堂演剧图

《南词叙录》中说："昆腔流丽悠远，出乎元腔之上，听之最足荡人。"

这一时期，传奇作家创作了大量爱情题材的剧作。比较著名的有孙柚描写卓文君故事的《琴心记》，王玉峰描写王魁和敫桂英故事的《焚香记》等。有些作家力图在描写爱情题材的作品中表现较丰富的社会内容，如朱鼎的《玉镜台记》，虽然写的是温峤和刘润玉的悲欢离合，但把人物的命运同国家社会的命运联系了起来。有些剧作家以民间长期流传的故事为题材进行创作，如许自昌描写宋江故事的《水浒记》，佚名作者描写刘备三顾茅庐请诸葛亮的《草庐记》，佚名作者描写包公智断真假金牡丹故事的弋阳腔剧本《鱼篮记》等。

吴江派的沈璟和临川派的汤显祖是这一时期的著名代表人物。吴江派是

## 人间烟火 ——百姓生活里的传统文化

万历年间的戏曲文学流派之一，以吴江人沈璟为首。沈璟的昆曲创作注重戏剧自身的艺术特性，特别重视曲律，力求修辞本色，强调创作时曲词要符合音韵格律，为当时及后世的剧作家提供了适合舞台演出的规范性样本，形成了影响和势力都颇为强大的吴江派。

汤显祖是明代最伟大的剧作家。代表作是《牡丹亭》（又名《还魂记》），它和《邯郸记》《南柯记》《紫钗记》合称为"玉茗堂四梦"。汤显祖曾说："一生四梦，得意处惟在牡丹。"《牡丹亭》共55出，写的是杜丽娘与书生柳梦梅的爱情故事。南安太守杜宝之女名丽娘，才貌端好，从师陈最良读书。她读《诗经·关雎》时感时伤怀，伤春而寻春，从花园游玩回来后梦中见一书生持半枝垂柳前来求爱，两人在牡丹亭畔幽会。梦醒之后，杜丽娘从此思念梦中人，愁闷消瘦，一病不起。弥留之际，她要求母亲把她葬在花园梅树下，又嘱咐丫鬟春香将自己的画像藏在太湖石底。杜父升任淮阳安抚使，委托陈最良埋葬了女儿，并修建梅花庵观。贫寒书生柳梦梅赴京应试，借宿梅花庵中，在太湖石下拾到杜丽娘的画像，发现画中人是他曾梦见在一座花园的梅树下站立的一位佳人，说同他有姻缘之分。杜丽娘魂游后园，和柳梦梅再度幽会。柳梦梅因此掘墓开棺，杜丽娘起死回生，两人结为夫妻。《牡丹亭》表现了青年男女为了爱情和自由，冲破封建礼教和伦理束缚，追求个性解放的思想倾向，表达了作者对于真挚的爱情可以超越生死、时间界线的美好希望。

《牡丹亭》问世后，引起了许多人的共鸣，演出时有情人"无不歔欷欲绝，恍然自失"。据说娄江俞二娘为读《杜丽娘》婉愤而死，杭州女伶商小玲唱至《寻梦》时感怀身世，气绝舞台。

汤显祖这样的戏剧大师和《牡丹亭》等杰作的出现，吴江派这样颇具实力的剧作家群体的形成，标志着昆曲创作开始进入全盛时期。在汤显祖、沈璟等的带动下，昆曲创作日新月异，硕果累累，先后产生了一大批著名剧作。

明末清初，苏州地区又出现了一个昆曲作家群，后人称之为苏州派。他们更加关注现实，超越了昆曲过分重视优美的美学传统，显示出宏大的叙事风格。苏州派剧作家中以李玉的成就为最大，共写出《清忠谱》《千忠戮》《一捧雪》《占花魁》等30多种优秀的昆曲作品，赢得了当时及后世大批观众的喜爱。清初剧作家李渔（1611—1680年）创作了10个昆曲剧本，在艺术上有很多新颖的见解。

清康熙年间，洪昇（1645—1704年）的《长生殿》和孔尚任（1648—1718年）的《桃花扇》两部集大成式的重要昆曲作品相继问世，标志着昆曲创作达到一个新的高潮。

## 五　戏坛独秀的京剧

中国戏曲起源于原始歌舞，到宋代时形成了比较完整的戏曲艺术。它的特点是将众多艺术形式以一种标准聚合在一起，由文学、音乐、舞蹈、美术、武术、杂技以及表演艺术综合而成。中国戏曲约有360多个种类，经过长期的发展演变，京剧、越剧、黄梅戏、评剧、豫剧五大戏曲剧种逐步成为中国戏曲艺术的核心。

京剧，又称平剧、京戏，是中国影响最大的戏曲剧种，分布地以北京为中心，遍及全国，影响甚广，有"国剧"之称。以梅兰芳命名的京剧表演体系被视为东方戏剧表演体系的代表，为世界三大表演体系之一。

清乾隆五十五年（1790年）起，原在南方演出的三庆、四喜、春台、和春四大徽班陆续进入北京。至嘉庆初，徽班在北京戏曲舞台上已取得主导地位。据《梦华琐簿》记载："戏庄演剧必'徽班'。戏园之大者，如'广德楼''广和楼''三庆园''庆乐园'，亦必以'徽班'为主。下此则'徽班''小班''西班'，相杂适均矣。"

道光二十年至咸丰十年间（1840—1860年），徽戏、秦腔、汉调合流，并借鉴吸收昆曲、京腔之长，通过不断交流、融合，最终形成京剧。形成京剧的标志：一是曲调板式完备丰富，超越了徽、秦、汉三剧中的任何一种，唱腔由板腔体和曲牌体混合组成，声腔主要以二簧、西皮为主；二是行当大体完备；三是形成了一批京剧剧目；四是出现了程长庚、余三胜、张二奎为代表的杰出演员，时称"老生三杰""三鼎甲"。他们在演唱及表演风格上各具特色，在创造京剧的主要腔调西皮、二簧和京剧戏曲形式以

山西洪洞县广胜寺大殿壁画（局部）中的戏剧演员

及具有北京语言特点的说白、字音上，做出了卓越贡献。在第一代京剧演员中，还有其他一些杰出演员，他们为丰富各个行当的声腔及表演艺术均有独特贡献。

　　清末民初，京剧步入成熟期，代表人物为时称"老生后三杰"的谭鑫培、汪桂芬、孙菊仙。谭鑫培承程长庚、余三胜、张二奎各家艺术之长，又经创新发展，将京剧艺术推进到新的成熟境界。他在艺术实践中广征博采，从昆曲、梆子、大鼓及京剧青衣、花脸、老旦各行中借鉴并融于演唱之中，创造出独具演唱艺术风格的"谭派"，形成了"无腔不学谭"的局面。光绪年间，谭鑫培被称为"伶界大王"。汪桂芬艺宗程长庚，演唱雄劲沉郁，悲壮激昂，

腔调朴实无华，有"虎啸龙吟"的评价。他因"仿程可以乱真"而有"长庚再世"之誉。孙菊仙嗓音洪亮，高低自如，念白不拘于湖广音和中州韵，多用京音、京字，听来亲切自然，表演大方逼真，贴近生活。这一时期，旦角崛起，形成了旦角与生角并驾齐驱之势。武生俞菊笙成为武生自立门户挑梁第一人，被后人称为"武生鼻祖"。

慈禧太后好京剧，京剧名家频繁进宫献艺。同时，位于大栅栏的广德楼、三庆园、庆乐园、中和园、文明园等戏园日日有京剧演出，形成了京剧繁盛的态势。

1917年以后，京剧优秀演员大量涌现，呈现出流派纷呈的繁盛局面。1927年，北京《顺天时报》举办京剧旦角名伶评选。读者投票选举结果显示，梅兰芳以演《太真外传》，尚小云以演《摩登伽女》，程砚秋以演《红拂传》，荀慧生以演《丹青引》荣获"四大名旦"。"四大名旦"脱颖而出，是京剧走向鼎盛的重要标志。他们创造出各具特色的艺术风格，形成了梅兰芳的端庄典雅、尚小云的俏丽刚健、程砚秋的深沉委婉、荀慧生的娇昵柔媚"四大流派"，开创了京剧舞台上以旦角为主的格局。武生杨小楼继俞菊笙、杨月楼之后，将京剧武生表演艺术发展到新高度，被誉为"国剧宗师""武生泰斗"。老生中的余叔岩、高庆奎、言菊朋、马连良，20世纪20年代时被称为"四大须生"。

京剧在文学、表演、音乐、舞台美术等各个方面都有一套规范化的艺术表现程式。京剧的唱腔属板式变化体，以二簧、西皮为主要声腔。京剧伴奏分文场和武场两大类，文场以胡琴为主奏乐器，武场以鼓板为主。京剧的角色分为生、旦、净、丑、杂、武、流等行当，各行当都有一套表演程式，唱念做打的技艺各具特色。

京剧以历史故事为主要演出内容，传统剧目约有1300多个，常演的在三四百个以上。

如今，京剧被称为"国剧"，被赞誉为"国粹"，是许多人喜欢欣赏的艺术形式。京剧是中华民族传统文化的重要表现形式，其中的多种艺术元素被用作中国传统文化的象征符号。

# 第十四章　大放异彩的古典文学

## 一　《诗经》：中国诗歌的开端

中华民族是一个饱含诗意的民族。自古以来，人们创造了各种诗歌形式，热情地歌颂生命和生活，表达对自然、世界和人生的感受，表达对美好生活的追求和向往。中国的诗词歌赋是极为丰富的文学宝库。

早在原始社会时代，就出现了文学的萌芽。当时的文学样式有神话和歌谣。它们都是集体的口头创作，在长期流传中不断得到加工改造。它们形式简单，风格质朴，大都与原始的宗教仪式和祭祀活动结合在一起。后来，随着文字的产生，逐渐形成了书面文学。

《诗经》是中国第一部诗歌总集，汇集了从西周初年到春秋中期500多年的诗歌305篇，代表了当时文学的最高成就。

《诗经》中的诗，最初都是配乐的歌词，保留着古代诗歌、音乐、舞蹈三者结合的形式，只是后来乐谱和舞姿失传，只剩下歌词，于是就成为现在我们所见到的一部诗集了。

相传中国周代设有采诗之官，每年春天，摇着木铎深入民间收集歌谣，把能够反映人民欢乐、疾苦的作品整理后交给太师（负责音乐之官）谱曲，演唱给天子听，作为施政的参考。《汉书·食货志》说："孟春之月，群居者将散，行人振木铎徇于路以采诗，献之太师，比其音律，以闻于天子。故曰王者不窥牖户而知天下。"周朝朝廷派出专门的使者在农闲时到全国各地采集民谣，由周朝史官汇集整理后给天子看，目的是了解民情。当时的采诗官被称为"行人"。

据说原有古诗3000篇，孔子根据礼义的标准编选了其中300篇，整理出了《诗经》。《汉书·艺文志》说："诗言志，歌咏言。故哀乐之心感，而歌咏之声发。诵其言谓之诗，咏其声谓之歌。故古有采诗之官，王者所以观风俗、知得失、自考正也。孔子纯取周诗，上采殷，下取鲁，凡三百五篇。"

《诗经》分"风""雅""颂"三部分，"风"为土风歌谣，"雅"为西周王畿的正声雅乐，"颂"为上层社会宗庙祭祀的舞曲歌词。

"风"的意思是土风、风谣，包括了各地方诸侯国，大部分是黄河流域的民间乐歌，多半是经过润色后的民间歌谣，都为反映人民生活，特别是爱情生活的民间小调，叫"十五国风"。"国风"保存了不少劳动人民的口头创作，以朴素的生活画面反映社会现实，表达了人们争取美好生活的信念，是我国最早的现实主义诗篇。"国风"是《诗经》的核心内容，最富于文学价值。

"雅"是朝廷的正声雅乐，共105篇，又按音乐的不同，分为"大雅"（31篇）和"小雅"（74篇）。"大雅"用于诸侯朝会，多为贵族所作；"小雅"用于贵族宴享，多为个人抒怀。"雅"固然多半是贵族文人的作品，但"小雅"中也不少类似风谣的劳人思辞，如《黄鸟》《我行其野》《谷风》《何草不黄》等。"大雅"的一部分是周初的史诗。史诗是历史的第一页，周代史诗的内容主要叙述自周始祖后稷至武王灭商这一时期的历史。

"颂"训为"容"，即样子、姿态。"颂"是宗庙祭祀的乐歌和史诗，即用来祭祀神祇和祖先的舞蹈音乐，内容多是歌颂祖先功业的诗句。如"周颂"是西周王朝的祭歌，在祭祀宗庙时借以歌颂周朝祖先的功德。《毛诗序》说："颂者美盛德之形容，以其成功告于神明者也。"这是"颂"的含义和用途。

《诗经》的创作年代大体为"周颂"全部和"大雅"的大部分是西周初年的作品，"大雅"的小部分和"小雅"的大部分是西周末年到春秋时的作品，"国风"的大部分和"鲁颂""商颂"的全部则是周室东迁以后至春秋中叶的作品。

《诗经》内容丰富，反映了劳动与爱情、战争与徭役、压迫与反抗、风俗与婚姻、祭祖与宴会，甚至天象、地貌、动物、植物等方方面面，是周代社会生活的一面镜子，被誉为古代社会的百科全书，具有重要的历史价值，是我们了解那个时代的直接的文献资料。司马迁在《报任少卿书》中自述创作《史记》的动机时曾说："《诗》三百篇，大底圣贤发愤之所为作也。此人皆意有郁结，不得通其道，故述往事，思来者。"

《诗经》在春秋战国时期有着非常广泛的影响，那时的士人们已经把《诗经》作为语言辞令的教科书。孔子十分重视《诗经》，他说："不学诗，无以言。"（《论语·季氏》）学了《诗经》之后，就能懂得怎样遣词造句，怎样表达自己的情感。因为《诗经》描述了各种事物的方方面面，通过学《诗经》就可以懂得很多实用的知识。孔子又说："诵《诗》三百，授之以政，不达；使于四方，不能专对；虽多，亦奚以为？"（《论语·子路》）这是说《诗经》已经成为当时外交场合中常用的表意语言。孔子多次训诫其弟子及儿子要学《诗经》，以作为立言、立行的标准，认为学习《诗经》可以启迪人的精神，使人产生美感。先秦诸子中多有人引用《诗经》，如孟子、荀子、墨子、庄子、韩非子等人在说理论证时，多引述《诗经》中的句子以增强说服力。

《诗经》是中国古代诗歌的开山之作，是中国古代文化的重要典籍。至汉代，《诗经》被儒家奉为经典，成为《六经》及《五经》之一。"它的思想倾向于艺术风格影响后世文学至远至深，一部中国文学史，可以说是在《诗》的导引下得以发展的。"[1]

---

[1] 冯天瑜：《中华元典精神》，上海人民出版社1994年版，第55页。

人间烟火 ——百姓生活里的传统文化

## 二 光辉灿烂的唐诗

唐代是中国诗歌创作成熟的时期。

中国是诗的国度，中国的诗歌有非常悠久的历史。先秦两汉时期，一部《诗经》，一部《楚辞》，还有几十篇汉乐府，足以让人自豪。隋唐之前的魏晋南北朝时期，被称为"文学的自觉"时代，诗歌创作已达到很高的水平，出现了古典诗歌的真正繁荣。这一时期思想的大解放、五言诗的成熟、音韵学研究的成果等，为唐诗的出现和繁荣打下了良好的基础。唐代诗人上承魏晋诗风，继承和改革了魏晋南北朝的诗歌传统，使中国诗歌创作达到高度成熟境界。建安文学发达于2、3世纪之交，唐代诗歌可以说是500年诗史之总结。律诗与绝句是唐代诗歌的精华，但这是集500年诗家的努力，才得以诞生的诗界之精华。正如有论者指出的："正因为有建安的风骨，然后形成唐诗的遒劲；有两晋的意境，然后形成唐诗的高妙；有宋齐的藻绘，然后形成唐诗的清丽；有齐梁的声病之论，然后形成唐诗声韵的谐美；有梁陈的宫体，然后形成唐诗的细腻。"

唐代是中国文学艺术史上一个光辉灿烂的时代。唐代文学艺术的光辉灿烂，首先是因为有了光辉灿烂的唐诗。大唐以诗文而闻名，独步一时，令后人神往、敬仰、追寻和陶醉。正是绚丽多彩、气度非凡的万千诗篇营造了唐代文学的巅峰状态，如果没有唐诗，唐代文学乃至整个中国文学史就会黯然失色；甚至可以说，如果没有唐诗，所说的盛唐气象

南宋梁楷《李白行吟图》

便会失去很多风采;没有唐诗,就没有中华文化的辉煌灿烂。唐朝,首先是诗的朝代。假若人们对中国文化史上的每一阶段只指认一种最有代表性的文化现象或文化创造,那么对于唐代,仍得说那是唐诗。

唐代诗歌在中国历代诗歌中最华美、最丰富,艺术水平也最高。它和唐代书法、绘画、音乐一起,配以强大国力、空前的自信与开放,形成令后人无限向往的大唐风韵、盛唐之音。

唐代是诗歌创作空前活跃的时代、诗人辈出的时代,同时也是全民诗情勃发的时代。从皇帝到平民,从达官贵人到贩夫走卒,无不写诗爱诗。唐代的君主大都喜爱或能作诗歌,特别受到重视的进士科考试也以诗歌为重要内容,唐代文人以诗会友、酬赠唱和的情形十分普遍,这都促进了唐代诗歌的繁荣。不仅如此,当时整个社会都弥漫着炽热的诗情氛围,成为一个全民"诗化"的时代。

社会各阶层人士都充满了高涨的赋诗热情。在流传下来的唐诗中,其作者既有帝王名士,又有布衣平民、僧道隐士,还有少儿妇女。现存唐诗情况,据清人《全唐诗》及今人陈尚君《全唐诗补编》计,有姓名可考的作者有3600余人,有诗55000余首。在那名家辈出、名作如林的诗坛上,出现了李白、

清王鸿绪《行书杜甫诗轴》

杜甫、白居易等影响远及世界的伟大诗人,产生了山水田园诗派、边塞诗派、新乐府诗派、韩孟诗派等风格不同的诗人流派。

唐代诗歌在前人诗歌的基础上形成了丰富多样的体式,包括了古体诗(五言、七言、七言歌行)、近体诗(五、七言律诗,绝句,排律)、乐府诗(古体乐府、新乐府)以及新产生的词体。其中五、七言律诗是唐代新兴的诗体,具有格律严整、音韵协调、技巧精美等特点。新乐府诗经杜甫、白居易大量写作,也形成感讽时事的传统。这些都是前所未有的成就。唐代诗人还对诗歌的形式技巧和艺术风格进行了深入探讨,唐人的诗论对后世的诗论和诗歌创作都有很大的影响。

唐代诗歌的发展一般分为初唐、盛唐、中唐、晚唐四个时期。

初唐诗人的代表是有"初唐四杰"之称的王勃、杨炯、卢照邻、骆宾王。王、杨、卢、骆四位青年豪杰之士,不但诗名早著,而且文名很大,一些名篇挟风带雨,英气逼人。闻一多论"初唐四杰",认为他们改变宫体诗的功绩之一是将诗歌引向了"江山"与"塞漠"。他们才华横溢,突破南朝绮丽柔弱的宫体诗风,通过自己的诗作抒发激愤不平之情和壮烈的胸怀,拓宽了诗歌题材,表现出激越浑厚的情调和慷慨情怀。"四杰"之后的陈子昂也是初唐诗人的杰出代表。陈子昂的名作《登幽州台歌》"前不见古人,后不见来者。念天地之悠悠,独怆然而涕下!"表现了宇宙茫茫、历史悠悠,而人生有限的深沉思索,笔力雄浑刚健,境界苍凉壮阔,预示着盛唐"风骨"行将到来。

唐玄宗开元、天宝年间是盛唐时期,也是唐诗的辉煌时代、中国有史以来文学创作最为发达的时代,文学史上有"盛唐气象""盛唐之音"的称誉。大体而论,盛唐的诗人可分为两大类:一类是以孟浩然、王维为代表的山水田园诗人,一类是以高适、岑参为代表的边塞诗人。山水田园诗侧重描绘幽静秀美的自然境界,表现闲淡清远的个人心境,反映了情景相生、意趣空灵的审美境界。边塞诗则气象开阔、激越豪迈、昂扬奋发,生动展示了惊心动魄的军旅生活和绚丽多彩的边塞风光，集中表现了唐代士人慷慨任侠的男儿风度和建功边塞的英雄气概。

被后人誉为"诗仙"的李白和被后人誉为"诗圣"的杜甫是盛唐诗坛的两座高峰，他们在中国诗歌发展史上有着重要的地位和深远的影响。李白一生中写了大量诗歌，至今仍存的就有990多首。这些诗歌充分展示了诗人非凡的抱负、奔放的激情、豪迈的气概，也集中代表了盛唐诗歌昂扬奋发的典型音调。与豪放奔涌、无所掩饰的感情气势相适应，李白的诗歌在艺术手法上的显著特点是想象神奇、变化多端，结构纵横跳跃，句式长短错落，形成了豪迈飘逸的风格。

杜甫创作了大量忧国忧民、感讽时事的诗歌，展现了唐朝由盛而衰时期广阔的社会生活画卷，历来被认为具有"诗史"的意义。杜甫在安史之乱期间写的最有名的诗篇"三吏"（《石壕吏》《潼关吏》《新安吏》）和"三别"（《新婚别》《垂老别》《无家别》），深刻地刻画了当时广大劳动人民在沉重的兵役徭役下水深火热的生活。杜甫的诗歌现存1400多首，不仅在内容方面博大精深，而且在艺术形式方面也"千汇万状，兼古人而有之"。他的诗歌在题材内容、诗歌体式和修辞技巧等方面都集前人诗歌传统之大成，并有所创新和发展。后代评论者说："诗至杜甫，无体不备，无体不善。"杜甫对中国诗歌的发展产生了极为深远的影响。

中唐的著名诗人首先是"大历十才子"。"大历"是唐代宗的年号（766—779年）。这"十才子"是卢纶、吉中孚、韩翃、司空曙、苗发、崔峒、钱起、耿㴋、夏侯审、李端。他们的诗作延续了杜甫诗反映民生疾苦、规讽时政的创作倾向。在此之后，相继又涌现出一大批风格各异的著名诗人，包括白居易、元稹、韩愈、孟郊、贾岛、李贺、柳宗元、刘禹锡等，他们的诗歌都在继承盛唐成就的基础上走出了新路。白居易的诗歌现存近3000首，在唐代诗人中首屈一指。白居易的诗歌平易浅近，在当时流播很广，甚至远及日本，对日本文学产生很大影响。

晚唐最杰出的诗人是杜牧和李商隐,他们与盛唐的李白、杜甫前后相映,被称为"小李杜"。杜牧在晚唐诗坛独树一帜,他所擅长的七言律、绝,俊爽清丽,又感慨深沉。李商隐的诗寄慨遥深,构思细密,语言清丽,韵律和谐,工于比兴,巧于用典,自成一家风格。他的作品中最有特色的是爱情诗,感情深挚绵长,意象朦胧隐曲,语言精美,韵律和谐,达到前人爱情诗所没有达到的艺术境界。

唐诗是中国古代文学的高峰,鲁迅曾有"古诗都被唐人做完了"的感喟。当然,并非真的好诗全然做完,后人已没诗可作,而是唐诗已经达到历史最高峰,具有永久的魅力。在古代诗歌体裁这个范围内,后人已经很难超越了。

## 三 婉约与豪放的宋词

宋代文学的最高成就是宋词。宋词被视作一代文学的标志。就像人们说唐代文学要着重讲唐诗一样,讲宋代文学,则要讲宋词。唐诗、宋词和元曲往往并称,前人有"诗盛于唐,词盛于宋,曲盛于元"之说,都是中国文学史上的高峰。

词是从中唐以后流行起来的一种新诗体,唐、五代通称为曲子词,原是为乐曲配唱的,后来逐渐脱离乐曲而成为独立的文体,简称为"词"。每首词最初都有与其相配合的乐调,称为词调;每一词调都有一个或几个名称,称为词牌;每一词调在句数、字数和声韵方面都有特定的格律形式,称为词谱。因为多数词谱的句式长短不齐,所以词又称"长短句"。写词,要依谱填写,叫作填词。

词从晚唐五代发展到宋代,呈现出空前繁荣、多姿多彩的面貌,在中国文学史上占有特殊地位。"宋代的词,则把这种晚唐、五代草创时期的文体,发展为一种成熟的可歌可吟的文艺样式，有着以前任何一种文体所没有的广为群众所爱好的特点。"[1]由于词是合乐诗体，既可传诵于文士案头，又能流播于乐人歌喉，流传广远，风行于社会各阶层，拥有广泛的创作队伍。宋代词作，据《全宋词》辑录，共收词人1300余家，词章近20000首。孔凡礼《全宋词补辑》又增收词人百家，词作400多首。

清赵冕《写东坡词意图》

宋词大体上可分为婉约和豪放两种风格流派。

婉约派的词，内容主要写男女情爱，离情别绪，伤春悲秋，光景流连。其风格大都婉丽柔美，含蓄蕴藉，情景交融，声调和谐，典雅深婉，曲尽情悰。像柳永的"今宵酒醒何处？杨柳岸，晓风残月"，晏殊的"无可奈何花落去，似曾相识燕归来"，晏几道的"舞低杨柳楼心月，歌尽桃花扇底风"等名句，都是情景交融的抒情杰作。

豪放词作是从苏轼开始的。他把词从娱宾遣兴里解放出来，发展成独立的抒情艺术。山川胜迹、农舍风光、优游放怀、报国壮志，在他手下都成为词的题材，他使词从花间月下走向了广阔的社会生活。不过，这两种风格既有区别的一面，也有互补的一面。上乘词作往往豪放而含蕴深婉，婉约而清新流畅，隐有豪气潜转。

宋词的发展一般分为北宋前期、北宋后期和南宋三个阶段。

---

[1] 杨渭生等：《两宋文化史》，浙江大学出版社2008年版，第657页。

## 人间烟火 ——百姓生活里的传统文化

北宋前期的词大体沿袭晚唐五代时期形成的婉约艳丽的风格。这时的代表词人晏殊、晏几道、欧阳修等主要写作小令,丰富和提高了传统令词的表现手法和格调。晏殊的词具有特殊的娴雅气度和婉转情思,而晏几道的词则章法曲折多变,情感起伏婉转,具有凄清顿挫的艺术风格。欧阳修的词大多写离别相思题材,独具清流和婉的风格。他还写了一些即景抒怀的词,写景清流如画,格调欢快轻松,表现了士大夫流连风景的雅兴。

柳永的"慢词"(长调)开创了宋词的崭新天地。柳永原名柳三变,有人在宋仁宗面前举荐他,仁宗批了四个字:"且去填词。"故自称"奉旨填词柳三变"。柳永是全力作词的名家,有《乐章集》传词近200首。他的突出贡献是创制了大量篇幅较长的慢词长调,扩大了词体的容量,其中有的长达200字。他的词大都明白如话,通俗流畅,音调谐婉,善用铺叙手法做细致的描绘,甚至不避俗俚,如"衣带渐宽终不悔,为伊消得人憔悴""系我一生心,负你千行泪"等情话,似叙家常般脱口而出。柳永的词深受市民大众的欢迎,并对后来的词人产生了不小的影响。

苏轼是北宋词坛独树一帜的大家,在诗、词、散文方面都有着极高的成就和独特的艺术风格。在词的创作方面,他打破了"诗庄词媚"的观念,开创了豪放词派,使词冲破了艳科的藩篱。他开拓了词的题材领域和境界,使词成为一种随意抒情写景、无事不入的新诗体,表现了独具个性的人生体验和思想感情。苏轼现存300多首词作,涉及感旧怀古、抒情议论、记游咏物、乡村风物、山水景色、朋友赠答诸多题材,完全突破了词为艳体的传统界限。他还开创了旷达豪放的词风,读其词"使人登高怀远,举首高歌,而逸怀浩气,超然乎尘垢之外"。如他的《念奴娇·赤壁怀古》,境界壮阔,气势奔放,情感深沉。

苏轼的词还善于借景寓理,表达深沉复杂的人生感慨,从而形成了旷达的风格,开创了"独树一帜,不域于世,亦与他家绝殊"的一代词风,奠定了苏轼在有宋一代,乃至中国词史上举足轻重的地位。苏轼的词在当时词坛引起了广泛反响,北宋后期的许多词人受到了苏轼的影响。

南宋的词人首推辛弃疾。辛弃疾存词600多首,向来被人称为"英雄之词"。这些词热烈歌咏历史上建立功业的英雄人物,表现了辛弃疾壮志难酬、报国无路的悲愤心情,和以英雄自许、以恢复中原为己任的壮志豪情。辛弃疾这类"英雄之词"大都使气逞才而作,激昂悲壮,沉郁雄放。在词史上他和苏轼并称"苏辛",成为豪放词派的主要代表。

在南宋,女词人李清照的词作则与辛弃疾完全异趣。李清照,号易安居士,是一位诗、词、文、赋都有成就的作家,但最擅长的是作词。她的前期词作主要描写伤春怨别和闺阁生活,后期的则是靖康之变、避乱江南之后所作,充满了"物是人非事事休"的浓重感伤情调,表达了她对故园、旧事的深情眷恋。她善用白描,并以生动的形象描绘来表达抽象的思想感情,语言自然清新,具有独特的艺术风格。

李清照以其女性身份和特殊经历写词,塑造了前所未有的个性鲜明的女性形象,从而加深了传统婉约词的情感深度和思想内涵。她的词独具风貌,被后人称作"易安体"。陈廷焯评价李清照词说:"易安格律绝高,不独为妇人之冠,几欲与竹屋、梅溪分庭抗礼。又易安词骚情诗意,高者入方回之室,次亦不减叔原、耆卿。"

南宋词人中较著名的还有姜夔、王沂孙、张炎、吴文英、周密,后四人号为"宋末四大家"。他们作词追求格律精严,造语精工,意境清幽,艺术上各有所长,其中也有一些作品表达了家国之恨,但情调低沉。

宋代是词繁荣兴盛的时代。文学史上词以宋称,说明了宋词代表一代文学的重要地位。

## 四　唐宋八大家

　　散文创作在先秦时即呈现繁荣局面,出现了诸子散文和《春秋》《左传》《战国策》这样的史学名著。中国古代散文,先秦散文为第一个大高潮,影响极为深远,后来中国的一切散文传统莫不与之相关联。汉代,散文又一次出现高潮,论说散文风格多样,品类繁多,名作如林。特别是班、马史作,晁、贾文章,达到了很高的成就。司马迁的《史记》,鲁迅称之为"无韵之离骚",可以称为中国散文史上的一座丰碑。

　　到唐代,散文创作十分丰富。中唐时,以韩愈、柳宗元为代表发起古文运动,提倡继承两汉散文的传统,以三代两汉的"古文"取代近世泛滥文坛的骈文。古文运动的成果,"不仅表现为中国文体史上由骈体向散体的变化,而且促成了文学散文创作的繁荣"。[1] 唐代古文运动及其代表韩、柳的散文作品是散文发展的第三个高潮。

　　韩愈、柳宗元是古文运动最有代表性的人物,他们的作品对后世散文的发展起到很大作用。韩愈留下300多篇古文,雄浑雅健,感情充沛,有浩然之气。他长于抒情,又善于选择典型情节,抒情色彩极为强烈,所写所记人物、事件特别具有立体感。他为文敢于也善于创新,能将文章旧体加以改造,打破旧时传统而另成一家。他的文章善于说理,尖锐通透,风起云涌,大气磅礴。

　　柳宗元留下400多篇古文,缜密严谨,含蓄凝敛。柳宗元议论文以说理见长,条分缕析,以理服人。柳宗元读书极多,他不但评文,而且论史,评文能辩,论史能议。论史文章鞭辟入里,议论笔笔成文,富于借古讽今的现实主义风格。柳宗元写的散文体寓言几乎篇篇精彩。他的山水游记独成一体,风格清丽,细致入微,状物绘景出神入化,几乎篇篇都是散文精品。

　　"韩、柳以自己的实践为古文创作树立了楷模,他们更广为号召,奖掖

---

[1]　孙昌武:《隋唐五代文化史》,东方出版中心2007年版,第183页。

后进。"[1]到了宋代,散文仍气势不衰,其中的领袖人物,韩、柳、欧、三苏、王、曾合称"唐宋八大家"。

宋代的散文也达到很高水平,创作十分丰富。明人宋濂说:"自秦以下,文莫盛于宋。"宋仁宗时期是散文创作的全盛时期。继唐代韩愈、柳宗元之后,相继涌现出欧阳修、曾巩、王安石、苏洵、苏轼、苏辙六位杰出的散文大家。他们在反对绮靡僵化的骈文的同时,师承韩愈的"文道合一""文以载道"。他们的散文有感而发,注重世功,鲜明体现了文道结合的主张,大都紧密地反映社会现实,指陈时弊,尖锐深刻。他们以多样化的表现手法和平易自然、流畅婉转的风格,使得绮靡浮艳风气消失殆尽,并使奇句单行的散文占据了文坛的主导地位,最终完成了唐代韩愈、柳宗元所倡导的古文革新。他们诸家之文各体兼备,独具风采,显示了宋代革新文风的巨大成果,成为后世推崇的"唐宋八大家"中的"宋六家"。而"以'唐宋八大家'为标志的古文革新,以其丰茂华赡的创作和清劲明确的理论,指引了中国封建社会中后期古文创作的道路,成为文言文创作的主流"。[2]

在北宋文学史上,欧阳修无疑是一个举足轻重的人物,为"天下翕然师尊之"的一代文学宗师。欧阳修的文学成就以散文影响最大。他一生写了500余篇散文,各体皆备,有政论文、史论文、记事文、抒情文和笔记文等。其文具有平易自然、流畅婉转的艺术风格,议论、叙事、抒情"变化开阖,因物命意,各极其工"。

欧阳修的散文继承了韩愈散文的"文从字顺",又避免了尚奇好异,叙事简括有法,议论纡徐有致,章法曲折变化,语句圆润轻快,在充分利用汉语语音轻重的同时,创作出许多具有鲜明的节奏感和深富理趣、浓郁韵味的散文作品。他的散文对后世影响非常深远,同时代的三苏、曾巩、王安石,

---

[1] 孙昌武:《隋唐五代文化史》,东方出版中心2007年版,第193页。
[2] 杨渭生等:《两宋文化史》,浙江大学出版社2008年版,第657页。

直至明代的宋濂、归有光、茅坤、唐顺之，清代的方苞、姚鼐等古文大家无不受其影响。

北宋中期，散文创作最为繁盛。继欧阳修之后，王安石、曾巩、苏洵、苏轼、苏辙等相继驰誉文坛，以绚丽多姿的创作成就开创着散文新局面。

王安石的散文雄健峭拔，简劲明快，以论说文的成就最为突出。他为文立意高远，思想深刻，析理精微，组织严密。他的论说文直陈己见，揭露时弊，议政说理，论辩驳难，无不游刃有余，得心应手，有极强的说服力。

曾巩的文章大多"本原六经"，积极宣扬儒家的民本思想，重视民生疾苦，研讨治国之道，关心吏治，砥砺臣节，以修身为中心，以济世为目的。他为文自然淳朴，不注重文采，"纡徐而不烦，简奥而不晦，卓然自成一家"。其议论文纡徐委备，近似于欧阳修的风格。曾巩行文多由远而近、由此及彼、由虚及实，层层铺垫。

苏洵与其子苏轼、苏辙合称"三苏"。曾巩在《苏明允哀辞》一文中称："三人之文章盛传于世。得而读之者皆为惊，或叹不可及，或慕而效之。"

苏洵的史论、政论大多具有论点鲜明、论据有力、善于用比、纵横恣肆、笔带锋芒的特点。

苏轼的文章识见高远、广征博引，形成自己独特的风格。苏轼自言"好观前世盛衰之迹，与其一时风俗之变"。他在议论散文中表现出渊博的历史知识，传情写意、情景交融的记叙体散文较之叙写史事、描摹刻画的功夫技高一筹。他对于事物的描写往往不局限于事物本身，而是或托物言志，或借题发挥，将自己的所思所感自然地纳入其中。苏轼散文的结构大起大落、大开大合，富于变化，又自然流畅，尤有战国时期纵横家驰骋才思、恣意笔锋的遗风。有人曾用"文势如潮"来形容苏轼的散文，谓其忽而高山仰止，忽而大渊俯危，忽而日丽风轻，忽而狂涛巨澜，呈现出一派美不胜收的绚烂景象。

苏辙擅长政论和史论，纵谈天下大事，分析时局，都能切中肯綮，针对时弊，以古鉴今。苏辙散文中的杂记文颇有文学色彩，语言平和淡泊。

除几大家散文作品之外，宋代还有不少散文佳作相继涌现。宋文有别集流传者600余人，包括流传散篇的作者合计逾万人。他们创作了大量时政论文和文艺散文名篇，确立了平易自然的文章风格，使当时"文风一变，时人竞为模范"。

## 五　活泼灵动的散曲

元代文学，以"元曲"与"唐诗""宋词"并称。我们通常称的"元曲"，包括戏曲（杂剧）和散曲两个方面，这两方面是既有联系又有区别的两种文学形式。元杂剧的主要部分曲词是合乐歌唱的，性质跟散曲一样，但杂剧的体制和所表现的生活内容要比散曲复杂、丰富得多。杂剧的文体"实际上是一种诗剧，是继唐代声诗和宋人歌词之后新兴的音乐文学"。[1]

散曲的出现和初步流行始于金末，盛行于元，是一种新兴的诗体，"是一种新的格律诗形式"。[2] 散曲在元代取得了超出传统诗词很高的艺术成就，成为极富特色的一代诗歌。

在以前的文艺类型中，散曲和词的关系最密切，体制也最接近，都属于有固定格律的长短句形式。据王国维统计，元曲曲牌出于唐宋词牌的有75种之多。所以，有人把散曲叫作"词余"。散曲和词一样，都来自民间，都是合乐歌唱的长短句。但是，词发展到南宋晚期，在文人手里日趋典雅化。到了元代，词基本上脱离了音乐，成为单纯的书面文学作品。民间的"俗谣俚曲"因跟人民生活紧密结合而得到发展。

---

[1] 王育济等：《中国文化发展史》（宋元卷），山东教育出版社2013年版，第231页。

[2] 王育济等：《中国文化发展史》（宋元卷），山东教育出版社2013年版，第231页。

散曲的语言风格与词有明显的不同。词也有写得通俗的，但其总体的倾向是精雅；散曲也有写得精雅的，但其总体的倾向是通俗。散曲的语言特点，一是大量运用俗语和口语，包括"哎哟""咳呀"之类的语气词；二是散曲的句法大都比较完整，不大省略虚词语助之类，句与句的衔接也比较连贯，一般在精练含蓄方面不太讲究；三是散曲常常通过一个短小的情节写出人物的情绪。这种写法带有一种戏剧性的效果，比诗词更显得生动。语言风格的这些特点，形成散曲活泼灵动、浅俗坦露，使得欣赏者毫无间隔感的总体风貌。

　　从音乐意义来说，散曲是元代流行的歌曲；从文学意义来说，它是一种具有独特语言风格的抒情诗。散曲最初主要在市民中间流传，所以又称为"街市小令"；但有些曲调可能是由农村传入城市的，如《采茶歌》《山坡羊》《豆叶黄》等。散曲包括"小令"和"套数"两种主要形式，小令也叫"叶儿"，套数又称"散套"。小令是单支的曲子，很像一首单调的词。词里也有小令，但词的小令单指一首五十八字以内的短调，而散曲中的小令则不限字数。小令有各种不同的曲调，如《山坡羊》《水仙子》《落梅风》等，各调的句式和字数不完全相同。

　　小令是散曲的基本单位。但如果要表达的思想内容比较复杂，只用一支曲调不足以表达，就需要采用套数。套数就是将同一宫调中的若干支曲子连缀起来歌唱，曲调的连缀不是随意的，有一定的顺序和格式。套数可长可短，最短的可以只有两支曲调，最长的则可以连用30多支曲调。

　　还有一种称为"带过曲"的，是介于小令和套数之间的一种形式。把同一曲调重复几次连在一起，称为"重头小令"，又和"带过曲"不同。据清初李玉《北词广正谱》记载，北曲共有447个曲调，其中有些是杂剧专用的，散曲（包括小令和套数）使用的不过一百六七十调。

　　元代散曲的兴起和发展，是元代俗文学兴盛的标志之一。它最初的作者大都为民间艺人，后来出现了文人专业作家。虽然也有朝廷大臣、世袭贵族写散曲的，但元代散曲的主要作者却大多是抑郁不得志的穷儒寒士、地方小吏，还有一些优伶、歌妓、江湖隐逸之士。元代文人既受到过传统诗词的教养，又熟悉民间生活和民间艺术，因此使这种人民群众喜闻乐见的俗文学在形式上更臻完善，题材、内容也得到拓展和丰富，大大发展起来。据《金元散曲》辑录，元代散曲作家200余人，作品4300多首。现存元散曲大多是歌唱山林隐逸和描写男女风情的作品，此外还有一些咏史、写景、咏物之作，这些作品主要表现了元代文人的精神风貌和审美情趣。

元代散曲分前后两期。前期从金末到元成宗大德年间，散曲作家的活动中心在大都，主要有刘秉忠、杨果、卢挚、姚燧、关汉卿、白朴、王和卿、马致远等人。散曲作为一种新鲜的诗体，在当时很快呈现出鲜明、独特的艺术魅力和富于时代特征的风貌神韵，由此奠定了它在中国文学史上与诗、词比肩而立的地位。

元代前期散曲作家中，以马致远的成就最高。他现存小令115首，套数22首，另有残套4首。马致远扩大了散曲的题材领域，提高了散曲的艺术意境。他的作品内容以感叹历史兴亡、歌颂隐逸生活、吟咏山水田园风光为主，在保持散曲特有艺术风格的同时，又常具有诗词的意境和秀丽的画面感，语言自然清丽，雅俗相兼。其思想意蕴和艺术风格极易引起文人内心的共鸣，所以被置于"群英之上"。马致远的散曲，声调和谐优美，语言清新豪爽，开拓了散曲真率醇厚的独特意境。

元代后期，许多出生于北方的作家纷纷南下，而一些南方文人也参与进来，散曲创作的中心转移到南方。随着散曲的繁盛和发展，出现了一批专攻散曲，或主要精力和主要成就在于散曲创作的作家，如张可久、乔吉、贯云石、徐再思等人。他们勤于探究散曲的体制和规律，写出不少好作品，丰富了散曲园地。

后期散曲作家大多不乐仕进，而是优游于江南美丽的湖光山色之间，醉心于城市的繁华佚乐，似乎更注意艺术中的个性表现，使得散曲进一步向清雅工丽发展，向词的风格接近。他们的作品以小令为主，格律有一种"定型"的趋势，句式的变化较少。后期散曲创作在数量上比前期更多，反映社会生活更广泛，作品多清秀华丽，或多或少地带有江南文学传统的妩媚色彩。

## 六　四大文学名著

明代文学的最突出成就是小说的成熟。从文学发展的历史看，中国古典小说经过唐宋元三代的酝酿、准备、发展，在艺术方法以及情节、人物塑造、结构和语言诸方面都积累了相当丰富的经验，为明代小说的繁荣打下了坚实的基础。同时，小说、戏曲以其自身的创作成就，显示出不容忽视的社会作用和文学价值。在这一时期，小说数量大，作者多，名作多，思想内容广，艺术成就高，样式齐全。就题材来说，有历史演义、英雄传奇、神魔、世情、公案等；就体裁而言，有长篇小说、短篇小说，短篇小说又包括拟话本、小说与笔记，各体皆备，作品丰富，并且出现了《三国演义》《水浒传》《西游记》等经典名著。就像唐诗、宋词、元曲等分别是那个时代文学的代表一样，小说则可以看作明代文学的代表。

中国古典长篇小说的唯一形式是章回小说，其特点是分回标目，段落整齐，首尾完备，以说话人讲述的口气进行，重于叙事。到明代中叶，长篇小说的回目正式创立。而到明末清初，长篇小说回目采用工整的偶句，逐渐成为固定的形式，章回小说已完全成熟。

明代小说以被誉为中国古典文学"四大名著"中的《三国演义》《水浒传》《西游记》为杰出代表。其他如《金瓶梅》、"三言""二拍"等，也是这一时期的经典名著。

《三国演义》是中国古代章回小说的开山之作，它的成书经过了一个漫

清版画《水浒传》之《三打祝家庄》

长的过程。元末明初，罗贯中在民间传说以及前人创作的话本、戏曲的基础上，"据正史，采小说，证文辞，通好尚"，运用《三国志》的正史材料，创作了《三国演义》（全名《三国志通俗演义》）。

《三国演义》以汉末三国历史发展的进程作为故事情节进展的线索，既采纳了大量的民间传说故事，又尽力以正史材料为依据，一方面通过艺术形象深刻地揭示了汉末三国时期社会生活的某些本质和规律，另一方面又鲜明地表露了作者对历史的思索和爱憎。它具有一个相当完整细密的宏大结构，有条不紊地处理了繁复的头绪，描绘了极其壮阔的、波谲云诡的历史画面，在人物塑造、情节结构和语言风格等方面都有突出的成就。

《三国演义》是中国古代历史演义小说的典范之作，它标志着历史小说的辉煌成就。它的风行于世促使许多文人纷纷效法，从明中叶到明末就产生了20多部历史演义，到清初，历史演义小说又有了大发展，其中包括《西汉演义》《东周列国志》《隋唐演义》《英烈传》等优秀作品。

《水浒传》和《三国演义》一样，也出现于元末明初，故事取材于北宋末年的宋江起义。《水浒传》是施耐庵在宋元以来广泛流行的民间故事、话本、戏曲的基础上进行综合性创作完成的。《水浒传》故事极富传奇性，全书由"拳打镇关西""火烧草料场""智取生辰纲""宋江杀惜""武松打虎""血溅鸳鸯楼""江州劫法场""三打祝家庄"等若干个故事衔接而成，每个故事既有相对的独立性，又有着有机的联系，完整地展示了梁山起义发生、发展、高潮和结局的全过程。《水浒传》的语言明快、洗练、准确、生动，有浓厚的生活气息，极为灵动传神。《水浒传》虽然依托于史实，但人物情节几乎完全出于创作，用的是纯粹的白话，堪称中国白话文学的一座里程碑。由于《水浒传》的盛传于世，明中叶以后出现了一大批英雄传奇小说，如《杨家将演义》《说岳全传》等，这些小说通过讲述隋末的动乱、唐末五代的分裂、宋代抗辽抗金的战争等，塑造了一系列英雄形象。

《三国演义》和《水浒传》这两部长篇小说的出现，标志着中国古代小说发展到了新的高峰，在整个中国文学史上也具有划时代的意义。

《西游记》是在明代中叶出现的一部小说杰作，它的成书同样经历了一个漫长的过程。吴承恩在前代传说、平话和戏曲的基础上，改变了原取经故事浓厚的宗教色彩，输入了新的现实主题；把孙悟空置于全书中心人物的位置，赋予其鲜明的性格；将"大闹天宫"提到卷首，并兼收并蓄了许多人所熟知的神话人物、神话故事，完成了完整宏伟的艺术结构，并赋予小说讽刺、幽默的艺术风格。

《西游记》是中国文学史上杰出的浪漫主义作品，同时具有丰富的现实生活内容。《西游记》以丰富的艺术想象力描绘出一个光怪陆离的神话世界，创作出许多离奇的神话故事，塑造了孙悟空、猪八戒等鲜明生动的神话艺术形象，不仅填补了中国文学的一种缺陷，而且体现了中国文学一旦摆脱思想拘禁以后所产生的活力，这在文学史上具有相当重要的意义。

在明代小说发展的基础上，清代的小说，包括中短篇小说和长篇小说，

《红楼梦》人物画

都取得了辉煌的成就,达到了中国古代文学小说发展的高峰。清代文学的主要特征是现实主义小说取得了空前的成就,特别是出现了《儒林外史》《红楼梦》这样具有世界影响力的巨著。

曹雪芹的《红楼梦》是辉煌的纪念碑式的作品,标志着中国古代长篇小说发展的高峰。

《红楼梦》是清朝乾隆年间出现的一部伟大艺术作品。曹雪芹生前基本定稿的只有80回,并以抄本形式流传于世。到嘉庆初年,已经出现"遍于海内,家家喜闻,处处争购"的盛况。80回以后的文稿未能流传下来,今传一120回本的后40回,一般认为是由高鹗修补、加工完成的。

《红楼梦》是一部百科全书式的长篇小说。《红楼梦》以爱情故事为中心线索,在讲述贾府这一世代富贵之家从繁盛到衰败的过程中,写出以贾宝玉和一群女子为中心的众多人物的悲剧命运。它以一个家族为中心,展开了一幅广阔的社会生活图景,社会的各个阶级和阶层,上至皇妃王公,下至贩夫走卒,都得到了生动的描画。它对贵族家庭的饮食起居各方面的生活细节都进行了真切细致的描写,塑造了一批栩栩如生的艺术人物。在小说的结构、情节、语言、艺术手法等方面,它达到了中国小说前所未有的高度。《红楼梦》继承了我国优秀的文化传统,又在此基础上加以创新和发展,从而达到了我国古典小说现实主义的高峰。鲁迅称许说:"自有《红楼梦》出来以后,传统的思想和写法都打破了。"

  《红楼梦》博大精深,在中国文学史上具有重要的文化价值。《红楼梦》问世以后,以手抄本的形式流传了 30 年。程伟元《红楼梦序》说:"当时好事者每传抄一部,置庙市中,昂其价,得金数十,可谓不胫而走者矣!"1791 年用活字印行之后,《红楼梦》流传的范围更广了,当时京师有"开谈不说《红楼梦》,纵读诗书也枉然"之说。《红楼梦》产生了巨大的社会影响,吸引了大量的研究者,形成了一种专门的学问"红学"。

# 第十五章　清新淡雅茶文化

## 一　茶：举国之饮

茶是一种饮品，所谓"柴米油盐酱醋茶"，就是人们日常生活所必需，是中国人最喜欢的饮品。只要有一壶茶，中国人到哪儿都是快乐的。茶又是一种艺术、一种文化，所谓"琴棋书画诗酒茶"。茶是文人的雅趣，是中国

宣化辽墓壁画《备茶图》

人礼仪文化的一部分。

茶是世界上最大众化、最受欢迎、最有益于身心健康的饮料。中国是世界上最早发现茶树和利用茶树的国家，是世界茶文化的发祥地。茶树是最早为中国人所发现、所利用、所栽培的，茶的历史十分悠久。

中国西南地区是茶树的原产地。有文字记载表明，我们的祖先在3000年前已开始栽培和利用茶树，云南地区有世界上年龄最长的野生古茶树。茶的起源肯定还要早得多。陆羽的《茶经》中说："茶者，南方之嘉木也，一尺、二尺乃至数十尺，其巴山、峡川有两人合抱者。"并说："茶之为饮，发乎神农氏。"不过，在当时人们并没有把茶作为饮料，而是当作一种药材使用的，如"神农尝万草，口遇七十二毒，得荼而解之"。这里的"荼"就是"茶"。早期的"荼"泛指诸类苦味野生植物性食物原料。

人们在生活实践中逐渐认识到了茶叶独有的特性，色味清香，去暑解渴，兴奋减眠等。晋常璩撰《华阳国志》称，"南安（今四川乐山）、武阳（今四川彭山）皆产名茶"。"周武王伐纣，实得巴蜀之师……土植五谷，牲具六畜，桑、蚕、麻、纻、鱼、盐、铜、铁、丹、漆、茶、蜜……皆纳贡之。"清代学者顾炎武在《日知录》里考证："自秦人取蜀之后，始有茗饮之事。"到西汉时，茶已作为一种商品在市场上出售，今四川成都已经成为当时茶叶的集散中心和消费中心。两晋时期，江南一带"做席竟下饮"，文人士大夫间流行饮茶，民间亦有饮茶。西晋文士杜毓为茶作赋，把茶、酒、瓷器相提并论，视为人们日常生活的用品。南北朝时期，帝王公卿、文人道流，茶风较晋更浓。

到唐代，茶树的种植已遍及南方各省，并且已研制出20多个品种。今安徽省的祁门县和浙江省的湖州市已成为当时著名的产茶地区。唐代的茶叶产地分布长江、珠江流域和今陕西、河南等地，以武夷山茶采制而成的蒸青团茶极负盛名。中唐以后，全国有70多州产茶，辖340多县，分布在现今的

14个省、自治区、直辖市。

唐开元之前，饮茶仅限于南方，进入中唐以后，北方饮茶风起，逐渐在全国盛行起来。举凡王公朝士、三教九流、士农工商，无不饮茶，田间农家尤其嗜好。据《封氏闻见记》记载：唐开元时，泰山有僧大兴禅教，学禅者要首先夜晚不睡觉，于是禅徒都来煮茶驱眠。后来人们逐渐相传仿效，改成习惯。"茶道"大行，饮茶之风弥漫朝野，"穷日竟夜""遂成风俗"，且"流于塞外"。晚唐杨华《膳夫经手录》记载："至开元、天宝之间，稍稍有茶；至德、大历遂多，建中以后盛矣。"陆羽《茶经》也称："滂时浸俗，盛于国朝。两都并荆俞间，以为比屋之饮。"

《茶经》认为当时的饮茶之风扩散到民间，以东都洛阳和西都长安及湖北、山东一带最为盛行，都把茶当作家常饮料。不仅中原广大地区饮茶，边疆地区也饮茶，有所谓"宁可三日无食，不可一日无茶"之说。甚至城市里出现了茶店或茶水铺，"自邹、齐、沧、隶，渐至京邑城市，多开店铺，煎茶买之。不问道俗，投钱取饮"。过往行人付钱即可饮茶，极为方便。《旧唐书》载："茶为食物，无异米盐，于人所资，远近同俗，既祛竭乏，难舍斯须，田间之间，嗜好尤切。"这是说茶于人如同米、盐一样不可缺少。美国学者谢弗曾经说到唐代的饮茶之风，指出："8世纪中叶以后，茶叶商人特别受到消费者的欢迎。新的饮茶风尚并非仅仅在汉人中流行，据说，来到长安的回鹘人在办事之前，第一件事就是驱马前往经营茶叶商人的店铺。"[1]

隋唐时的茶叶多加工成茶饼，饮用时加调味，烹煮汤饮。随着茶事的兴旺，贡茶的出现加速了茶叶栽培和加工技术的发展，涌现出很多名茶，品饮之法也有较大改进。尤其到了唐代，饮茶蔚然成风，饮茶方式有了较大进步。此时，为了改善茶叶的苦涩味，开始加入薄荷、盐、红枣调味。此时茶和水的选择，烹、

---

[1] 谢弗著，吴玉贵译：《唐代的外来文明》，中国社会科学出版社1995年版，第35页。

## 人间烟火 ——百姓生活里的传统文化

煮方式以及饮茶环境和茶的质量也越来越讲究,逐渐形成了茶道。由唐前的"吃茗粥"到唐时人视吃茶为"越众而独高",是我国茶文化史上的一大飞跃。

陆羽著《茶经》,探讨了饮茶艺术,并把儒、道、佛三教融入饮茶中,首创中国茶道精神。在唐代形成的中国茶道分宫廷茶道、寺院茶礼、文人茶道等。宋代诗人杨万里有"春风解恼诗人鼻,非叶非花自是香"的诗句,将茶的韵味描绘得淋漓尽致。在《全唐诗》中,流传至今的有百余位诗人的400余首茶诗。

在饮茶史上,有茶"兴于唐而盛于宋"之说。宋梅尧臣《南有嘉茗赋》说:"华夷蛮貊,固日饮而无厌,富贵贫贱,不时啜而不宁。"陆游在《临安春雨初霁》一诗中吟道:"矮纸斜行闲作草,晴窗细乳戏分茶。"宋代许多著名的诗词大家,包括苏轼、黄庭坚、陆游、辛弃疾、李清照等,皆吟过许多以茶为题的诗词,其中陆游还获得了"茶状元"的雅号。

自宋代始,茶就成为开门"七件事"之一。宋吴自牧《梦粱录》载:"盖人家每日不可阙者,柴米油盐酱醋茶。"饮茶之风渗透到了百姓日常生活的每一个角落,人们以茶自省,以茶明志,以茶会友,以茶待客,以茶礼佛,以茶敬祖,城市中茶肆、茶馆、茶坊林立。张择端的《清明上河图》中,分布于街边的茶肆生意兴隆,客人络绎不绝。宋徽宗《大观茶论》序说:"缙绅之士,韦布之流,沐浴膏泽,熏陶德化,盛以雅尚相推,从事茗饮。顾近岁以来,采择之精,制作之工,品第之胜,烹点之妙,莫不盛造其极。"

宋代茶叶产区又有所扩大,各地精制的名茶繁多,茶叶产量也有增加,制茶方法也出现改变,给饮茶方式带来了深远影响。

宋初茶叶多制成团茶、饼茶,用时碾碎,加调味品,烹煮,也有不加调味品的。随着茶品日益丰富,品茶日益讲究,逐渐重视茶叶原有的色香味,调味逐渐减少,出现了用蒸青法制成的散茶,且不断增多,茶类生产由团饼茶为主趋向于以散茶为主。同时,烹饮程序逐渐简化,出现了点茶法。传统的烹饮习惯正是由宋开始出现了巨大变更，宋人更喜爱典雅精致的点茶艺术。

由于宋代饮茶之风炽热，所以还风行"斗茶"。所谓斗茶，亦称"茗战"，即聚集一堂品茶并评价其品质优劣的一种集会形式。斗茶的兴起主要源于宋代皇帝对于茶事的热衷，追求茶的品质之上乘，由此带动了这一时期特殊的饮茶风气。众人皆以能得茶之绝品为荣，使得斗茶在当时成了一种时尚。

元代人开始普遍使用茶叶或茶末煎煮饮茶，不加或少加调料。这种简便、纯粹的"清饮"方式被越来越多的人接受，加上后来的沸水冲泡法，到了明代，就形成了"泡茶"这种饮茶方式，并一直沿用至今。《金瓶梅》是一部反映明代社会百态的长篇写实小说，其中有关饮食、生活的部分描绘得十分丰富和细腻，写饮茶也极多。有人做过统计，《金瓶梅》中提到茶处多达629处。

## 二　陆羽的《茶经》

8世纪时，唐代学者陆羽总结前人的经验，加上他的耳闻目睹，特著《茶经》一部，系统地总结了当时茶叶的采制和饮用经验，对茶树的栽培、加工方法及茶的源流、饮法乃至茶具等均做了详尽的论述。这是世界上最早关于茶的专著，是世界上第一部关于茶叶的百科全书。他说："茶之为用，味至寒。为饮，最宜精行俭德之人。"

《茶经》分三卷，共十节：

一之源，讲茶的起源、形状、功用、名称、品质。

二之具，谈采茶制茶的用具，如采茶篮、蒸茶灶、焙茶棚等。

三之造，论述茶的种类和采制方法。

四之器，叙述煮茶、饮茶的器皿，即24种饮茶用具，如风炉、茶釜、纸囊、木碾、茶碗等。

五之煮，讲烹茶的方法和各地水质的品第。

**人间烟火**——百姓生活里的传统文化

*《陆羽烹茶图》*

六之饮，讲饮茶的风俗，即陈述唐代以前的饮茶历史。

七之事，叙述古今有关茶的故事、产地和药效等。

八之出，将唐代全国茶区的分布归纳为山南（荆州之南）、淮南、浙西、剑南、浙东、黔中、江南、岭南八区，并谈各地所产茶叶的优劣。

九之略，分析采茶、制茶用具可依当时环境，省略某些用具。

十之图，将采茶、加工、饮茶的全过程绘在绢素上，悬于茶室，使得人们品茶时可以亲眼领略茶经之始终。

陆羽的忘年交皎然在《饮茶歌诮崔石使君》中写道：

一饮涤昏寐，情来朗爽满天地。

再饮清我神，忽如飞雨洒轻尘。

三饮便得道，何须苦心破烦恼。
……
孰知茶道全尔真，唯有丹丘得如此。

皇甫冉《送陆鸿渐栖霞寺采茶》写道：

采茶非采菉，远远上层崖。
布叶春风暖，盈筐白日斜。
旧知山寺路，时宿野人家。
借问王孙草，何时泛碗花。

《茶经》的问世，推动了全国饮茶习俗的流行。《封氏闻见记》说："楚人陆鸿渐为茶论，说茶之功效，并煎茶、炙茶之法。造茶具二十四事，以都笼贮之。远近倾慕，好事者家藏一副。由常伯熊者，又因鸿渐之论，广润色之，于是茶道大行，王公朝士无不饮者。……穷日竟夜，殆成风俗，始自中地，流于塞外。"

自陆羽之后，茶业专著相继出现，如卢仝的《七碗茶歌》、张又新的《煎茶水记》、苏廙的《十六汤品》以及五代时蜀毛文锡的《茶谱》等，宋代有蔡襄的《茶录》、宋徽宗赵佶《大观茶论》，明代钱椿年撰、顾元庆校《茶谱》，张源的《茶录》以及清代刘

明钱谷《惠山煮泉图》

源长的《茶史》等。

## 三 茶之礼

中国悠久的制茶历史和饮茶传统形成了灿烂的茶文化，茶文化是中国具有代表性的传统文化。在我国，茶被誉为"国饮"。"文人七件宝，琴棋书画诗酒茶""茶通六艺"，是我国传统文化艺术的载体。茶生于名山秀川之间，人们在饮茶中与山水自然结为一体，茶的自然属性与中国古老文化的精华渗透和融合，使得茶的精神内涵为众人接受，形成了系统而又完整的中国茶文化。

茶文化意为饮茶活动过程中形成的文化特征，包括茶道、茶德、茶精神、茶联、茶书、茶具、茶画、茶学、茶故事、茶艺等。茶文化的精神内涵即通过沏茶、赏茶、闻茶、饮茶、品茶等活动，与中国的文化内涵和礼仪相结合形成的一种具有鲜明中国文化特征的文化现象。茶文化体现着中华传统文化丰富、高雅、含蓄的特点，成为中国人文精神的重要组成部分。

中国茶道的主要内容讲究五境之美，即茶叶、茶水、火候、茶具、环境。茶文化要遵循一定的法则。唐代为"克服九难"，即造、别、器、火、水、炙、末、煮、饮。宋代为品茶"三点与三不点"。"三点"：一是新茶、甘泉、洁器；二是天气好；三是风流儒雅、气味相投的佳客。"三不点"：一是茶不新、泉不甘、器不洁，不点；二是景色不好，不点；三是品茶者缺乏教养、举止粗鲁，不点。

饮茶，注重一个"品"字。饮茶过程既是品味的过程，也是一个自我调节和修养的过程、灵魂的净化过程。

中国人饮茶有着严格的敬茶礼节和饮茶风俗。所谓君子之交淡如水，这水，也是指清香宜人的茶水。客来敬茶，是中国人重情好客的传统美德与礼节。

中国人习惯以茶待客，并形成了相应的饮茶礼仪。选茶要因人而异，如

明文征明《惠山茶会图》（局部）

北方人喜欢饮香味茶，江浙人喜欢饮清香的绿茶，闽粤人则喜欢醇郁的乌龙茶、普洱茶等。茶具可以用精美独特的，也可以用简单质朴的。喝茶的环境应该静谧、幽雅、洁净、舒适，让人有随遇而安的感觉。请客人喝茶，要将茶杯放在托盘上端出，并用双手奉上。茶杯应放在客人右手的前方。边谈边饮时，要及时给客人添水。喝茶的客人要以礼还礼，双手接过，点头致谢。客人需善"品"，小口啜饮，满口生香。

南宋都城杭州，每逢立夏，新茶上市，家家烹新茶，并配以各色细果，馈送亲友比邻，叫作吃"七家茶"。这种风俗，就是在茶杯内放两颗青果，即橄榄或金橘，表示吉祥如意的意思。

喜庆活动时也喜用茶点招待。茶礼还是中国古代婚礼中一种隆重的礼节。明许次纾在《茶疏》中说："茶不移本，植必子生。"古人结婚以茶为礼，认为茶树只能从种子萌芽成株，不能移植，否则就会枯死，因此把茶看作一种至诚不移的象征。所以，民间男女订婚都以茶为礼，女方接受男方聘礼，叫"下茶"或"茶定"，有的叫"受茶"，并有"一家不吃两家茶"的谚语。

同时，还把整个婚姻的礼仪总称为"三茶六礼"。三茶，就是订婚时的下茶、结婚时的定茶、同房时的合茶。下茶又有男茶女酒之称，即订婚时，男家除送如意、压帖外，还要回送绍酒。婚礼时，还要行三道茶仪式，第一杯为百果，第二杯为莲子、枣儿，第三杯方是茶。吃的方式是接杯之后，双手捧之，深深作揖，然后向嘴唇一触，即由家人收去。第二道亦如此。第三道是作揖后才可饮。这是最尊敬的礼仪。

喝茶最讲究茶具。所谓"美食不如美器"，历来是中国人的器用之道。不同的品饮方式，产生了相应的茶具，茶具是茶文化中最重要的载体。宋代茶具十分名贵，北宋画家文同有"惟携茶具赏幽绝"的诗句，南宋诗人翁卷写有"一轴黄庭看不厌，诗囊茶器每随身"。中国的茶具种类繁多，造型优美，除实用价值外，也有颇高的艺术价值。

## 四　禅与茶

佛教禅寺多在高山丛林，极宜茶树生长。农禅并重为佛教优良传统，禅僧务农，大都植树造林，种地栽茶。制茶饮茶，相沿成习。许多名茶最初皆出于禅僧之手，如佛茶、铁观音，即禅僧所命名。禅僧于茶之种植、采撷、焙制、煎泡、品酌之法，多有创造。中国佛教不仅开创了自身特有的禅文化，而且成熟了中国本有的茶文化，且使茶禅融为一体而成为中国的茶禅文化。

东晋僧人已于庐山植茶，敦煌行人以饮茶苏（将茶与姜、桂、橘、枣等香料一起煮成茶汤）助修。茶兴则禅兴。唐代佛教禅宗兴盛，因茶有提神益思、生津止渴功能，故寺庙崇尚饮茶，在寺院周围植茶树。凡禅宗丛林，寺必有茶，禅必有茶。特别是在南方禅宗寺庙，几乎出现了庙庙种茶、无僧不茶的嗜茶风尚。佛教禅师认为茶有三德，即坐禅时通夜不眠，满腹时帮助消化，静坐敛心时抑制情欲，专心一境。这就是佛教禅师提倡茶道的原因之一，可见饮茶在当时已被视作一定程度上的参禅行为。

宋刘松年《撵茶图》

佛教寺院不仅对茶叶的栽培、焙制有独特技术，而且十分讲究饮茶之道。寺院内设有茶堂，是专供禅僧辩论佛理、招待施主、品尝香茶的地方；法堂内的茶鼓，是召集众僧饮茶所击的鼓。另外寺院还设茶头，专管烧水煮茶，献茶待客；并在寺门前派施茶僧数名，施惠茶水。寺院中的茶叶称作寺院茶，一般用途有三：供佛、待客、自奉。寺院茶按照佛教规矩有不少名目，每日在佛前、堂前、灵前供奉的茶汤，称作奠茶；按照受戒年限的先后饮茶，称作戒腊茶；化缘乞食得来的茶，称作化茶；等等。

宋代不少皇帝敕建禅寺。禅寺遇朝廷钦赐袈裟、锡杖的庆典或祈祷会时，往往举行盛大的茶宴以款待宾客，参加茶宴者均为寺院高僧及当地社会名流。浙江余杭径山寺的径山茶宴，以其兼具山林野趣和禅林高韵而闻名于世。径山寺饮茶之风极盛，长期以来形成了径山茶宴的一套固定、讲究的仪式：举办茶宴时，众佛门子弟围坐茶堂，依茶宴之顺序和佛门教仪，依次献茶、闻香、观色、尝味、瀹茶、叙谊。

宋时，天台山饮茶之风盛行。天台山上的国清寺是中国佛教天台宗的发祥地。寺中僧人崇尚饮茶，在寺院周围植茶极盛，国清寺内制订茶礼，并设茶堂，选派茶头，专承茶事活动，种茶饮茶是僧人的必修课之一。天台山上所产茶叶之佳，有所谓"佛天雨露，帝苑仙浆"之说。唐代寺僧以茶敬佛成了一种时尚，到了宋代，各地名僧以茶敬佛逐级演变为"茶百戏"。"茶百戏"就是以茶为媒介，在茶汤中进行很多物象表演。宋人陶谷《荈茗录》说："茶至唐始盛，近世有下汤运匕，别施妙诀，使汤纹水脉成物象者，禽兽虫鱼花草之属，纤巧如画。但须臾即就散灭。此茶之变也，时人谓之茶百戏。"天下名僧莫不以此来显示自己佛道的高深。天台山国清寺主持僧处谦曾邀请苏东坡来寺游览，特在佛像前表演了"茶百戏"，大为赞叹。

# 第十六章　民间艺术：民族风情的符号

## 一　剪纸：剪刀生成的世界

中国的民间艺术，是民间百姓所制作的艺术、手工艺和装饰性物品，具有既定传统风格和技艺，特别具有浓郁的地方特色和民族风情，与民俗活动密切结合，与生活密切相关，是中华传统文化的代表性符号。

中国的民间美术和工艺美术有多种表现形式，包括侧重欣赏性的民间美术作品，也包括侧重实用性和使用功能的器物和装饰品。作品的题材和内容充分反映了民间社会大众的审美需求和心理需要，造型饱满粗犷，色彩鲜明浓郁，既美观实用，又具有求吉纳祥、驱邪避害的功能。

剪纸是一种以纸为加工对象，以剪刀为工具进行创作的艺术。剪纸在中国民间广为流传，至少有将近1500年的历史了。唐代，剪纸艺术大大发展，剪纸招魂是当时民间的重要习俗之一。杜甫诗中有"暖水濯我足，剪纸招我魂"的句子。在民间，剪纸图案还被广泛应用于木版雕刻、铜器饰纹、布匹印染等其他艺术领域。宋代，纸品种类的增多为剪纸的普及创造了条件，出现了诸如民间窗花、灯彩和茶盏上的装饰等各种不同的表现形式，使民间剪纸的运用范围比唐代更为扩大。南宋时已出现了以剪纸为职业的艺人。明清时期是剪纸艺术的鼎盛时期，剪纸成为重要的居家装饰品，如门笺、窗花、柜花、棚顶花等，也成为民俗活动必不可少的装饰品。

刻纸也是民间工艺的一种常见形式。剪纸和刻纸虽然最终形式相同，但制作技法却不同。刻纸需要用垫板、刻刀、尖锥子、钉子等工具，先将原有的样子放在20张或者30张薄纸上，然后将它们放在垫板上并用钉子固定，用刻刀由里到外一层层地刻，刻好花样后，刻纸就完成了。一般来说，剪纸更注重原创性，不受剪刀和纸张的限制，造型更加自由和随意。刻纸则更适合表现细腻的画面效果，如浙江的细纹刻纸细如发丝，令人惊叹。

中国的剪纸艺术在各地有着不同的风格和特点。陕西剪纸是比较有代表性的北方剪纸艺术，广泛用于春节的窗花、结婚的喜花、丧葬中大量的纸活儿装饰、社火表演中的道具、庙宇中宗教气氛的营造等，各种民俗活动也离不开剪纸。此外，剪纸还用于刺绣等艺术品制作的底样。剪纸形式上大多以单色为主，造型简洁、洒脱、粗犷，注重夸张变形，内容上多以传统的花草、动物、人物、戏出为主。

河北蔚县染色刻纸是中国典型的刻纸艺术形式，尤其以窗花见长。后来，河北武强县的木版浮水印窗花传入，刻纸工艺吸取其色彩特点，仿其透明效果，以刻代剪，形成蔚县刻纸的独特风格。蔚县刻纸以"阴刻"和"色彩点染"为主，故有"三分工七分染"之说。题材多取自戏曲人物，也有花草鱼虫、飞禽走兽等吉祥形象。

其余还有山东剪纸、湖北剪纸、浙江浦江戏曲剪纸、浙江乐清细纹刻纸、广东佛山剪纸等。

## 二 刺绣：指下春风

刺绣是用绣针引彩线，按设计的花纹在纺织品上刺绣运针，以绣迹构成花纹图案的一种工艺。

刺绣是中国传统的民间艺术，具有悠久的历史，是和丝绸的产生发展联系在一起的。早在3000多年前，刺绣就已经成为章服制度中重要的装饰手段。

汉代的刺绣工艺已经达到很高的水平。汉代的乐府诗《孔雀东南飞》中有"妾有绣腰襦，葳蕤自生光"的诗句。长沙马王堆汉墓出土的刺绣作品已经有了丰富的不同针法，可见当时刺绣工艺已经出现了不同针法的程式化的固定工艺。1982年从湖北江陵马山一号楚墓中出土了战国时期的绣衾（被）和襌（单）衣，上面绣着龙、凤、虎和花卉等图案，形神兼备，绚丽多彩。

汉末至六朝时期，刺绣题材中出现了人物形象。唐宋时期，文人们开始参与刺绣画稿的设计，文人画所表现的诗词境界、书法和绘画的雅致，影响到民间刺绣的创作，刺绣开始向精致化和文人化的方向发展。到了宋代，刺绣几乎成为妇女女红手艺中最普遍、最重要的一项，刺绣工艺臻于精细绝妙。明清时期，全国城乡出现了众多刺绣商业作坊。上海出现了"露香园绣"这样绣工精细、用针巧妙的以个人风格著称的"顾绣"，并专门刺绣花鸟走兽画幅、画页、手卷等陈设品，表明中国传统刺绣从附属在服饰上的装饰手段成为独立欣赏的艺术品。

中国的传统刺绣，根据使用者的不同、地域的不同、工艺精致程度的差别，分为"民间刺绣"和"四大名绣"。民间刺绣是普遍存在于中国各地的民间刺绣工艺。"四大名绣"指的是我国刺绣中的苏州苏绣、湖南湘绣、广东粤绣、四川蜀绣。苏绣自古便以精细素雅著称于世，其构图简练，主题突出，技巧精湛。湘绣是在吸收苏绣和其他刺绣的优长处发展而来的。湘绣使用不同颜色的线相互掺和，逐渐变化，色彩丰富饱满，色调和谐。湘绣的图案借鉴了中国画的长处，所绣内容多为山水、人物、走兽等，尤其是湘绣的狮、虎题材，形象逼真，栩栩如生。粤绣构图饱满，繁而不乱，装饰性强，色彩浓郁鲜艳，绣制平整光滑。粤绣的题材广泛，多为百鸟朝阳、龙凤等图案。蜀绣以软缎和彩丝为主要原料，针法多达100多种，充分发挥了手绣的特长，具有浓厚的地方风格。蜀绣题材大多为花鸟、走兽、虫鱼和人物等，品种除了绣屏之外，还有被面、枕套、靠垫、桌布、头巾等。

除了四大名绣,还有京绣、鲁绣、汴绣、瓯绣、杭绣、汉绣、闽绣等地方名绣。

## 三　皮影戏:光与影的艺术

皮影戏,又称"影子戏"或"灯影戏",是一种以兽皮或纸板做成的人物剪影表演故事的民间戏剧。皮影戏是中国民间古老的传统艺术,老北京人称为"驴皮影"。表演时,艺人们在白色幕布后面,一边操纵影人,一边用当地流行的曲调讲述故事,同时配以打击乐器和弦乐,有浓厚的乡土气息。

皮影戏已经有2000多年的历史。据传说,汉武帝爱妃李夫人染疾故去,武帝思念心切,神情恍惚,终日不理朝政。大臣李少翁一日出门,路遇孩童手拿布娃娃玩耍,影子倒映于地,栩栩如生。李少翁心中一动,用棉帛裁成李夫人影像,涂上色彩,并在手脚处装上木杆。入夜,围方帷,张灯烛,恭请皇帝端坐帐中观看。武帝看罢龙颜大悦,就此爱不释手。这个载入《汉书》的爱情故事,被认为皮影戏的起源。

明清是皮影戏大发展的时期。明武宗正德三年(1508年),北京举办百戏大会,其中有皮影戏。明中叶,皮影戏从兰州和华亭先传入河北涿州,后再传到京西、北郊农村,然后入城并形成东、西城两派。

清代皮影戏艺术发展到了鼎盛时期。当时,很多官第王府豪门望族乡绅大户都以请名师刻制影人、蓄置精工影箱、私养影班为荣。康熙时,礼亲王府设有官员专管影戏。嘉庆时,逢年过节等喜庆日子还传皮影班进宅表演。当时的北京影戏班白天演木偶,夜晚则于堂会唱影戏,有不少京剧演员也参加影戏班演出。在民间乡村城镇,大大小小皮影戏班比比皆是,一乡一市有二三十个影班不足为奇。逢年过节、喜庆丰收、祈福拜神、嫁娶宴客、添丁祝寿,都少不了搭台唱影。连本戏要通宵达旦或连演十天半月不止,一个庙会可出现几个影班搭台对擂唱影,热闹非凡。

皮影戏在中国流传地域广阔,在不同区域形成了不同流派,常见有四川皮影、湖北皮影、湖南皮影、北京皮影、唐山皮影、山东皮影、山西皮影、青海皮影、宁夏皮影、陕西皮影以及川北皮影、陇东皮影等风格各具特色的地方皮影。

河北、北京、东北、山东一带的各路皮影唱腔,同源于冀东滦州的乐亭影调,但各自的唱腔又分别吸收京剧、落子、大鼓、梆子和民间歌调,形成了不同的流派。流畅的平调、华丽的花调、凄哀的悲调不一而足,而其中唐滦地区的掐嗓唱法十分独特。

皮影的艺术创意汲取了中国汉代帛画、画像石、画像砖和唐宋寺院壁画之手法与风格。皮影关节灵活,在艺人操纵下,行坐顾盼,端带撩袍,舞刀挥剑,驾雾腾云,打斗驰马,出神入化,令人叫绝;扮演种种传奇故事,塑造了生、旦、净、丑、神、佛、灵、怪、兽种种难以想象的影窗形象,成为驭物为灵的艺术。

皮影戏的演出剧目,有历史演义戏、民间传说戏、武侠公案戏、爱情故事戏、神话寓言戏、时装现代戏等。折子戏、单本戏和连本戏的剧目繁多,数不胜数。常见的传统剧目有《白蛇传》《拾玉镯》《西厢记》《秦香莲》《牛郎织女》《杨家将》《岳飞传》《水浒传》《三国演义》《西游记》《封神榜》等。

## 四 年画:浓浓的年味

年画是中国人春节期间用来装饰生活环境和居住场所的一种装饰画,是中国特有的一种绘画体裁,是一种古老的民间艺术。

在我国,很早就有过年贴画的风俗,含有祝福新年吉祥喜庆之意。只是以前不叫"年画"。在宋代被称为"纸画",明代称为"画贴",清代称作"画片""画张""卫画"等。清道光二十九年（1849年），李庭光在《乡言解颐》一书中提到了"年画"一词，后来被广泛采用。

年画起源于"门神"，起初具有辟邪驱魔的意义。早期的年画都与驱凶避邪、祈福迎祥这两个母题紧密相连。东汉末年的《风俗通义·祭典》中说："于是县官常以腊除夕，饰桃人，垂苇茭，画虎于门，皆追效于前事，冀以卫凶也。"蔡邕《独断》中说："神荼、郁垒二神居其门，主阅领诸鬼。其恶害之鬼，执以苇索食虎。故十二月岁竟，常以先腊之夜逐除之也。乃画荼垒，并悬苇索于门户，以御凶也。"

年画正式形成于北宋时期。当时，雕版印刷术日渐成熟，木版彩色套印年画走向成熟和普及。汴京（今河南开封）和临安（今浙江杭州）的岁末市场上开始印卖木刻年画，题材也大为扩展，如风俗、戏曲、美女、娃娃等题材年画开始出现。南宋时期的木版年画更加丰富。孟元老的《东京梦华录》、周密的《武林旧事》等典籍，都记载了宋代京城春节期间出售年画之类吉祥

年画《水浒传》故事

装饰品的景况，当时年画的张贴已普及于城镇居民之中。

到了明代，小说、戏曲插图的勃兴对年画的发展有很大促进，寓意吉庆祥瑞和表现民间风俗的内容得到重视，年画的创作印制和购买张贴逐渐发展为欢乐喜庆、装饰美化环境的节日风俗活动，一些年画的典型题材，如"一团和气""八仙庆寿""万事如意"等已趋于定型。短版拱花技艺的发明使年画的印制更为多样化。明中叶以后，雕版印刷中彩色套印技术的成熟，使木版年画得到了飞速发展，出现了诸如天津杨柳青、山东杨家埠、苏州桃花坞等著名的年画产地。清初年画的一个主要特征就是题材多，出现了大量以历史故事、神话传说、戏曲人物、演义小说等为主要内容的作品。

年画的题材和内容包罗万象，总计画样有2000多种。年画的题材大致可分为四个方面：

1. 神仙与吉祥物。神仙是早期年画的主要表现内容，在年画中占有很大的比重。吉祥物包括狮、虎、鹿、鹤、凤凰等瑞兽祥禽，莲花、牡丹等花卉，摇钱树、聚宝盆等虚构品，通过隐喻、象征或谐音等手法表示吉利祥瑞的意义，表达辟邪禳灾、迎福纳祥的主题。

2. 世俗生活。主要包括人们的生息劳作、节令风俗、时事趣闻等。

3. 娃娃美人。这种题材在民间年画中占有很大比例，表达了人们早生贵子、夫妻和美的良好愿望。

4. 故事传说。大多取材于历史事件、民间故事、神话传说、笔记小说以及戏曲等，其中戏曲题材比重最大。这类年画常见的有《三国演义》《西游记》《水浒传》《红楼梦》《白蛇传》《牛郎织女》等。

年画因风俗节日而兴起，寄托了人们对风调雨顺、农事丰收、家宅安泰、人马平安、祈福迎财、驱灾避邪的愿望，表现形式和造型手法都具有鲜明的民族特色及审美价值。年画作为民间的新年祝福形式，充满了喜庆，因此，民间年画大多采用大红大黄等鲜艳浓烈的色彩，注重情趣和造型的表现，人物生动可爱，富有活力。

中国民间年画分布广泛，明中叶以后，刻印年画的作坊几乎遍及全国，逐步形成了不同的艺术风格和明显的地方特色，形式变化多样。像天津杨柳青、河南开封朱仙镇、江苏苏州桃花坞、山东潍坊杨家埠、山东高密、四川绵竹、河北武强、陕西凤翔、广东佛山、山西临汾平阳（古临汾）、福建漳州、湖南邵阳滩头木版年画等都久负盛名，各有千秋。

# 第十七章　传说与民间信仰

## 一　神话是远古传来的歌唱

各民族都有关于创世和民族起源的神话。神话是在文字创制之前,保持民族文化记忆、实现文化传承的一种普遍形式。将遥远的祖先们所完成的文化创造和文化成果,用神话的形式保存下来,并且传承下去,是神话的主要功能。"神话是远古传来的歌唱"[1],是远古的祖先想要传给后人的某种信息。所以,有文字记载的历史文化主要通过这些文字来了解,而对于史前的,即有文字记载以前的历史文化,除了依靠考古发掘,通过神话去了解,是一个重要的途径。

丰富多彩的中国上古神话传说,曲折地反映出中华民族久远的生活故事。

从盘古开天辟地、女娲抟土造人,到炼石补天、精卫填海、后羿射日、大禹治水、孤泉之战、涿鹿之战,如此等等,这些神话都表现了中华民族的祖先追索自然奥秘的浓厚兴趣、征服自然的顽强斗志和丰富的想象力,表现了与自然斗争的磅礴气势和不屈不挠、自强不息的精神。神话中的英雄们面对着一系列艰难险阻,从事着相当艰辛的事业,铸就了顽强、执着、不屈不挠的性格特征。这些神话体现了中国原始初民在与恶劣的自然环境进行顽强抗争中锤炼出来的自强不息的生命意志、坚毅果决的奋斗精神。

---

[1] 陈建宪:《神祇与英雄——中国古代神话的母题》,生活·读书·新知三联书店1994年版,第5页。

## 人间烟火 ——百姓生活里的传统文化

汉画像石中的神农氏

神话与传说是两个相互联系但又不同的内容。神话偏重于人神起源、万物初始的来历，传说偏重于口头流传的关于世界来源及英雄故事的说法。

在中国神话中，有关于有巢氏、燧人氏、伏羲氏、神农氏的传说。在这些神话传说中，有巢氏、燧人氏的故事大体反映了早期人类开始穴居生活和用火的旧石器时代的状况，伏羲氏、神农氏的故事大体反映了农业萌芽的新石器时代早期的状况，黄帝、尧、舜、禹的故事则昭示了新石器时代晚期人类的生活情景。

到了有文字记载的时候，已经对神话传说进行了一番选择和加工。这样，我国古代传说和古代歌谣一样，有不少都失传了。在较晚的文献中记载下来一些往往只保留了简单的梗概和片段，时而还掺进一些后代人的观念。对于原先的神话材料，根据自己的需要进行取舍，造成了神话材料的人为改造和散失。但是，尽管如此，这些保存下来的传说还是反映了史前人类生产生活的一些基本面貌，反映了那个时代社会进化发展的比较模糊的历史。

## 二　创造文明的"文化英雄"

战国两汉时代，中国古史传说中出现了"三皇""五帝"的传世谱系。一般认为中华文明始自"三皇五帝"时期。但是，关于"三皇五帝"的族种、生卒年代都无法考察，甚至有的容貌描述亦非人类之形象。"三皇五帝"是否实有其人，现在还没有可靠的证据。学术界普遍倾向认为他们是史前氏族部落的首领，或者是氏族部落的象征物（图腾），或者是氏族部落的名号。不论如何，"三皇五帝"时代作为中国文明早期阶段的称呼，符合我国历来的认识，又大体符合考古发现的上古文化面貌。

《周易·系辞》记载了中国传说时代从包牺氏伏羲开始，到黄帝、尧、舜的传承世系，大体上包括了整个"三皇五帝"时代：

> 古者包牺氏之王天下也，仰则观象于天，俯则观法于地，观鸟兽之文与地之宜，近取诸身，远取诸物，于是始作八卦，以通神明之德，以类万物之情。做结绳而为网罟，以佃以渔，盖取诸《离》。包牺氏没，神农氏作，斲木为耜，揉木为耒，耒耨之利，以教天下，盖取诸《益》。日中为市，致天下之民，聚天下之货，交易而退，各得其所，盖取诸《噬嗑》。神农氏没，黄帝、尧、舜氏作，通其变，使民不倦，神而化之，使民宜之。

关于"三皇"，《艺文类聚》卷一引徐整《三五历纪》说："天数极高，地数极深，盘古极长，后乃有三皇。""三皇"的说法在秦始皇时已有，当时是指天皇、地皇、人皇（泰皇）。汉朝人因三皇毫无事迹可凭，就把战国时人的书中所说的远古人名如伏羲、神农、女娲、有巢、燧人等随便取三个，称为"三皇"，结果产生好几种不同的说法。[1] 不过，通常是把燧人、伏羲、

---

[1] 傅乐成：《中国通史》上册，中信出版社2014年版，第10页。

神农称为"三皇"。"最为久远也最为模糊的'三皇',大抵是创世神话中的神人,史前人类的象征。"[1]

传说燧人氏为有巢氏之子。燧人氏钻木取火,成为华夏人工取火的传播者;教人熟食,结束了远古人类茹毛饮血的历史,开创了华夏文明,被后世奉为"火祖"。

伏羲,又名宓羲、庖牺、包牺、伏戏,亦称牺皇、皇羲,燧人氏之子,是与女娲同为福佑社稷之正神。楚帛书记载其为创世神,是中国最早的有文献记载的创世神。伏羲是古代传说中的华夏民族人文始祖,是中国古籍中记载的最早的王。

神农氏即炎帝,又号魁隗氏、连山氏、列山氏,是中国上古时期姜姓部落的首领尊称。传说姜姓部落的首领由于懂得用火而得到王位,所以称为炎帝。从神农起,姜姓部落共有九代炎帝。

"五帝"是对上古时代五位最具影响力的部落首领的尊称。关于"五帝",比较普遍的说法是指黄帝、颛顼、帝喾和尧、舜。司马迁《史记》中作《五帝本纪》,是把"五帝"作为中华文明的历史来记载的。在他看来,"三皇"只是得自传闻,而"五帝"则是中华文明的开端。

五帝的第一位是黄帝,也是其他四帝的祖先。司马迁说,黄帝"顺天地之纪,幽明之占,死生之说,存亡之难。时播百谷草木,淳化鸟兽虫蛾,旁罗日月星辰,水波土石金玉,劳勤心力耳目,节用水火材物。有土德之瑞,故号黄帝"。[2] 按照司马迁叙述的五帝传世谱系,帝颛顼是黄帝之孙。他"静渊以有谋,疏通而知事;养材以任地,载时以象天,依鬼神以制义,治气以教化,洁诚以祭祀"。帝喾是黄帝之曾孙,"溉执中而遍天下,日月所照,风雨所至,莫不从服"。

---

[1] 樊树志:《国史十六讲》,中华书局2006年版,第9页。

[2] 司马贞《索隐》说:"炎帝火,黄帝以土代之。""士德之瑞"疑为"土德之瑞"。

黄帝陵里的柏树

　　第四位帝尧为帝喾之子，20岁时从兄长帝挚那里继承帝位。司马迁说尧"其仁如天，其知如神。就之如日，望之如云"。"能明驯德，以亲九族。九族既睦，便章百姓。百姓昭明，合和万国。"尧最为人们称道的是他不传子而传贤，禅位于舜，不以天子之位为私有。尧在位70年，感觉到有必要选择继任者。舜以贤孝闻名于世，四岳一致推荐了舜。尧命舜摄行天子之政，把两个女儿嫁给舜，以便深入了解其为人，"以观天命"。尧经多方考察之后，禅让天子之位于舜。舜执政后，传说有一系列重大政治行动，一派励精图治的气象。他重新修订历法，又举行祭祀上天、祭祀天地四时、祭祀山川群神的大典；还把诸侯的信圭收集起来，再择定吉日，召见各地诸侯君长，举行隆重的典礼，重新颁发信圭。他即位的当年就到各地巡守，祭祀名山，召见诸侯，考察民情。

舜晚年禅位给治水有功的大禹。尧禅让王位给舜传了四个字，即"允执厥中"。舜禅让王位给大禹传了十六字，即中华心法："人心惟危，道心惟微，惟精惟一，允执厥中。"

"中华心法"成了中华文明最初的文化理论。

有的研究者认为"五帝"的年代应从公元前6000年左右到公元前2000年左右。这大体上相当于我国新石器文化时期。所以人们把新石器时期的仰韶文化作为与炎帝、黄帝时代相对应的考古学文化，认为尧舜时代相当于新石器晚期。考古学家苏秉琦则明确指出，"五帝时代的上限应不早于仰韶时代后期"，五帝时代的下限"应是龙山时代"。苏秉琦还进一步说："在仰韶时代与龙山时代之间确实有一个明显的变化,无论从农业和手工业的发展,社会的分工与分化还是从文化区系的重新组合等各方面都能看得出来。"[1]

"三皇五帝"，也是创造物质文明和制度文明的"文化英雄"，传说中把许多文化发明都归功于他们。"文化英雄是一种具有神性的人物，他为人类获取或首先制作了各种文化器物，例如火的使用、植物栽培、工具发明等等；他消灭了横行大地的妖魔鬼怪；教人以各种生活技艺，为人类制定社会组织、婚丧习俗、礼仪节令等等；有时还参与世界的创造与自然秩序的制定；他是初民集体力量的集中体现，是人类原始文化成果的集中代表。"[2]或者说是"历史力量的代表者"。[3]

古史第一阶段的英雄人物都是创造器用的人。战国末年的《考工记》说：具有大智慧的人创造了有利于人类活动的美丽器物，心灵手巧的人把制作过程记录了下来，保持着前人的制作传统可以称之为良好的工匠，他们做的各式各样的美丽器物，都是具有大智慧的人所做的啊！《考工记》还说："烁

---

[1] 苏秉琦：《中国远古时代》，上海人民出版社2010年版，第12—13页。

[2] 陈建宪：《神祇与英雄——中国古代神话的母题》，生活·读书·新知三联书店1994年版，第143—144页。

[3] 《马克思恩格斯选集》第3卷，人民出版社1972年版，第355页。

金以为刃,凝土以为器,作车以行陆,作舟以行水,此皆圣人之所作也。"

《礼记·中庸》说,只有天下最崇高的圣人,才是聪明睿智的,能够居上位而临下民;才是宽宏大量、温和柔顺的,能够包容天下;才是奋发勇健、刚强坚毅的,能够决断天下大事;才是威严庄重、忠诚正直的,能够博得人们的尊敬;才是条理清晰、详辨明察的,能够辨别是非邪正。

黄帝时代对中华文明的早期创造贡献最大。钱穆先生说:"传说中的黄帝,是中国历史上第一个伟人,是奠定中国文明的第一座基石。"比如指南车、养蚕、舟车、文字、音律、医学、算数等,都创始于这个时期。传说黄帝用玉做兵器,造舟车弓箭,染五色衣裳,让妻子嫘祖教人民养蚕,命令大臣仓颉造文字、大挠造干支、伶伦制作乐器,如此等等,黄帝在经济文化方面的贡献是多方面的。黄帝是文明创造和发明的领导者和组织者,他领导了一个规模不小的文明创造团队,其中的每个人都对生产技术的发明创造和社会文化的发展有独特的贡献。

黄帝时代还制定了礼仪制度文明。《史记正义》说:"黄帝之前,未有衣裳屋宇,及黄帝造屋宇,制衣服,营殡葬,万民故免存亡之难","教民,江湖陂泽,山林原隰,皆收采禁捕以时,用之有节,令得其利也。"汉代孔颖达在《礼记正义》中依据古史传说和纬书残篇详细论述了"五礼"产生的时代和经过,将"礼"的起源分为"礼理""礼事""礼名"三部分,认为黄帝之前已有"礼理""礼事",但没有形成"礼名",黄帝时代才有了"礼"之名,肯定了黄帝时代是制度文明正式形成的时代。

古人把黄帝时代作为中国文化的源头。而黄帝时代的许多创制和发明奠定了中华文明的基础。

# 人间烟火 ——百姓生活里的传统文化

## 三 大洪水与"九州"

传说在尧帝时候,连续遭了9年水灾,一时"洪水滔天"。从大禹的父亲鲧开始,就已经开始着手防洪的工作,但由于没有成效,所以被尧帝杀了。舜帝即位后,叫鲧的儿子禹继续其父亲的工作。

"大洪水"是世界上多个民族的共同传说,人类学家在研究中发现,美索不达米亚、希腊、印度、中国、玛雅等文明中都有洪水灭世的传说。这些大洪水传说在一定程度上反映了各自的历史记忆。这也可能与新石器时代的人类经历有关。地球第四纪冰期在12000年前开始退却时,气候转暖,冰河大量融化,海水不断上升,吞没了出露的大陆架和陆桥,并发生普遍的大海浸,淹没了许多海岸和部分陆地。当时靠海及靠水的人们损失巨大,被迫向高地迁徙,随之带去了可怕的洪水故事。中国大禹治水的故事正是世界上许多民族大洪水记忆的一个组成部分。

在中国的大洪水传说中,禹总结了其父亲治水失败的教训,改革治水方

绍兴大禹陵

法，以疏导河川治水为主导，利用水向低处流的自然趋势，疏通了九河。他驱逐兴风作浪的水神，剪除破坏治水的妖魔，辟山开渠，疏导江河，历尽千辛万苦，奋战13个寒暑，终于制服了洪水之灾，使人民得到安宁的生活。"诺亚方舟"这类故事强调的是上帝的神威和幸存者的侥幸，而在中国的神话中，鲧和大禹不是逃脱洪水的幸运者，而是与滔天洪水搏斗的"救灾英雄"。以至古往今来，人们一直对大禹怀着崇敬之情。[1] 因为正是在大禹治水这类神话中，体现了中国原始初民在与恶劣的自然环境进行顽强抗争中锤炼出来的自强不息的生命意志、坚毅果决的奋斗精神。

在各地的大洪水传说中，大洪水之后，人类的生活方式和生存状态都发生了巨大的改变。这种改变实际上就意味着新文明的开始，也就是从原始的时代进入文明的时代，建立了新的组织和社会形态。大禹治水后，人民"降丘宅土"，得以休养生息，过去以血缘关系为纽带的先民渐渐变成以共同居住地相互之间的关系为纽带，从而孕育出后来伟大的中华民族。

《尚书·禹贡》说："大禹治水，始有九州。"在治水的过程中，禹走遍天下，对各地的地形、习俗、物产等了如指掌。禹重新将天下规划为九个州。"九州"指大水中的九块陆地，泛指华夏九个大区。九州之序，依次是冀州、兖州、青州、徐州、扬州、荆州、豫州、梁州、雍州。

《禹贡》所叙述的九州的范围，北有燕山山脉、渤海湾和辽东，南至南海，西至甘肃接西域，东至东海。由《禹贡》所划九州的分布来看，夏朝至商周时期的北疆和东疆包括广大沿海地区，这些地区均可视为先秦时期海疆的基本范畴。

## 四 "龙"的诞生

原始社会宗教的存在，表明当时的人类有各种各样的崇拜和信仰。图腾

---

[1] 《左传·昭公元年》："美哉禹功，明德远矣。微禹，吾其鱼乎！"

崇拜是原始社会最早的宗教信仰形式之一。中国的图腾文化丰富多彩,源远流长,无论考古资料还是民族志的资料,都发现或保存有大量图腾文化的遗迹。

"图腾是对某一种特定的动、植物或其他自然物的有目的崇拜。"[1] 图腾信仰曾在中国乃至世界各地很长的历史时期中存在过。在民族志的材料中,以动物为图腾的现象非常普遍,中国古代神话中的人物形象大部分是根据图腾崇拜的内容创编出来的。《左传》中提到黄帝以云纪,炎帝以火纪,共工以水纪,太昊以龙纪,少昊以鸟纪,这就告诉我们,黄帝可能曾经以云为图腾,炎帝以火为图腾,共工以水为图腾,太昊以龙为图腾,少昊以鸟为图腾。

在中国众多的图腾崇拜中,一般都有地域的区分和民族的区别,唯有龙图腾是中华民族共有的图腾。龙是中华民族的标志和象征,也是中华民族发祥和文化肇端的象征。龙的起源同中国历史文化的形成和文明时代的开始紧密相关。

在中国古代典籍中,有许多关于龙的记载。《庄子·天运》说:"龙,合而成体,散而成章,乘云气而养乎阴阳。"《管子·水地》说:"龙,生于水,被五色而游,故神。欲小则化如蚕蠋,欲大则藏于天下,欲上则凌于云气,欲下则入于深泉。"《广雅·释龙》中对龙有这样的描写:"有鳞曰蛟龙,有翼曰应龙,有角曰虬龙,无角曰螭龙。"

龙以庞杂的造型、巨大的威力以及腾云驾雾、耕云播雨的特殊本领而高居于众图腾之首。在中华民族几千年的历史上,龙的形象在人们的精神世界里始终处于重要地位。

龙并不是某种动物的单一形象,而是古代人们想象中的一种综合性的神化动物,是变化无穷的超自然之物。从中国古史记载和传说中可以看出,对龙的崇拜与当时的历史背景有密切的关系。到了原始社会末期,由于各部落之间的兼并与融合,图腾也越来越趋于一致,于是,充满了神秘色彩的龙图

---

[1] 宋兆麟:《中国原始社会史》,文物出版社1983年版,第473页。

腾便应运而生。

在考古资料中也曾发现过关于龙图腾的遗迹。在辽宁阜新胡头沟、内蒙古三星塔拉村发现的属于红山文化的遗址中，龙图腾的现象表现得非常突出。三星塔拉村曾发现过一件非常精致的玉龙，呈墨绿色，高26厘米，为红山文化中现有玉器中最大的一件。这件玉龙非常完整，昂首、弯背、卷尾、吻部前伸、略向上弯曲，嘴紧闭，鼻端平直，有对称双圆洞为鼻孔，双眼呈棱形、突起，眼尾细长、上翘，整体形状呈"C"形。辽宁喀左东山嘴红山文化遗址中出土过双龙首玉璜。另外，在夏家店下层文化的陶器上也出现了变形的龙纹图案，良渚文化的陶器上也有似龙似蛇的图案。1987年，河南濮阳西水坡遗址一座竖穴土坑墓中出土了用蚌壳摆成的龙虎图案，距今5000多年前，是中国目前发现时代最早、造型最大、形象最逼真的一条龙。[1]

对龙的崇拜，自先人那时世代相传、祭祀不断，史书中曾有不少记载。《山

龙纹陶盘　中国社会科学院考古研究所藏

---

[1] 濮阳市文物管理委员会等：《濮阳西水坡遗址试掘简报》，《中原文物》1988年第1期。

**人间烟火**——百姓生活里的传统文化

海经·大荒东经》中就有关于龙崇拜的记载："应龙处南极,杀蚩尤与夸父,不得复上,故下数旱。旱而为应龙之状,乃得大雨。"说的是应龙居住在一座山的南端,因为它曾经在黄帝和蚩尤的战争中帮助黄帝杀死过蚩尤,又杀死过夸父,神力用尽而上不了天,天上没有兴云布雨的神,所以天下常闹旱灾。当遇到这种情况时,人们便装扮成应龙的形状来求雨,果然得到了大雨。

在中国传统文化里,龙是一种标志,象征着中华儿女对悠久历史和灿烂文化的尊崇和自豪。居住在世界各地的华夏后裔都说自己是"龙的传人"。

## 五　中国人的民间信仰

自从人类文化开始产生,民间信仰即已普遍存在于各个地区、各个民族之间。因此,从时间和空间上讲,民间信仰是最早产生的,历史最悠久的,信仰范围也是最广的。中国民间信仰主要指俗神信仰,也就是非宗教信仰。这种信仰在中国具有悠久的历史,而且比佛教信仰和本土的道教信仰更具有民间的特色。中国古代民间信仰在各地的传承,在漫长的中华文明史上留下了深刻的烙印,成为民族文化的心理积淀之一,渗透到民间生活的方方面面。

中国民间俗神信仰的一个典型特征,就是把传统信仰的神灵、各种宗教的神灵以及历史上的某些伟人、传奇人物等进行反复筛选、淘汰、组合,构成一个复杂的没有系统和规律可循的神灵信仰体系。不问各路神灵的出身和来历,只要灵验就会有人去崇拜,就会香火旺盛。这鲜明地反映了中国民间信仰的多元性和功利性。

原始社会就产生了最初的宗教形态。首先是自然崇拜。在原始人眼里,强大的自然物如日月星辰、山川河海、鸟兽鱼虫等,神秘的自然力如风雨雷电、霓虹云雾等,都具有至高无上的灵性,往往能主宰人类的命运,改变人们的生活。自然崇拜在我国古代十分流行,日月星辰等自然物则是常见的崇拜对象。

古人除了对自然崇拜外,还相信人死之后灵魂的存在。在商周时代,人们就已逐渐形成了以上帝、祖先、鬼神为中心的敬天祀祖的信仰系统。战国时期,鬼神崇拜与五行学说结合形成的五方五色神灵,反映了五行思想与鬼神崇拜的互相影响。秦汉时期,对天帝鬼神的祠祀日渐增加。汉初刘邦曾祀五帝。汉武帝即位,尤敬鬼神之祀,封泰山,遍祀五岳四渎,新增许多神祠,最尊太一神,除病、征战等都向太一祈祷。秦汉社会这种强烈的鬼神崇拜后为道教所继承和发展。

古代还发展出来神仙信仰。先秦古籍中载有不少关于仙人、仙境、仙药等传说的文字。古代的神仙信仰在燕齐等沿海地区特别流行。这些地区靠近大海,海市蜃楼的幻景激发了人们的无限遐想,幻想海上有神仙,居住着不死的仙人。这些美妙的仙境、仙药、仙人,使许多帝王世人倾心。秦始皇汉武帝都是热心求仙的皇帝,虽然总是可望而不可得,但却使神仙信仰在秦汉时期得到进一步的发展。道教产生后,追求长生不死的神仙信仰成了道教的基本信仰。

星君信仰是中国古代民间信仰之一。古人相信天人感应,故民间认为每人均有一颗星宿值年,此人一年的命运都操在该星君之手。道教对星神的崇拜特别重视,在其神仙体系中,星神位尊且数量极大。星神中居最高位者为"中天紫微北极大帝",即北极星,又称北辰。还有"勾陈上宫天皇大帝",还有紫微垣众星君、太微垣众星君、天市垣众星君、紫微外座众星君、北极四相星君、二十八宿星君等。

## 六 佛教与中国人日常生活

佛教是产生于古印度的一种宗教,与基督教、伊斯兰教并列为世界三大宗教。在世界三大宗教中,佛教是最早传入我国的。从公元前后开始,在长达1000多年的历程中，佛教文化源源不断地向中国传播，并且广泛地渗入社会生活的各个方面，对中国的哲学、文学、艺术、民间风俗以及政治、经济等都有着深刻的影响。同时，佛教文化与我国传统的儒学与道教等彼此融合，互为消长，经历了一个不断中国化的过程，逐渐发展成为中国的民族宗教，丰富了中国文化的内容，成为中国传统文化的组成部分，从而改变了中国乃至整个东方的文化结构和文化特性。可以说，佛教在中国的传播以及中国化，中国文化对佛教的接受与融合，是最广泛、最深入、与本土文化融合最成功的，是世界文化交流史上最具有典型意义的范例。佛教在中国的传播，其影响所及，不仅在中国，而且在整个东亚都是巨大的、前所未有的。

佛教在中国的传播，对中国文化以及中国人的日常生活都有着极其深刻的影响。美国学者柯嘉豪写道："当佛教在公元1世纪刚开始影响中国文化之时，它便带来了一大批新的概念、教义和信仰。随着佛教思想的扎根和传播，诸如天堂、地狱的详细构想，新的神祇，轮回观念以及'业'的理论，最终都进入了中国人的日常生活。佛教还带来了新的行为类型，如坐禅、供佛、开光与忏法仪式，乃至合掌这样的新手势。……此外，经由引入新的圣物、符号、建筑、法器，以及其他各种大大小小的物品，乃至看待这些物品并与其互动的新方式，佛教还改变了中国人的物质世界。"[1]美国学者芮乐伟·韩森也指出，佛教"对中国人日常生活的深远影响要远甚于一个朝代的更替所带来的变化"。中国俗家百姓所受印度佛教的影响，"表现在流行时尚、音乐以及艺术等诸多方面"。[2]

唐代，佛教除了通过上述各宗派的教义宣传对群众发生作用而外，还有直接和群众生活联系以传教的种种活动，如岁时节日在寺院里举行俗讲，用

---

[1] 柯嘉豪著，赵悠等译：《佛教对中国物质文化的影响》，中西书局2015年版，第1页。

[2] 芮乐伟·韩森著，梁侃等译：《开放的帝国——1600年前的中国历史》，江苏人民出版社2009年版，第2、10页。

通俗的言辞或结合着故事等来做宣传。又有化俗法师游行村落,向民众说教。有时也由寺院发起组织社邑定期斋会诵经,为大众说法。有些寺院平素培植花木,遇到节日开放以供群众游览,或约集庙会,这都间接有传教之效。隋唐时,佛教在下层民众当中的影响日渐扩大,民众当中相当大一部分人虔诚地信佛,佛教信仰不仅是他们信仰世界的一个重要组成部分,同时也成了他们日常生活不可分割的内容。当时民众对佛教的信仰间接地通过其日常生活表现出来,

敦煌 51 窟壁画五台山

说明佛教在实践上的中国化已经很深入了。

城市下层民众对佛教的信仰,使佛经更具有实用化的性质。民众对经卷的信奉,并不是去探讨其经文的内涵,更关心的是它的实际作用。诵经是佛徒的基本修行手段,佛徒通过诵经可以领悟佛法的真谛,进而修成正果。下层民众对佛经的尊奉从魏晋时就很普遍了,所奉之经主要是《法华经》《金刚经》和《观音经》,他们通过诵经和写经以解灾求福。隋唐之前民众大量诵写之经主要是《法华经》和《观音经》,唐以后主要以《金刚经》为主。

《金刚经》又称《般若经》,是佛教禅宗崇奉的经典。唐中期以后,禅

宗以其简便易行成为受下层民众欢迎的佛家学说，《金刚经》的神力往往被捧得神乎其神。如在现世报应方面，诵读《金刚经》的作用被说得非常明显。《金刚经》具有空前的社会影响力，民众对佛经的信奉也是出于其逢凶化吉的神力。此外，在医疗、驯兽、驱邪、除恶等方面，有关《金刚经》神异力量的记载不胜枚举，是当时人们祈求消灾避祸思想的直接反映。

在唐代，很多僧籍方术推进了佛教的传播，承担着复杂的社会角色，"或矜持医道，轻作寒暑；或机巧异端，以济生业；或占相孤虚，妄论吉凶"；而民众也将此视为解决现实生活中实际问题所依赖的手段。据《酉阳杂俎》的记载，梁州"有龙兴寺僧智圆，善总持敕勒之术。制邪理痛，多着效，日有数十人候门"。驱除邪恶也是他们所擅长的。据《宋高僧传》所载，唐宋僧人们的神通还包括祈雨、预言、影响天象，使猛兽驯服、蝗虫离境等。

他们还擅长与神明交通，能视鬼、入冥。唐昭宗时，凤翔府僧宁师经常入冥，为秦陇一带善男信女预言吉凶，据说非常灵验。民众在遇到突发事件时会求助于僧人，这时佛法的灵验被视为解决问题的手段，人们对佛教的咒言深信不疑，佛法与巫术几乎等同，普及到了社会的每一个角落。城市作为社会问题的积聚处，佛法的神异功能更为突出。

在民众的日常生活中，随处可看到佛教的影子。在饮食文化方面，印度佛教戒律规定僧尼不准吃荤，不是指禁食肉食，而是指禁食葱、蒜等气味浓烈的刺激性较强的食物。南朝佛教信徒梁武帝根据佛教禁戒杀生和《大般涅槃经》等的教义，提倡茹素，并在汉族僧尼中普遍实行。这种素食制度推动了蔬菜、水果和食用菌的栽培和加工，包括豆制品、面筋制品业和制糖业的发展，并形成了净素烹饪流派。由于坐禅养神的需要，寺院饮茶成风，种茶、制茶、品茶、饮茶是山寺僧人的重要生活内容。名山、名茶、名刹几乎是三位一体。寺院的饮茶风气极大地促进了民间饮茶习俗的普及。

此外，在民间信仰、节日习俗、娱乐习俗以及生育习俗等方面，佛教都成功地渗入其间，发挥着巨大的影响力。佛教信仰的内容与这些中国传统民间习俗结合起来，进而成为中国民俗文化的重要组成部分。

佛教对中国人日常生活的影响，更重要的体现在中国人的生活观念上，它部分地影响甚至改变了中国人在日常生活中的态度。张中行先生指出，在这个方面，最值得重视的有三个问题："一种是慈悲心。儒家讲仁，说人皆有不忍人之心，并主张能近取譬，己欲立而立人，己欲达而达人，也是慈悲一路。但没有佛家讲得那样深，要求那样严。南北朝以来，一千几百年，中土人民把心地善良、但行善事看作生活理想，与佛教教义的广泛传播是有密切关系的。另一种是依托感。现实难得尽如人意，于是而有想望，有遗憾，甚至有痛苦。宗教都是应允在这方面能够予以补偿的。不管事实上能不能补偿，尤其在科学知识贫乏的情况下，诚则灵，心理方面或主观上总可以得到补偿，如有不少人，虽然处在水深火热之中，却总以为得到佛、菩萨的保佑，心安理得地过了一生。还有一种是淡泊观。这本来是中土原有的，就是道家老庄的不贵可欲，宁曳尾于途中，可是佛家给火上加了油，进一步说一切都如梦幻泡影，没有实性。万法皆空，总喊，也会生些效果，这就导致了一贯的尊重隐逸，至少是在少数人心里，要推重视利禄如敝屣。"[1]

佛教对中国人日常生活观念的影响当然不仅是这些，实际上很可能在每天的生活领域都渗透着佛教的思想和理念。但张中行先生指出的这三点确实是比较重要的、比较突出的，它在一定程度上改变了，至少是影响了中国人的生活态度。

佛教对中国民俗文化的影响，突出表现在对中国民间信仰的渗透和改造，把佛教信仰与民间信仰结合起来，使佛教的崇拜对象进入中华传统文化的万神殿之中。民间信仰表现的是民众对神灵鬼怪世界的理解、希望和祈求，这种对神灵的深厚感情是宗教产生与发展的重要思想源头，也是宗教传播和发

---

[1] 张中行：《禅外说禅》，中华书局2006年版，第78页。

展的基地。佛教传入中国后，也吸纳了不少与佛教教义相契合的民间信仰内容来充实自己，让中国民众更容易接受佛教，使佛教本土化，更深入人心，更容易传播弘扬，从而达到普遍传播的目的。可以说，民间信仰加速了佛教的本土化进程。佛教在被广大民众接受的过程中，这些民风、民俗、传统习惯便以其强大的凝聚力对佛教的某些方面加以利用，甚至完全改造，佛教的叩首、跪拜、行持坐卧大都来自中国民间文化。因此可以说，中国的民间信仰在佛教的中国化进程中，起着不容忽视的作用。

佛教吸收的民间信仰内容很多，如"十殿阎王"就是从民间信仰中吸纳进来的。"十殿阎王"中，除第五阎罗王和第十转轮王广见于佛教经论外，其他八王皆系民间信仰内容，而且此处的转轮王与佛教所说的转轮王完全不同，只是借用了佛教的名词而已。"十殿阎王"历来也多塑画在属于民间信仰的城隍庙中，起到警示世人莫作恶事的作用。民间更有传说：阎罗王一职一向由刚正不阿之士担任。相传自隋唐至明清，就有多人担任此职。因其内容与佛教所讲的善恶因果报应相应，又与佛教《地藏经》中所详述的地狱之事相符，而且为社会大众普遍接受，所以佛教就吸收进来，将"十殿阎王"塑画到了佛教寺院的地藏殿中，以此作为劝导世人相信善恶因果报应之理的教材，让世人知道善有善报、恶有恶报，从而起到佛教教化世人"诸恶莫作，众善奉行"的作用。

随着佛教在中国不断地发展壮大，为中国民众普遍接受，中国的民间信仰也吸收了不少佛教的内容，用以满足民间老百姓的崇拜需求。佛教丰富了民间信仰的内容，佛教人物逐步走向民间，民间的供奉发生了变化，在一定程度上甚至取代了原有的信仰对象，佛祖、弥勒、观世音菩萨逐渐走入家庭。

佛教在汉代传入中国以后，经过魏晋南北朝的大发展和唐代的中国化，成为中华传统文化的重要组成部分。在宋代，唯有禅宗一家独盛，禅与佛几乎成了同义语。

禅宗的称谓源于其主张修习禅定的意旨，又因其以参究方法、彻见心性的本源为教义宗旨，因而禅宗亦称作佛心宗。据佛经记载，佛祖释迦牟尼在灵山会上，面对着百万弟子，轻轻地手拈一枝花，向大众环视一圈，自始至终一语不发。弟子们纷纷对其含义疑惑不解，唯有大弟子摩诃迦叶笑而不语。继而佛祖当众宣布："吾有正法眼藏，涅槃妙心，实相无相，微妙法门，不立文字，教外别传，嘱咐摩诃迦叶。"此中关于"佛祖拈花，唯迦叶一笑"的典故便引发了禅宗的开始。

作为一个宗教派别，禅宗不崇拜任何偶像，不信仰任何外在的神和天国。它自称"教外别传"，否认佛教经典、佛祖权威，也否认佛菩萨以至净土的实存。禅宗唯一信仰的是"自心"——

清张若澄《葛洪山居图》

迷在自心，悟在自心，苦乐在自心，解脱在自心；自心创造人生，自心创造宇宙，自心创造佛菩萨诸神。自心是自我的本质，是禅宗神化的唯一对象，是它全部信仰的基石。

"不立文字，教外别传；直指人心，见性成佛。"这十六字是禅宗思想的核心内容。

禅宗提倡即心即佛，将佛教深玄的理论体现在日常生活之中，不重说教，只重证悟，从而形成了个性鲜明的思想体系。禅宗思想与中国士大夫的心态、情趣、价值取向、思维方式高度冥合，因此受到士大夫阶层的普遍欢迎，成为他们精神生活中的一个避风港。悦禅之风到宋代更为盛行，"好佛""参禅"成为一种时尚，参禅、斗机锋为士人们所热衷。故以禅入诗、以诗写禅之风更盛于宋代。

禅宗文化不仅重铸了中华民族的人生哲学，陶冶了中国知识分子的审美观念，而且极大地丰富了知识阶层的理性思维，在哲学史、文化史上有着特殊的意义，是中国传统文化的重要组成部分。白居易、陶渊明等文学家的诗歌与文学创作，包括宋代以后的水墨山水画和宋明理学等都受其影响并吸收和借鉴，从而形成了中国传统文化中富有人文精神的特色。

## 七 道教的神仙世界

在佛教传入中国的同时，东汉末期，在民间仙道方术基础上形成的太平道和五斗米道（天师道），经一批知识人士的梳理、清整和提升，形成新道教，构建起其独特的宗教理论。

道教是我国土生土长的一种宗教。在漫长的历史发展过程中，道教与儒学和佛教既互相排斥，又互相渗透、互相融合，在它自身发展与演变的每一个阶段，都对中国当时的政治、经济、哲学、文学艺术、医学、化学、养生、天文地理以及社会风尚等方面产生深刻的影响，因而成为中华传统文化不可分割的一部分。

　　道教的思想来源主要是先秦老子创立的道家哲学。道教把老子说的"道"看作"神异之物"，突出了"道"的超越性、绝对性、神秘性。《老子》避世离俗的"清静无为"思想、少思寡欲以及"静观""玄览""含德""抱一"等，也为道教所利用，并进一步发挥了老子思想的离俗超脱精神，形成出世的心性炼养理论。《庄子》书里所说的神仙思想和修炼内容，更为道教所注重。《庄子》中提出的"导引""守一""坐忘"等养生之道，也被道教所发挥。道教还把老子奉为道教教主，称其为"阴阳之主宰，万神之帝君"，把庄子也列为道教尊神。

　　道教也吸收了儒家的伦理纲常思想，以忠、孝、和、顺、仁、信等德行作为修仙的必备条件。

　　成书于汉代的《太平经》是为道教的创立奠定了理论基础的重要道教经典。《太平经》一书的思想内容非常庞杂，专以奉天地、顺五行为本，亦有兴国广嗣之术。《太平经》提出了建立"太平"社会的理想，这种太平社会就是公平、快乐、无灾害的和睦社会。

　　道教是中国土生土长的宗教形态，在萌芽和成长的过程中，大量吸收了中国原始宗教和民间信仰的许多资源。

　　道教的法术是道教徒用以召神降鬼、祈福禳灾、修仙养生等方法的总称，包含的内容极其广泛，如科仪、符咒、驱邪、降妖、斩鬼、禳灾祈福及各种养生修炼方法等。由于道教是以神仙信仰为特征，所以也有人称之为仙术。道教的法术根源于我国古代的巫术以及由巫术演变而来的方仙术。方术是古代方士所行之术，是从巫术中分化出来的。春秋战国时期，巫的社会政治地位下降，逐渐从官府散向民间。一些巫祝为了满足人们祈福禳灾的愿望，由专于搞祭祷诅咒之术转为专于搞烧炼服气和神仙之方，以求得长生不老的仙术。这样，就从巫祝中分化出了方士，从巫术中分化出了方术。方术的出现是战国秦汉时期阴阳五行说盛行，谶纬迷信泛滥，推动巫术向术数和方技转化的结果。方士们将阴阳五行说吸收过来，与自己的方术相结合，给神仙方术染上了理论色彩。

两晋至南北朝时期，道教经过分化与改革，从早期那种比较原始的状态发展为有相对完整的经典、教义、戒律、科仪和教会组织的成熟宗教，并由早期民间宗教团体逐渐转变为官方承认的正统宗教。

魏晋南北朝时期道教成熟的一个重要标志，是道教理论的完善和道书的大量涌现。东晋初年葛洪（284—364年）作《抱朴子》，系统总结了战国以来神仙家的理论，又继承魏伯阳的炼丹理论，为道教构造了一个比较完整的理论体系，在道教思想教义的发展史上具有重要地位。

《抱朴子》分为《内篇》《外篇》两部分。《内篇》共20卷，为道教构造了种种修炼成仙的理论和方法，提出以神仙养生为内、儒术应世为外的主张，将道教的神仙方术与儒家的纲常名教相结合，建立了一套长生成仙的理论体系，使道教的神仙信仰理论化。他强调要想长生成仙，不能只靠内修外养等方术，还须积善立功，以忠孝和顺仁信为本，"若德行不修，而但务方术，皆不得长生也"。《外篇》大多讲的是儒家应世的道理，"言人间得失，世事臧否"。他不满于魏、晋清谈，主张文章、德行并重，立言当有助于教化。葛洪的神仙道教

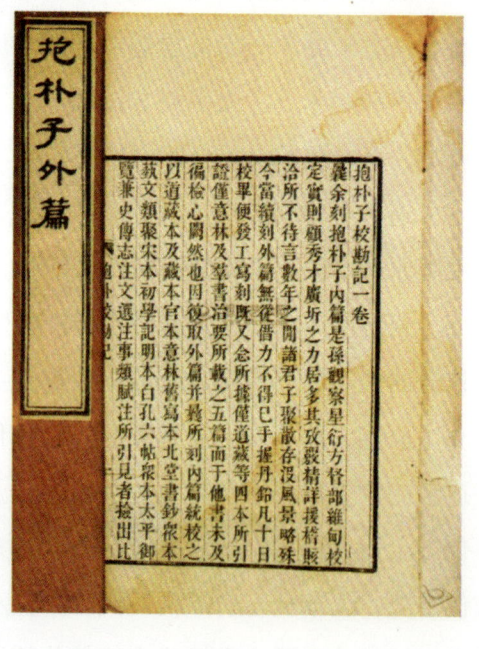

《抱朴子·外篇》

理论，是集早期道教神仙思想之大成，起着承先启后的作用，是天师道、太平道等早期民间道教向上清派、灵宝派等官方道教过渡的桥梁。

道家把能得道成仙的人称作神仙，说他们可以长生不死，来去无方。葛洪还撰写了《神仙传》10卷，记载了84位"神仙"的事迹。这些所谓的"神仙"有墨子、魏伯阳等历史上的真人，也有传说中的广成子之类。

南朝梁时的陶弘景（456—536年），集南北朝道教理论之大成，编出道教的神仙谱系，对道教理论的成熟产生了重大影响。他编撰的《真诰》一书引用众多道经，对《上清经》的来源、传授关系以及上清派的教义、方术等做了系统的记述，并提及大量道教历史人物、神话故事、仙宫鬼神名称、具体修行方术等，是早期道教上清派教义和历史之集大成者。所撰《登真隐诀》是一部抄撮诸《上清经》中有关方术秘诀，专论上清派养生登仙之术的重要著作。该书继承和总结了东晋以来上清派思神内视及导引、按摩等内修养生之术，并保存了部分天师道请神上章、符咒驱鬼的方术。这两部著作对扩大上清派的影响起了很大的作用。

他的《真灵位业图》构造了一个等级有序、统属分明的庞大完整的道教神仙谱系。他将搜集到的近700名神灵的名号，以图谱形式，按阶次排列出来，使杂乱的诸神仙有了明确的体系。《真灵位业图》将诸神仙分为七阶，每一阶有一主神排在中位，其余则分列于左位、右位、散仙位和女仙位。七阶的主神分别是：第一阶玉清元始天尊，第二阶玉晨玄皇大道君，第三阶太极金阙帝君李弘，第四阶太清太上老君，第五阶九宫尚书张奉，第六阶右禁郎定录真君茅固，第七阶酆都北阴大帝。

陶弘景非常重视并积极从事炼丹活动，是继魏伯阳、葛洪之后又一著名炼丹家。他进行了长达20年的炼丹活动，经历过17次以上大规模的炼丹实验。在获得丰富炼丹经验的基础上，他撰写了多部炼丹服饵等著作。

陶弘景在茅山广招徒众，宣扬传授上清经法，建立了茅山上清道团，当

## 人间烟火 ——百姓生活里的传统文化

时的茅山已成为上清派的核心基地。陶弘景的继承人也多是有影响的上清道士，使茅山一直保持着上清派的核心地位，后世称陶弘景开创的茅山上清派为茅山宗。茅山宗不仅在南朝时期兴盛，在隋、唐、两宋时期也一直未衰，在道教诸派中占有重要地位。

到了唐代，道教有了很大的发展，除了在上层统治者中间产生影响外，还在士大夫阶层中发生了一定作用。"初唐四杰"中，王勃常常游道观、交道士，他说自己"吾之有生二十载矣，雅厌城阙，酷嗜江海，常学仙经，博涉道记"，他感叹人生"流俗非我乡，何当释尘昧"。在梦境中，他"翕尔登霞首，依然蹑云背。电策驱龙光，烟途俨鸾态"，表现出对道教极浓厚的兴趣。卢照邻不仅"学道于东龙门山精舍"，对道教的丹砂也深信不疑。在士大夫中，受道教影响最深的要数李白。他"五岁诵《六甲》""十五游神仙"，成年后又和东岩子、元丹丘等道士为友。他在《冬夜于随州紫阳先生飡霞楼送烟子元演隐仙城山序》中说："吾与霞子元丹、烟子元演，气激道合，结神仙交，殊身同心，誓老云海，不可夺也。历行天下，周求名山。"后来，李白也登坛授箓，正式成为道教中人。道教影响了李白的人生态度，还影响了他的诗歌创作，他的诗歌中充满了道教神话典故以及同道教思维相联系的浪漫主义的风格和激情。比如《梦游天姥吟留别》一诗典型地表现了李白的诗仙风格。李白曾与上清派著名道士司马承祯往来，司马承祯说他"有仙风道骨，可与神游八极之表"。

金元以后，道教再次转向民间，出现了"全真派"和"真大派"，在民间拥有相当的群众基础。道教日益渗透到民间文化中，对普通群众的日常生活都有一定的影响。尤其是民间信仰，掺杂着相当多的道教文化内容。但是，道教的影响远远不及佛教。有一个说法是，在一地有10座佛教寺院，才会有一座道教道观。